선비
처럼

선비처럼

나남
nanam

나남신서 1834

선비처럼

2015년 11월 1일 발행
2015년 11월 20일 2쇄
2015년 12월 1일 3쇄
2015년 12월 15일 4쇄
2016년 3월 30일 5쇄
2016년 4월 20일 6쇄

지은이 · 金炳日
펴낸이 · 趙相浩
펴낸곳 · (주) 나남

주소 · 10881 경기도 파주시 회동길 193
전화 · 031-955-4601(代)
팩스 · 031-955-4555
등록 · 제 1-71호(1979.5.12)
홈페이지 · www.nanam.net
전자우편 · post@nanam.net

ISBN · 978-89-300-8834-3
        978-89-300-8655-4(세트)

선비처럼

김병일 지음

나남
nanam

선비정신…
진정한 선진국으로 이끄는
견인차

이용태 (퇴계학연구원 이사장)

이 책은 도산서원 원장 겸 도산서원 선비문화수련원 이사장인 김병일 선생이 지난 몇 년간 산자수명山紫水明한 안동 도산에 기거하며 설파說破한 글과 강연을 정리한 것이다.

　퇴계退溪 선생에 대해서, 선비에 대하여, 또 혼돈混沌한 지금 세태에 대해서 한 차원 높은 수준에서 짚어보고 참신한 대안을 제시한 치열한 사유思惟의 궤적들이 이 책 속에 담겨있다. 출판사에서 선생의 글을 읽고 이를 널리 전파해야겠다는 사명감을 갖고 원고를 청하였다고 하니 이제 우리나라의 독자들도 옛 선비의 맑고 올곧은 정신에 대해 관심을 가지는가 싶어 흐뭇하다.

서울대에서 사학을 공부하고 엘리트 경제 관료로 기획예산처 장관을 지낸 분이 어떤 연유로 여생을 선비문화 선양宣揚에 바치게 되었는지 그 심정의 일단을 이 책의 행간에서 읽을 수 있다. 김병일 선생은 퇴계 선생을 지극히 존숭하여 퇴계 선생을 연구하고 그 이야기를 들려주는 것을 큰 기쁨으로 여기는 분이다. 또 퇴계 선생의 언동言動을 본으로 삼고, 퇴계 선생의 사유가 담긴 시詩를 암송하면서 퇴계 선생께서 거닐던 그 숲길을 거닌다고 한다. 그렇게 한 수 한 수 외운 시가 이제는 백여 수나 된다고 한다.

저자 김병일 선생은 도산서원 선비문화수련원 이사장으로서 교사, 학생, 공무원, 기업 임직원 등에게 선비정신을 일깨워주는 일에 심혈을 기울이고 있다. 2014년 한 해에만도 수련원을 다녀간 인원은 5만6천 명에 이른다고 한다. 1박 2일 또는 2박 3일 동안 수련생들은 김병일 선생의 간절한 소망이 담긴 열강을 듣고 '예비 선비'가 된다고 한다.

　그들은 선비정신과 퇴계 선생에 대해서 배우고, 퇴계 선생의 종택에 들러 종손과 대화하고 선생의 묘소를 참배하고, 도산서원에서 제복을 입고 정식으로 알묘례謁廟禮를 행한다. 그리고 퇴계시공원에서 선생의 시를 배우고 퇴계 선생이 산책하던 도산재를 거닐면서 사색을 한다고 한다.

이 수련은 도시에서 과열 경쟁에 파묻혀 자아自我를 살필 겨를 없이 정신없는 나날을 되풀이하는 현대인에게 잠깐 멈춰 한숨을 돌리고 인생을 되돌아보는 좋은 기회가 된다. 그러나 이 수련은 단순한 복고復古정신을 학습하는 지식 교육의 장場이 아니고 선비정신을 현대 생활에서 어떻게 접목해서 활용할 것인가를 궁구窮究하는 살아있는 토론장이다. 대다수 수련생은 이 수련을 통해 삶의 진정한 가치를 깨닫고 자신이 나아가야 할 미래의 지향점을 발견한다고 한다. 더불어 퇴계 선생의 건강양생 법인 《활인심방》活人心方까지 익힌다고 하니 일석삼조一石三鳥가 아니랴.

조선시대에 우리나라는 군대나 경찰의 무력이 아니라 선비문화로 마을마다 자치적으로 질서와 평화를 누린 세계유일의 문명국가였다. 시골 산골에 가도 마을마다 선비가 있어 시를 짓고 역사를 논하고 글을 가르치는 세계 유일의 고품격 사회였다. 무력武力이 약했던 탓에 일본에게 침탈당함으로써 일본의 조선민족 비하정책의 해害를 입어 우리 스스로를 비하하는 자조自嘲현상의 해독이 아직도 남아있는 것이 사실이다.

우리 조상의 참 선비정신을 모르는 한국인이 많은 것은 한스러운 일이다. 선비문화 수련원에 와서 직접 김병일 선생의 강연을 듣거나 또는 이 책을 읽음으로써 우리 옛 선비들의 고결한 정신을 깨우쳐 자신의 생활 지침으로 삼는 사람이 많아지기를 바란다.

그래서 우리나라가 다시 세계에서 가장 도덕적으로 성숙한 나라가 되기를 간절히 기원한다. 선비정신을 새로이 탐구하고 구현하는 것이 진정한 선진국이 되는 열쇠임을 강조하고자 한다.

도산에서 지내며
느끼는 행복

고향도 아닌 경북 안동安東 도산에서 가족과 떨어저 8년째 머무는 필자에 대한 주위의 반응은 대체로 다음의 둘로 나뉜다. 하나는 대부분 서울에 있는 친지의 견해이다. 그들은 요즈음 거의 안동에 머무는 필자에 대해 의아해하면서 이렇게 충고한다.

"선비수련이 그렇게 중요해? 젊어서 그렇게 바쁘게 지냈는데 계속 일만 할 거야? 가까운 사람들과 함께 자주 만나면서 여생을 잘 마무리해야지!"

일리 있는 말이다. 나이 들어가며 계속해서 일하는 것이 가족과 함께 그리고 지극히 가까운 분들과 함께 오순도순 지내는 것만 하겠는가?

이와 대비되는 다른 하나는 주로 안동지역과 문중의 어르신들이 보내시는 격려와 감사의 말씀이다. 이렇다 할 기여도 별로 없는데 안동 어르신들은 '객지에 와서 우리 안동을 위해 많은 일을 하여 고맙다'고 수시로 말씀하시고, 진성 이씨眞城李氏 어르신들은 '우리 선생 할배의 일에 힘을 써주어 감사하다'고 뵐 때마다 몸을 낮추시면서 이야기하신다.

송구한 마음이 이만저만이 아니다. 오히려 필자를 항상 따뜻하게 맞아주시는 지역과 문중 어르신들에게 감사하기 그지없다.

필자가 왜 어르신들에게 감사해야 하는지 그 속마음을 이번에 털어놓으려 한다. 어찌해서 나이 일흔을 넘긴 지금도 이곳에 8년째 계속 머무는 것일까? 떠나지 못하는 또는 못하게 하는 진짜 동기는 무엇일까? 일을 좋아해서가 아니다. 안동 발전과 퇴계 이황退溪 李滉(1501~1570) 선생을 현창하는 데 능력이 있다고 스스로 자처해서도 더욱 아니다.

그러면 무엇 때문일까? 그것은 다름 아닌 필자 자신이 살아가는 데 가장 소중한 가치와 교훈을 뒤늦게나마 이곳 안동에서 발견하였기 때문이다. 이런 행운을 과연 무엇과 바꿀 수 있겠는가?

그 소중한 가치와 교훈은 무엇일까? 그것은 이곳에 내려오자마자 퇴계 선생의 삶에서 보고 듣고 느낀 정신적 충격과 감동이다. 필자는 2007년 도산서원 선비문화수련원 이사장을 처음 제안 받았을 때 고사하였다. 어느 모로나 그 자리를 맡기에는 부족한 사람임을 스스로 너무나 잘 알았기 때문이다.

퇴계 선생의 학문과 선비정신에 대한 공부도 부족했고, 이곳 진성 이씨를 비롯한 유가 가문과 세교世交나 연비聯臂도 거의 없었으며, 당시의 필자 나이(63)도 어르신 앞에 나서기에는 한참 어리다고 여겼다. 이러한 뜻이 받아들여졌던지 평이사로 1년간 이사회에 참여하는 것으로 조정되었다.

그러나 우연인지 필연인지 그 이듬해(2008) 1월 하순 정기 이사회를 앞두고 뜻밖의 사고를 당했다. 추운 겨울 새벽에 어둠 속을 빨리 걷다가 넘어져서 무릎 골절상으로 6주간 깁스하는 바람에 전혀 출타할 수 없었다. 이 일로 모든 활동을 잠시 접을 수밖에 없었고 인접한 시기에 열렸던 수련원 이사회에도 참가하지 못했다. 그런데 불참한 총회와 이사회에서 회의가 끝나자마자 필자가 이사장으로 궐석선임되었다는 내용을 통보받았다.

이렇게 되고 보니 이제는 어쩔 수 없는 일이 되었구나 판단하고 받아들이지 않을 수 없었다.

그런데 이를 돌이켜보면 '우연'과 '필연'이 함께 맞물려서 생긴 일이라는 생각이 든다. 우선 다리를 다친 것은 지극히 우연히 생긴 사고이다. 그래서 예기치 않은 일로 며칠 후에 열린 이사회에 참석할 수 없었으니 이도 우연이다.

또 본인의 고사에도 불구하고 궐석선임을 의결한 이사회의 결정 역시 정해진 수순이라기보다 돌발적 상황이 계기가 되어 이루어진 매우 이례적인 일이다. 이렇게만 보면 이사장 선임은 우연의 연속이 아닐 수 없다.

그러나 자격이 부족하다고 그토록 고사하는 필자를 왜 이사회에서 궐석선임이란 이례적인 방식으로 의결하게 되었는지를 되짚어보면 거기에는 오래전부터 필자와 도산서원 선비문화수련원과의 끊기 어려운 모종의 인연이 작용하지 않았나 싶다.

필자는 젊은 학창시절부터 도산서원을 비롯한 안동의 역사유적지를 곧 잘 다녀가곤 했다. 도산서원을 처음 찾은 것은 안동댐이 수몰되기 여러 해 전이던 대학 시절(1966년 가을)이었다. 대학 고적답사반 일행과 함께 전세버스를 타고 부내汾川의 골기와집 사이로 난 낙동강변 길을 달려와 서원의 옛 모습을 그대로 머릿속에 담고 갔다.

곡구암 계곡을 비집고 올라온 필자의 눈앞에 모습을 드러냈던 도산서당의 나지막한 담장과 조그마한 방이 지금껏 기억에 뚜렷이 남았다.

두 번째로 찾은 때는 서원 성역화와 댐건설로 서원의 모습이 오늘날의 모습으로 바뀐 뒤(1977년 6월)였다. 뜻이 맞는 친구와 함께 3살 난 어린 딸까지 데려와 서원 고직사에서 하룻밤을 묵고 갔다.

예전의 시사단試士壇은 언덕 위로 올라갔고, 그 주위는 상전벽해란 말처럼 넓던 솔밭이 물속으로 자취를 감추어 그야말로 '송전벽호'松田碧湖가 되었다. 이때는 하회마을과 임천서원까지 일정에 포함하여 여러 선현을 함께 뵙는 듯한 즐거움을 누리기도 했다.

또 그 이듬해 가을(1978년 10월)에는 산행 벗들과 함께 가을의 청량산을 찾아 퇴계 선생의 자취를 더듬어보기도 했다. 이 무렵까지는 도로 사정이 좋지 못해 안동까지 열차로 와서 시골버스 신세를 지며 다녔다.

그 이후 20여 년간은 정부에서 무거운 직책을 수행하느라 자유롭지 못한 시절을 보내다가 퇴계 선생 탄신 5백 주년 행사(2001년 10월)에 꼭 참여하고 싶은 나머지 출장계획을 이 시점에 맞추어서 퍽 오랜만에 퇴계 선생과 관련된 여러 곳을 다녀갔다.

이어 몇 달 뒤(2002년 1월)에는 선생의 불천위不遷位 제사에 처음 참여하고 선생이 걸어가셨던 예던길을 걸으며 짙은 감회에 젖기도 했다.

공직을 나온 후(2005년 1월)에는 시간적으로 여유가 생겨 퇴계 종택과 도산서원 등을 더욱 자주 찾았다. 어떤 여가 선용보다도 선현의 얼이 서린 유촉지遺觸地로 와서 선현을 존숭하고 흠모하는 것이 훨씬 더 의미 있는 삶이라는 생각이 들었기 때문이었다.

이처럼 필자에게 이곳은 심신을 맑게 씻어주고 행복감에 젖어들게 하는 곳이었다. 그런데 정작 이곳에서 도산서원 선비문화수련원 이사장으로 일한다고 생각하니 적잖은 걱정이 앞섰다.

무엇보다도 필자가 이 분야에 모르는 것이 너무 많다는 사실이 걱정이었다. 이를테면 미술감상을 좋아해 미술관을 오랫동안 자주 찾아다녔다고 미술관 관장을 할 수 있는 지식과 안목이 저절로 생기지는 않은 이치와 같다. 면장도 알아야 한다고 하지 않던가?

이 때문에 집에서 칩거하는 동안 퇴계 선생과 유학 관련 서적도 여러 권 읽었다. 그러나 이런 독서는 기억에 오래 남지도 않았고 깊이 있는 공부가 될 리도 없었다. 그래서 몇 달이 지나 지팡이를 짚고서라도 조금씩 움직일 수 있게 되자 안동으로 내려왔다. 퇴계 선생이 사셨던 삶의 현장에서 내 눈으로 직접 보고 전해 내려오는 이야기를 듣고 이곳 현장에서 생동감 있게 쓴 책을 읽고 배우는 것이 효과적이라고 판단해서였다.

내려와서 느낀 감동과 충격은 필자의 예상을 훨씬 뛰어넘는 것의 연속이었다. 비록 5백 년의 시차가 있지만 선생이 주위 사람을 배려하면서 살아가신 일화를 들으며 놀랍고 존경스러운 마음이 들었고 한편으로 필자의 지나온 삶이 비교되어 부끄러웠다.

속세에 푹 젖어 살아온 필자에게 시공을 초월하여 다가오는 선생의 놀랍고도 존경스러운 삶의 향기는 과연 무엇이었을까? 그것은 사람이면 어느 때 누구나 영위하는 일상적 삶에서의 차이였다. 그때까지 필자는 선생을 조선시대 학식 높고 근엄한 대유학자로만 알았다. 그런데 선생이 평생토록 자신을 낮추고, 특히 자신보다 지위나 신분이 낮은 사람을 공감하고 배려하며 사셨다는 사실은 놀라움을 넘어 신선한 충격이었다.

그 가운데 첫 번째로 느낀 충격은 두 번째 부인 안동 권씨安東權氏를 지극정성으로 대하신 것이었다. 부인은 시집오기 전에 겪은 친정집(가일권문)의 정치적 우환으로 정신이상 증세가 있어서 온갖 해프닝을 저질러 선생을 곤경에 빠뜨리곤 했다. 그런 아내를 항상 너그럽게 이해하고 보듬는 선생의 모습은 정말 감동적으로 다가왔다.

다음으로, 종택 앞 솟을대문 열녀문에서 선생의 일화를 들을 때 느낀 감동 또한 잊을 수 없다. 열녀문의 주인공인 맏손부(안동 권씨)의 젖이 모자라서 맏손자(몽재 선생)가 선생께 안동 고향집 하녀 학덕이를 서울집의 유모로 보내달라고 했을 때, '남의 자식을 죽여서 제 자식을 살리고자 함은 매우 옳지 못하다'고 타이르고 없던 일로 돌린 일은 너무도 감동적이고 교훈적이었다.

이후 필자는 틈만 나면 그때의 감동을 좀더 많은 사람과 나누고자 수련생과 방문객에게 이 일화를 들려드린다.

이 이야기 속에는 이 시대를 살아가는 우리에게도 너무나 절실한 가르침이 담겨있다. 첫 번째 가르침은 '배우고 아는 것을 반드시 실천'하는 삶이다. 우리는 말로는 지행병진知行竝進이나 지행일치知行一致다 하면서 실생활에서는 그러지 않을 때가 너무나 많다. 일례로, 운전하며 규정과 법규를 위반하면서 상대방을 배려하지 않는 경우가 얼마나 허다한가?

두 번째 가르침은 사람을 차별하지 않고 모든 생명을 소중히 대한 것이다. 당시에는 천민(종)은 인권도 보장받지 못하던 신분사회였다. 이런 일이 당연시되던 때 증손자와 종의 어린아이 생명을 같은 자리에 놓고 존중하기란 정말 아무나 실천하기 어려운 경지이다.

가까이 있는 퇴계 선생의 묘소에 올라 묘비 앞에 서면 또 다른 선생의 겸손과 배려의 가르침을 듣게 된다. 선생의 묘비문을 타인에게 받지 말도록 유언하였는데도 조정과 제자들이 고봉高峯 기대승奇大升 (1527~1572) 선생에게 묘비문을 부탁했다. 두 분이 제일 잘 알고 친근하다는 이유에서였다.

두 분이 이렇게 가깝게 된 주된 까닭은 바로 선생께서 매번 자식뻘 되는 고봉에게 반드시 公이라 호칭하며 예를 갖추었기 때문이다. 오늘날 우리는 어떤가? 몇 살만 아래면 후배를 함부로 대하는 경우가 허다하다. 나이가 아무리 어리더라도 상대를 존중해야 한다는 선생의 가르침을 배우면 모두에게 얼마나 좋겠는가?

이러한 일화는 헤아릴 수 없이 많이 남아있다. 70평생을 누구에게나 겸손과 배려로 일관해서 살았기 때문이다. 또한 이러한 삶은 5백 년 전의 과거에만 머물지 않은 채 수백 년을 이어져 오늘날에도 그러한 삶의 방식으로 살아가고자 노력하는 분을 볼 수 있다. 그래서 더욱 머물고 싶어진다.

여든이 넘은 퇴계 종택의 16대 노종손은 지금도 남녀노소 불문하고 선비수련생이나 손님이 오면 깍듯이 무릎을 꿇고 앉아 그 흔한 조상 자랑 한마디 없이 사람 사는 도리만을 이야기한다. 덕담을 들려달라고 요청하면 시골에서만 산 늙은이가 무엇을 알겠냐며 사양한다. 그리고 손수 쓴 붓글씨를 일일이 나누어주며 '저의 낙서를 받아주셔서 감사하다'고 한껏 낮추신다.

모든 이에게 문밖까지 나와 악수하며 전송하는 종손과 헤어진 수련생의 반응은 어떨까? 초등학생에서부터 고위공직자에 이르기까지 종손에 대한 평가는 한결같다. '겸손, 헌신, 공경'의 삶을 사는 노종손을 본받아 자신도 실천하겠다고 한다. 수련생이나 방문객은 한 시간도 안 되는 짧은 시간이지만 이렇게 느끼고 체득한다. 그런데 필자는 8년째 이런 모습을 보고 배우면서 지낸다. 올봄부터는 도산서원 원장도 맡게 되면서 함께하는 기회가 더 잦아졌다.

이처럼 이 시대 전국의 어느 곳보다 짙은 사람의 향기가 있는 곳이 안동이며 도산일진대, 늦은 나이에 필자는 무슨 운運이 있기에 이런 복福을 누린단 말인가? 어디 가서 이보다 더 의미 있고 보람 있는 삶을 살 수 있을까?

필자뿐 아니라 도산서원과 선비문화수련원에 몸담은 백 명이 넘는 우리 동지의 생각도 대체로 비슷하다. 그러하기에 교장과 교육장 등 고위직을 지내신 수련원 지도위원들은 처음 참여할 때보다 점점 더 행복하게 느낀다고 말한다.

필자는 선진국 문턱에서 헤매는 한국이 겪는 온갖 정치·경제·사회 난맥상을 해결할 수 있는 하나의 방안으로 퇴계 선생을 비롯한 선현들이 가르친 '선비정신'이 절실하다고 생각한다. 그래서 몇 해 전 퇴계 선생의 아름다운 일화들을 소개한 《퇴계처럼》(2012)을 냈다. 많은 사람이 필자처럼 잘못 살아가지 말고 퇴계 선생처럼 훌륭하게 살아갔으면 하는 바람 때문이었다. 그리고 지난 8년간 체험하고 깨달은 바를 틈틈이 글로 썼다. 이번에 이를 묶어 《선비처럼》이라는 제목의 책으로 낸다. 출판 제의를 흔쾌히 수락한 나남출판의 조상호 회장과 고승철 주필에게 감사의 뜻을 표한다.

모쪼록 이 책을 읽은 독자가 진정한 선비처럼 향기 나는 인물이 되기를 기원한다. 특히 이 책이 청소년 '인성교육'에 도움 되기를 기대한다.

2015년 9월 1일
안동 도산서원 선비문화수련원에서

김 병 일

선비처럼

도산십이곡 陶山十二曲

도산육곡지이 陶山六曲之二 기사 其四

당시에 다니던 길을 몇 해나 버려두고
어디에 가 다니다가 이제야 돌아오는가?
이제야 돌아왔으니 다른 곳에 마음 두지 말리라.

제 1부

인성
회복을
위하여

자식이나 아랫사람은 나무라고 가르치려 들기보다는 원하는 것을 어른이 먼저 실천할 때 자연히 따라오게 될 것이다. 조선 영조 때 정승을 지낸 이태좌(李台佐)는 '몸으로 가르치면 따라오고, 말로 가르치면 대든다'(以身敎之者從 以言敎之者訟)고 했다. 어른 세대가 명심할 가르침이다.

최고의 인성교육은
어른의 솔선수범

2015년 7월 21일부터 〈인성교육진흥법〉이 시행되었다. 건전하고 올바른 인성을 갖춘 국민을 육성해 사회발전에 이바지할 수 있도록 하는 것이 목적이다. 왜 인성교육을 의무로 규정한 법이 세계 최초로 제정되었을까? 가정, 학교, 군대, 직장 가릴 것 없이 과거에는 좀처럼 볼 수 없었던 끔찍하고 패륜적이며 부끄러운 일이 빈발하기 때문이다. 그러니 법이라도 만들어서 그와 같은 상황을 바로잡아야겠다는 입법 취지가 일면 이해는 간다.

하지만 이런 법 없이도 품격 있게 살아가는 선진국이나, 동방예의지국으로 칭송받던 우리 전통 사회를 떠올리면 법이 전부가 아니라는 생각도 든다. 벌써 고액의 인성면접 대비반이 생겨나는 등 사교육 시장이 들썩이고, 학생의 인성평가를 누가 어떤 기준으로 할 것인가 우려하는 목소리가 높아진다. 하지만 이미 법은 시행에 들어갔으니 이제 부작용을 최소화하면서 인성교육이 성공적으로 이루어지도록 초기 단계에서 지혜를 모으는 것이 필요하지 않을까 싶다.

먼저 생각해야 하는 것은 인성의 본질에 대한 올바른 접근이다. 인성은 법에서도 규정한 바와 같이 스스로 내면을 바르게 간직하는 것, 다시 말해서 남이 보든 보지 않든 언제나 간직해야 하는 인간다운 품성을 말한다.

이 때문에 선비들도 신기독愼其獨, 즉 스스로 홀로 있을 때 삼가는 것을 중요시했다. 인성은 외부의 평가보다 내면의 간직을 더 중시하는 사회적 분위기 조성이 무엇보다 선행되어야 한다.

다음은 방법 문제이다. 인성교육은 지식교육과는 목적이 아주 상이하다. 따라서 방법도 달라야 한다. 지식교육은 주입식 교육이 가능한 영역이다. 그러나 인성교육은 스스로 겸손과 공경 등 더불어 살아가는 지혜를 실천할 수 있도록 도와주는 교육이다. 따라서 가장 바람직한 교육법은 올바른 삶을 바라보면서 느끼고 흉내 내며 반복해서 익히도록 하는 것이다.

이와 관련해 마지막으로 주의를 기울여야 하는 것은 어른이 아이가 닮고 싶어 하는 삶을 보여줄 수 있어야 한다는 점이다. 이것이 법과 제도, 예산 지원과 프로그램 제공보다 더 중요하다. 어른은 세월호 때와 같은 모습을 결코 다시 보여서는 안 된다. 우리 사회에서 쉼 없이 터져 나오는 비리와 부조리는 기성세대의 잘못에서 비롯되는 것이 대부분이다. 이런 일은 지식이 부족해서가 아니고 인성이 그릇되어 생긴다. 그러니 이제야말로 어른이 자신을 되짚어

볼 때이다. 법 시행에 따라 교사에게도 인성교육이 의무적으로 시행된다고 하는데 여기서도 학생 인성을 지도하는 방법보다는 먼저 교사 자신의 인성에 대한 성찰에 초점이 모아져야 한다.

'세 살 버릇 여든까지 간다'고 했다. 어릴 때 가정에서 부모와 윗사람의 행동을 보며 익힌 습성에 따라 평생을 살아간다는 의미이다. 옷깃을 여미게 하는 이야기가 아닐 수 없다. 우리는 부모·형제를 타산적으로 대하지 않는가? 그렇다면 훗날 내 자녀도 나를 그렇게 대하길 바라는가? 자녀는 언제나 등 뒤에서 나의 행동을 보고 자란다.

그러므로 미래 세대의 인성교육을 위해서는 부모·형제를 먼저 공경하고 배려하며, 깨끗하고 품격 있는 일상을 유지하도록 노력해야 한다. 자녀에게 무엇을 물려줄 것인가? '그 자식을 알지 못하겠거든 그 아비를 보라'不知其子 視其父는 말이 있다. 아이의 됨됨은 그 부모를 보면 알 수 있다는 의미이다. 공자가 그 자손에게 전하는 《공자가어》孔子家語의 한 구절이다.

법을 만들 정도로 아이의 인성이 진정으로 걱정된다면 부모와 교직자, 사회지도층 모두 아이에게 원하는 인성을 먼저 실천해 보여주어야 한다. 그리고 인성 함양 프로그램의 대상도 학생에 국한하기보다는 취학 전 유아와 성인으로까지 확대하고 장소 역시 학교를 넘어 가정과 군대, 사회 전반으로 넓혀야 한다. 논란 끝에 만들어진 법이지만 힘을 합쳐 제대로 운용될 수 있도록 해야 하지 않겠는가?

좋은 사회의 시작은
인성교육에서

일전에 친정아버지의 멱살을 잡고 폭행한 딸에 관한 뉴스가 많은 이를 놀라게 한 적이 있다. 자식에게 먹일 홍삼액을 아버지가 먹어 버렸다는 것이 그 패륜적 사건의 발단이었다고 한다. 동방예의지국東方禮儀之國이라고 자부하던 우리 사회가 어떻게 '동방패륜지국'이라 해도 할 말 없게 된 지경에 이르렀는지 참으로 참담한 마음을 금할 길 없다.

자식을 제 몸처럼 아껴 좋은 것 먹이고 좋은 옷 입히고 싶어 하는 마음은 본능과 같은 것이다. 이 점에서는 짐승도 마찬가지이다. 그러나 동물은 새끼가 자라 어른이 되면 어미 품을 떠나가고 부모의 존재는 까마득히 잊어버린다.

사람이 동물과 다른 점은 무엇일까? 맹자는 그 차이를 '기희'幾希라고 했다. 거의 희미하다는 말이다. 얼핏 들으면 동물과 사람의 차이를 부정하는 듯한 말로 실상 맹자의 본의는 거의 없는 듯하나, 엄연히 존재하는 그 작은 차이가 동물과 사람을 다른 존재로 구별하는 요소이고 그러한 차이를 벌려나가는 것이 사람의 길이라는 것이다.

사람이 만물의 영장이라고 불리는 것은 지능의 차이 외에도 사람만이 그러한 인륜人倫을 알고 실천하기 때문일 것이다.

인륜 중에서 가장 큰 것이 효孝이다. 효에 관한 한, 우리나라는 다른 나라의 부러움을 받을 만한 전통을 지녔다. 3년상이나 시묘살이는 어버이를 여읜 자식의 애통한 마음을 반영한 의례이고, 탈상 후에는 제례를 통해 어버이에 대한 추모의 길을 이어가도록 했다. 그래서 옛날 사회를 돌아보면 나라와 사회에 큰 족적을 남긴 인물치고 지극한 효자가 아닌 이가 없었던 것은 충과 효가 둘이 아님을 증명한다.

부모와 자식 간의 사랑과 보살핌으로 맺어진 한국의 전통 가족제도에 대해 역사학자 아놀드 토인비(Arnold Joseph Toynbee, 1889~1975)는 '미래의 이상적인 가족사회는 한국에 있다. 3대가 모여 살면서 선대의 지식과 사랑을 후손에게 가르쳐주는 한국의 가족제도야말로 인류가 지향해야 할 미래사회의 모습이다'라고 극찬했다.

이처럼 남들의 부러움을 사던 한국의 가족이 와해되고 그에 따라 효라는 인륜이 급속히 사라지는 것은 우려할 만한 일이다. 최근 계속되는 경기 불황으로 늙고 병든 부모를 낯선 곳에 버리거나 학대하는 사례가 늘어나는 것이 그 예이다.

우리 조상이 효를 강조한 것은 지친至親인 부모에 대한 효도가 모든 사회적 실천의 출발점이라고 보았기 때문이다. 그래서 친친親親 –인민仁民–애물愛物이라고 해서 남에 대한 배려와 사랑의 실천이 어버이에 대한 사랑에서 비롯된다고 보았다.

현재 우리 사회는 핵가족화의 심화에 따라 아이가 조부모의 보살핌과 가르침을 받지 못하고, 부모가 일터로 나감으로써 아이만 홀로 남게 되는 경우가 많다. 가정에서의 인성교육을 대신할 학교도 입시 위주의 지식 주입에 치중하느라 덕성을 기르는 일은 뒷전으로 밀려난 지 오래이다. 그 결과 아이는 자신만을 위하고 남에 대한 배려는 모르는 이기적이고 메마른 인성의 소유자가 되어간다.

우리 사회의 여러 문제가 실상은 우리가 자초한 것이라는 점에서 특히 기성세대가 책임을 느껴야 한다. 제 자식만을 귀하게 여기고 남을 딛고 서는 공부가 성공의 지름길인 줄로 생각해 무한경쟁으로 내몬 것이 결국 독이 되어 자식을 망치고 사회를 병들게 한 것이다.

이제 사회를 변화시키고 개선하려는 실제 노력이 필요하다. 우선 가정에서 올바른 인성을 지닌 자녀를 기르는 노력이 필요하다. 그러기 위해서는 부모가 효를 실천하는 모범을 보여야 한다. 또 자녀와의 대화나 편지 쓰기를 통해서 혹은 밥을 함께하는 자리에서 사랑이 담긴 가르침을 통한 인성교육에 나서야 한다.

다음으로, 학교에서의 인성교육을 강화해야 한다. 현대사회에서 경쟁이 불가피하다면 남을 배려하는 따듯한 마음으로 서로 경쟁하는 사람을 기르는 교육에 대해 고민해야 할 것이다. 그런 점에서 덕본재말德本才末, 즉 덕성이 근본이고 재능이 그다음이라고 여긴 선인의 가르침을 따라 교육과정에 지·덕·체를 겸비한 사람을 만들 수 있는 방안을 도입해야 한다.

사회의 노력도 필요하다. 만시지탄晚時之歎의 감이 있으나 사회 각 부문에서 인성교육의 필요성을 인식해 구체적 실천을 시작한 것은 다행스러운 일이다. 2015년 1월 20일 〈인성교육진흥법〉이 공포되고 6개월 후인 7월 21일부터 시행에 들어갔다. 하지만 아직 무엇을 어떻게 교육할지에 대한 구체적 방안은 마련되지 않았다.

가정과 학교 그리고 사회가 하나 되어 올바른 인성을 기르기 위한 노력을 확산해나간다면 어두운 우리 사회에 희망의 서광이 보일 것이다. 그리고 언젠가는 '노인은 자기의 생을 편히 마치고, 젊은이는 모두 일할 수 있으며, 노약자·병자·불쌍한 자가 부양되는' 동양의 오래된 이상인 대동大同사회의 실현도 불가능하지는 않을 것이다.

인성교육
어떻게 해야 할까

봄은 사계절의 시작이요 새싹이 돋아나는 계절이다. 3월은 신학기가 시작되는 달이다. 새 학교 새 교실에서 새로 만난 친구와 함께 새로운 선생님의 가르침을 받게 되어 가슴이 설렌다. 우리 기성세대는 이때를 떠올리면 가슴이 벅차고 그리움이 샘솟게 마련이다.

그런데 요즈음 신학기를 맞아 집을 나서는 자녀의 표정은 과연 어떨까? 유심히 살펴보면 꼭 그렇지만은 않음을 알 수 있다. 신학기에는 설렘만이 아니라 낯섦도 있다. 정들었던 친구가 떠나고 낯선 친구로 가득 찬 낯선 교실에서 새로 뵙는 선생님과 마주하면 마음이 편치 못하고 적응이 어려워진다.

이런 까닭에 결석과 지각, 조퇴 등으로 부적응의 심리상태를 간접적으로 표시하거나 지나치면 폭력과 왕따, 심지어는 자살 등의 일탈행위로 빠져든다. 신학기가 시작되는 3월이 교내 문제가 가장 많이 생기는 시기라는 점이 이를 잘 말해준다.

왜 이런 문제가 생길까? 교육열이 가장 높고 교육에 대한 투자가 어느 나라에 비교해도 뒤지지 않는데 왜 이런 문제가 늘어날까? 공부를 잘하고 못하고의 문제가 아니라 다른 사람을 대하는 태도와 자세에서 비롯되는 문제이기 때문이다. 학생의 지식이 부족해서가 아니라 인성이 따라가지 못해서 생기는 것이다. 이러니 국민 대다수가 이제는 인성교육이 학교에서 꼭 필요하다고 생각한다.

한국교육개발원이 2013년에 실시한 교육여론조사에 따르면 시급히 해결해야 할 교육문제로 '학생의 인성·도덕성 약화'(48.0%)와 '학교폭력'(21.9%)을 1, 2위로 꼽았다. 또 초·중·고 학생의 인성 및 도덕성 수준에 대해서도 72.4%가 부정적으로 평가하였다. 한 해 전보다 17.3% 포인트 높아진 수치이다.

그래서 앞으로 더욱 중시해야 할 교육으로 초·중·고 모두 인성교육이 1순위로 꼽혔다고 한다.

그렇다면 인성교육은 어떻게 해야 하는 걸까? 이에 대해서는 아직 우리 사회에서 명확한 정론이 마련되지 못했다. 인성교육이 강조되자 교육부가 이에 대한 개념정립과 교육내용을 수립하기 위해 전국의 각급 학생 4만5천 명을 대상으로 설문에 나섰다는 소식이 이런 상황을 잘 보여준다.

하지만 조금만 생각해 보면 인성교육의 답은 멀리 있지 않음을 알 수 있다. 우리가 인성교육을 막연하고 어려운 것이라 여기는 가장 큰 이유는 '교육'이라는 말에 집착하여 인성에 대해 무언가를 가르쳐야 한다고 생각하기 때문이다. 하지만 정작 중요한 것은 주입

《제양록》(制養錄)은 이상정이 일상생활의
범절과 행동수칙을 쓴 윤리교육 지침서이다.
이 책은 당시의 선비의 교육이 어떠했는지를
보여주는 귀중한 자료이다. 아울러 오늘날에도
본받을 만한 가치가 충분하다.

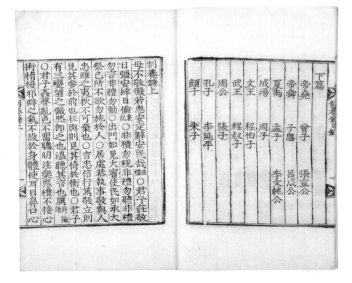

식 교육이 아니라 피교육자인 학생의 자발성을 일깨우는 것이다. 인성은 머리로만 알면 되는 지식의 영역이 아니라 가슴으로 느끼고 실천하는 품성의 영역이기 때문이다. 어찌하면 가슴 찡하게 느끼게 하여 자발적으로 실천하게 할 것인가?

이 문제에 대해서는 가난 속에서도 화목하고 예의 바른 인간관계를 맺어갔던 우리 조상의 삶, 특히 교육에 대한 몸가짐을 살펴보면 정답에 이른다. 그들은 배고프면서도 체면을 차릴 줄 아는 아이를 키웠고, 일자 무식쟁이도 타인을 배려하고 존중하는 동방예의지국의 백성으로 이끌었다. 어째서 가능했을까?

그 답은 스스로 모범이 되는 '솔선수범'에 있었다. 우리도 아이를 바르게 키우고 싶다면 스스로 먼저 모범을 보이고 이에 감동받은 아이가 닮고 따라하고 싶은 사람이 되는 것이다. 이것이 가장 효과적인 인성교육 방법이다.

마중지봉麻中之蓬이라는 말이 있다. 쑥蓬도 삼밭麻中에서 자라면 삼을 닮아 곧게 자란다는 뜻이다. 아이의 인성을 진정으로 걱정한다면 무엇을 가르칠 것인가를 고민하기 이전에 아이가 닮고 싶은 사람이 되고자 하는 어른의 노력이 앞서야 한다.

인성교육! 답은 멀리 있지 않다. 가정에서는 부모가, 학교에서는 선생이, 사회에서는 상사와 선배가 존경받는 사회! 인성교육 자체가 이슈가 되지 않는 공동체로 가는 확실한 길이다.

지식보다
인성이 먼저인데

요즘 아이들을 볼 때마다 안쓰럽다. 기저귀를 뗄 때쯤 영어공부를 시작하고 자라며 태권도, 미술, 피아노 등 특기공부 한두 가지는 기본으로 해야 한다. 공부깨나 한다는 아이는 초등학교 때부터 특목고 준비를 시작하기에 초등학생의 토플 공부는 낯설지 않는 풍경이 되었다. 여기에다 경시대회에도 가끔 얼굴을 내밀어 이른바 스펙을 쌓아야 하고, 자기 자식이 영재라고 철석같이 믿는 부모는 영재교육까지 추가하기도 한다.

이렇게 되자 당장 급한 문제는 돈이다. 선진국 그룹이라는 경제협력개발기구(OECD) 국가 가운데 가계소비에서 가장 높은 비중을 차지하는 사교육비를 충당하다 보니 저축이나 노후대책은 꿈도 못 꾼다. 이것으로도 모자라 엄마가 파출부로 나가거나 심지어 노래방 도우미로 나간다는 참담한 얘기도 있다. 이렇게 모은 돈으로 자식을 외국으로 유학 보내며 엄마는 따라가서 뒷바라지하고 본국에 홀로 남아 유학비를 버는 '기러기' 아빠도 드물지 않다.

요즘 유행하는 우스갯소리 가운데는 아이를 일류대학에 보내는 조건으로 '할아버지의 경제력, 엄마의 정보력, 아빠의 무관심'이라는 말이 있다. 이 말은 이제는 부모의 희생만으로는 부족하고 조부모의 경제력까지 빌려야 손자녀의 성공을 기대할 수 있는 상황이 되었음을 의미한다.

이러한 자화상이 외국 언론에 소개되면서 세계는 한국의 끔찍하도록 높은 교육열을 경이롭게 지켜본다. 오바마 미국 대통령도 기회가 닿을 때마다 한국 부모의 교육열을 거론하는 것을 보면 일단 외국인에게는 좋게 비치는 모양이다.

그러나 우리는 내심 불편한 심경을 숨기기 어렵다. 실상을 알고 보면 높은 교육열이 결코 자랑스러운 일이 아니기 때문이다. 한국의 출산율은 명실공히 세계 최저이다. 과거에는 출산율이 낮다는 것이 선진국의 표상처럼 여겨지던 때가 있었으나 지금은 그 나라의 사회적 안전망 부족을 반증하는 부끄러운 지표일 뿐이다.

한국의 저출산은 아기를 낳아 키우는 것이 힘들거나 혼자 즐기겠다는 개인주의 풍조보다는 남들처럼 제대로 뒷받침해주지 못할 바에야 차라리 낳지 않겠다는 비관적 생각 때문이라는 것이 전문가의 진단이다.

그렇다고 아이에게 비싼 돈 들여 과외시키면 모두 1등을 하는가? 적성에 맞지 않는 공부를 억지로 시키면 성격이 왜곡되어 난폭하거나 이기적, 투쟁적, 비타협적인 인간형이 되기 쉽다.

또 공부를 많이 했다고 모두 훌륭한 사람이 되는가? 일류대학 나오고 박사학위 받고 고액 연봉을 받는 사람 가운데 효자가 많이 나오는가? 친구 간에 신뢰받고 사회적으로 존경받는 사람이 많은 가? 또 이런 사람이 끝까지 성공을 유지할 수 있는가?

부모는 오늘날 자식에게 어떤 존재인가? 공부시킬 때 어르고 달래던 그 방식을 바꾸지 않은 채 그대로 대하다 보니, 자식은 성년이 된 후에도 독립심과 생존능력을 기를 기회를 갖지 못하고 부모 집에 전적으로 얹혀사는 징그러운 대가족이 많다.

한 조사에 따르면, 한국 대학생이 기대하는 부모에 대한 의존심리는 학비 93%, 결혼자금 87%, 집 마련 74%로 나왔다고 한다. 세계에서 그 유례를 찾기 어려울 정도로 높다. 이들이 나중에 부모를 모시겠다는 생각보다는 유산이나 상속을 기대하는 것은 지극히 자연스러운 일이다.

왜 이렇게 되었는가? 요즈음 마음에 맞는 직장 구하기도 어렵거니와 내 자식은 어떻게든 남에게 뒤지지 않아야 된다는 일등주의 심리가 더 큰 원인이다. 부모의 입장에서 자식이 경쟁에서 살아남기를 바라고 인생의 승리자가 되기를 바라는 것은 당연한 것이고 이를 도덕적으로 비난할 수는 없다. 문제는 어떻게 키웠을 때 자식이 사회적으로 존경받고 성공한 인생으로 성장할 것인가에 대한 판단, 즉 부모의 자녀교육관이 문제이다.

과거에는 지금과 달랐다. 우리 선현은 어릴 때부터 인성을 먼저 가르쳤다. 어려서부터 자기 할 일은 스스로 하고 남을 배려하고 스

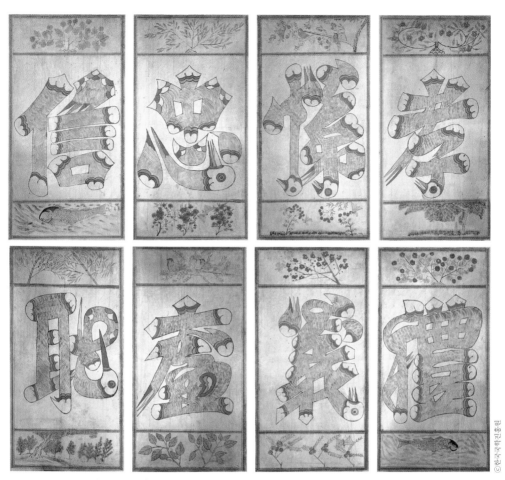

〈효제충신도〉(孝悌忠信圖). 유교의 윤리도덕인 효(孝), 제(悌), 충(忠), 신(信)과 예(禮),
의(義), 염(廉), 치(恥)를 각 1폭씩 모두 8폭에 담은 문자도이다. 이 그림은 제주에서 많이
그려졌던 방식이다.

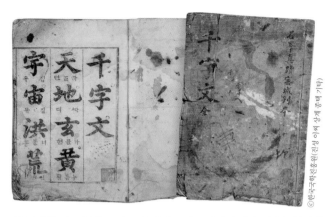

©한국국학진흥원(진성 이씨 상계 종택 기탁)

석봉(石峯) 한호(韓濩, 1543~1605)의 글씨를 판각한 천자문(千字文)이다.
1구 4자로 구성되었고, 각 글자마다 훈과 음을 달아 읽기 쉽게 만들었다.
한문 입문을 위한 초학자의 필수 교재로, 우리나라에서는 한호가 쓴
《석봉천자문》이 가장 널리 알려졌다.

스로 생각하는 주체적 인생관을 가르쳤다. 이러한 교육은 보통 '격대교육'隔代敎育이라 하여 부모보다는 조부모가 맡음으로써 사사로운 감정에 치우치지 않고 엄격한 교육이 가능했다.

돌이 되면 옷 입고 버선 신고 수저질하는 법을 할머니로부터 배웠으며, 6~7세가 되면 할아버지의 손으로 넘겨져 사랑채에서 교육받았다. 이때도 문자교육보다는 인성교육이 먼저였다. 흔히 말하는 '쇄소응대진퇴지절'灑掃應對進退之節(물 뿌리고 비질하며, 묻는 말에 대답과 함께 조리 있게 말하고, 어른 앞에 나아가고 물러가는 예절)이라 하여 사람으로서 기본적으로 갖추어야 하는 《소학》小學 교육이 이때 이루어졌다. 그런 연후에 지식교육에 들어갔다. 지식교육도 남에게

인정받기 위한 공부가 아니라 자신의 인격적 완성을 위한 위기지
학이 위주였다.

옛날 선비는 이렇게 자랐기 때문에 공부를 많이 할수록 백성으
로부터 존경받는 인물이 되었던 것이다. 국왕이나 왕세자 교육은
그들이 가졌던 권한과 책임만큼이나 더욱 철저하게 이루어졌다.
어릴 시절부터 '양 어깨에 조종(祖宗)의 왕업과 억조창생이 달렸다'는
말을 누누이 듣고 자랐으며, 왕이 되어서는 하루 4~5차례 경연(經筵)
에 나가 제왕학을 공부했던 것이다.

최근 정부의 인사청문회를 보면서 느낀 생각은, 큰일을 할 사람
일수록 능력보다는 도덕성을 먼저 갖추어져야 하고, 자기 자식을
큰 인물로 키우려는 사람일수록 청렴과 정직을 가르쳐야 한다는
것이다. 높은 건물일수록 기초를 튼튼히 해야 하듯이 큰일을 하는
사람일수록 자신을 낮추고 겸손해야 하며 남을 배려할 줄 알아야
하기 때문이다.

과거 우리 선현은 그렇게 살았다. 가난했지만 오순도순 화목했
으며 집안마다 고을마다 어른을 존경하는 풍습이 있었고 존경받는
어르신이 있었다. 그들은 늘 '사람답게 살아야 한다', '그것은 차마
사람으로서 할 짓이 못 된다'는 말을 입버릇처럼 했다. 이런 말이 당
연한 것으로 통용되는 사회였기에 비록 강성하지는 못했지만 5백여
년 동안 조선왕조가 유지될 수 있었다.

현대인이 과거의 조상처럼 살기는 어렵다. 시대가 바뀌고 삶의 환

경도 달라졌기 때문이다. 그러나 선현의 정신을 오늘날 형편에 맞게 실천하는 방법은 있다.

경상북도 안동에 소재한 한국국학진흥원에서는 40만 건이 넘는 기록유산 속에서 선현이 남긴 소중한 교훈을 발굴해 국민을 위한 인성교육 자료로 활용한다. 그 교육 자료는 선현이 남긴 삶의 흔적이기에 더욱 감동적이고 쉽게 와 닿는다.

맹자는 스스로를 학대하는 사람과는 더불어 대화할 수 없고, 스스로를 버리는 사람과는 더불어 일을 도모할 수 없다고 하고 이런 것을 자포자기自暴自棄라고 했다. 아무리 세태가 실망스럽다 해도 포기하지 않고 꾸준히 관심을 가지고 찾아보면 밝고 건강한 사회를 만들기 위해 각자가 자기 위치에서 할 일이 있을 것이다.

먼저 어른이
바로 서서 실천해야

2014년 4월, 후진국에서나 있을 법한 어처구니없는 세월호 대참사로 온 나라가 크나큰 슬픔에 잠겼다. 꽃다운 나이의 많은 학생이 속절없이 희생된 데 대한 안타까움과 우리가 결국 이 정도밖에 안 되었나 하는 자괴감 때문에 더욱 그러하다. 특히 사고 이후의 대처 과정에서 보여준 우리의 모습은 세계적인 조롱거리가 되었다.

그동안 이루어놓은 국가브랜드 이미지가 하루아침에 무너지는 것 같아 더욱 안타깝다. 이런 가운데에서 그나마 위안이 되는 것은 한 명의 제자라도 더 살리기 위해 애쓴 선생님들과 본분에 충실했던 서비스직 승무원들이 보여준 살신성인殺身成仁의 모습이었다.

이번 사고도 결국은 어른의 잘못이 빚은 참사이다. 특히 윗자리에 있는 어른의 잘못된 판단과 행동이 사태를 더욱 그르쳤다. 무엇보다 선장부터 해난사고의 일반적인 수습 원칙과 완벽하게 배치되는 행태를 보였다. 사고가 났을 경우 승객 구조가 최우선인데도 실제는 정반대였다. 노블레스 오블리주 정신이 실종된 우리 사회의 일그러진 자화상을 여실히 보여주는 장면이다.

반대로 학생들은 선실에 있으라는 '어른'의 말을 믿고 충실히 따르다 크나큰 변을 당했다. 이러다 보니 우리 아이가 이제부터는 어른의 말과 반대로 하는 것이 더 낫다고 생각할지 모르겠다.

어른의 잘못된 행동이 자라나는 아이에게 영향을 미치는 것은 불문가지不問可知이다. 어른이 틈만 나면 혀를 차는 아이의 문제, 이를테면 학교폭력과 인성파괴 등도 어른의 언행에서 배운 것이 틀림없다. 오죽하면 아이는 어른을 비추는 거울이라고 했겠는가?

아이의 마음자리는 본래 어른보다 선하다. 이번 사고에서 어린 학생들은 경황 중에도 SNS로 선생님의 안부를 묻고 구명복을 친구에게 양보하며 서로 격려하였다. 승객의 안전을 내팽개친 몰염치한 어른보다 더 어른스러웠다.

사정이 이런데도 문제가 생기면 어른은 아이 잘못부터 지적하고 나선다. 그리고는 가정, 학교, 사회를 불문하고 설교부터 시작하고 심한 경우 폭언과 체벌로까지 나아간다. 하지만 그런 방법으로는 아이의 행동이 고쳐지지 않는다. 무엇 때문일까? 먼저 행동으로 모범을 보이지 않기 때문이다.

예나 지금이나 아랫사람은 윗사람의 행동을 보고 배우게 마련이다. 어른의 행동이 그른데 아이가 바로 자랄 수는 없다. 윗물이 흐리면 아랫물이 맑을 수 없는 '상탁하부정'上濁下不淨의 이치이다.

그러면 아랫사람에게 먼저 모범이 되려면 어떻게 해야 할까? 멀고 추상적인 것보다 가깝고 구체적인 것부터 시작해야 한다. 내 아이에게 효도받고 싶으면 먼저 어른부터 자신의 부모님을 자주 찾아뵙고 안부를 여쭈어야 한다. 어른이 형제간에 부모 모시기 경쟁을 하는데 아이가 커서 부모를 외면할 리 없다. 교사는 하기 싫은 것일수록 학생을 시키지 말고 솔선해야 한다.

선진국은 소득만 오른다고 되는 게 아니다. 그 사회를 이끄는 각 분야 리더의 도덕의식과 솔선수범이 뒷받침되어야 가능하다.

1852년 영국 해군 수송선 버큰헤이드호 침몰 사례를 세월호 사고와 비교하여 언론이 앞다투어 언급하는 것도 이 때문이다. 배가 좌초되자 버큰헤이드호 선장은 여자와 아이부터 부족한 구명정에 태워 탈출시키고 자신은 4백여 명이 넘는 병사와 함께 장렬하게 최후를 맞았다. '여자와 아이부터'를 재난구조의 불문율로 만든 이른바 '버큰헤이드호 전통'의 유래이다.

멀리 갈 것도 없다. 세월호 사고 직후 스페인에서 항해 중인 대형 여객선에 불이 나자 선장은 선원과 함께 승객 안전 위주로 침착하게 대응하여 한 명의 사상자도 없게 하였다. 우리와 너무 대조된다.

세월호 사건으로 그동안 이룬 국가브랜드 이미지의 추락과 우리 사회가 겪는 상실감을 반드시 극복해야 한다. 그 길은 과연 무엇일까? 결국 어른이 어른답게, 윗사람이 윗사람답게 바로 서서 먼저 실천하는 것밖에 없다. 이것이 안전하고 품격 있는 공동체를 만드는, 더디지만 가장 확실한 길이다.

어른 됨의 지혜

지금 우리 사회는 어른과 젊은이 간의 세대 갈등으로 진통을 겪는다. 부모와 자녀, 스승과 제자 그리고 직장 상하 간에 소통의 부재로 인한 갈등이 크게 늘어난다.

세대 간 갈등의 원인은 무엇일까? 급격히 진행된 산업화와 도시화로 전통적 지역공동체가 해체되면서 자연히 경륜과 경험이 풍부한 어른이 더 이상 사회를 이끌어갈 수 없게 되고 전통적 가치가 퇴조되면서 젊은이의 경로의식이 약화된 것을 탓하기도 한다.

그러나 이러한 환경의 변화는 거스를 수 없는 추세이다. 그 탓만해서는 문제가 해결될 수 없다. 세대 간 갈등을 해결하기 위해서는 그 갈등의 주체인 어른과 젊은이가 변해야 한다.

그러면 누가 먼저 변해야 할까? 어른이 먼저 변해야 한다.

어른의 입장에서 보면 분명 그들에 대한 대우나 존경이 예전만 못한 것이 사실이고, 젊은이들의 의식이나 태도가 불만스러울 수 있다. 그런데 젊은이들이 왜 그렇게 되었나? '윗물이 맑아야 아랫물이 맑다'고 했고, '아이는 어른의 거울이다'라는 말도 있다.

오늘날 우리 사회의 세대 간 갈등은 젊은 세대를 낳고 가르치며 이끌어온 어른의 책임이 더 크다. 따라서 어른이 먼저 자신을 되돌아보고 지금까지의 젊은이와의 관계방식에 대한 변화를 모색해야 한다.

어른은 젊은이가 경험한 바가 자신과 다르다는 점을 인정해야 한다. 절대가난에서 벗어나기 위해 정신없이 달려왔던 어른 세대에 비해 요즘 젊은이는 물질적으로 풍요롭게 자라났다. 반면 예전 어른 세대보다 훨씬 심각해진 취업난과 불투명한 미래에 대한 불안 등으로 고민이 팽배한 세대이다. 이러한 상황에서 어른 관점에서만 이야기하고 질책한다면 젊은이가 수긍하지 못할 것이다.

그러면, 어른은 젊은이에게 어떻게 해야 할 것인가?

우선 어른은 젊은이에게 인생의 길잡이 역할을 해주어야 한다. 불안한 미래를 마주하고 선 젊은이에게 그동안의 경험과 경륜을 바탕으로 그것을 헤쳐 갈 길을 안내해주어야 한다.

자연수명이 지금처럼 길지 않고 농업생산을 주로 하던 사회에서 어른은 경제활동을 다음 세대에게 물려줌과 동시에 뒤로 물러났다. 즉, 젊은이는 뒤로 물러나 경제활동 능력이 없는 어른을 봉양하고 어른은 삶의 지혜와 식견으로 젊은이를 올바른 길로 이끄는 원로의 역할을 했다.

그런데 오늘날 수명이 늘어나고 현직에서 물러난 이후 길게는 수십 년 이상 살아가야 하는 것이 어른 세대의 현실이다. 하지만 과거와 같은 젊은이의 봉양도 기대할 수 없다. 이런 상황에서 어른도 남은 삶을 영위하기 위해 일자리를 찾아야 하고, 자신의 앞날을 고민하기는 젊은 세대와 마찬가지이다.

그럼에도 불구하고 어른 세대는 오랜 경험에서 축적한 삶의 지혜와 식견이 아무래도 젊은이보다 풍부하다. 바로 여기에서 어른의 역할과 가치를 찾아야 할 것이다. 시대에 뒤떨어지지 않도록 생을 마칠 때까지 쉼 없이 새로운 것을 배우려는 진취적 태도도 필요하다.

젊은이를 이끌어주는 데 있어서는 백 마디의 말보다 한 번의 실천이 더 효과적이다. 자식이나 아랫사람은 나무라고 가르치려 들기보다는 원하는 것을 어른이 먼저 실천할 때 자연히 따라오게 될 것이다.

조선 영조 때 정승을 지낸 이태좌李台佐는 '몸으로 가르치면 따라오고, 말로 가르치면 대든다'以身教之者從 以言教之者訟고 했다. 어른 세대가 명심할 가르침이다.

물질적 이해와 욕망이 충돌하는 사회 갈등의 장에서 어른 세대가 그 갈등의 한 축으로 버텨서는 안 되고, 그 갈등을 완화시키고 문제를 해소하는 주체로 나서야 한다. 그것이 오늘날 어른 세대에게 부여된 책무(세니오르 오블리주: *senior oblige*, 2014년 10월 19일자 〈매일경제〉 데스크 칼럼 인용)이다.

세니오르 오블리주를 위해서는 무엇보다 어른 세대 자신의 자각과 실천이 요구된다. 어른 세대는 옛 선조와 오늘의 젊은이를 이어주는 교량과 같은 존재이다. 따라서 옛 선조가 남긴 교훈에서 변화된 시대에도 여전히 변하지 않는 가치와 지혜를 찾아내서 젊은이에게 전달하고 스스로 몸으로 실천해 보여주어야 한다.

이를 통해 우리 사회가 직면한 세대 간 갈등이 완화되고 치유되기를 간절히 희망한다.

훌륭한 어머니를
다시 기대하며

동서고금을 막론하고 위대한 인물 뒤에는 훌륭한 어머니가 있었다. 맹모삼천지교孟母三遷之教는 이와 관련된 너무나 유명한 고사이다. 태어난 지 7개월 만에 아버지를 여읜 퇴계 선생도 홀로 되신 어머니가 어려운 생활 속에서 몸소 보여주시는 훈도에 영향을 크게 받았다고 술회했다.

한 사람의 인생에서 어머니의 영향은 왜 이렇듯 중요할까. 세 살 버릇 여든까지 간다는 말처럼 어릴 때 가정에서 보고 배운 어머니의 행동이 그 사람의 평생에 걸친 삶의 습관에 큰 영향을 미치기 때문이다. 이 점에서 볼 때 한국의 부모, 특히 어머니의 교육열은 다시 새겨볼 필요가 있다. 이러한 교육열은 우리 사회가 단기간에 큰 발전을 이룩하는 데 크게 기여했다.

하지만 유감스럽게도 그와 같은 성과를 무색하게 하는 현상이 우리 사회 곳곳에서 자못 심각하게 발생한다. 2014년 어린이·청소년(초4~고3) 행복지수 국제비교조사에 의하면 경제협력개발기구(OECD) 국가 중 우리나라가 6년째 최하위다. 또 다른 조사에 의하면 우리 아동의 삶의 질 만족도 역시 OECD 국가 중 최하위이다.

자녀교육열이 높은 우리나라에 왜 이러한 문제가 일어날까? 지식교육에만 몰두하고 인성교육을 소홀히 하는 것이 핵심이다. 자기 몸값을 올리기 위한 지식교육보다 더 중요한 것이 남과 조화롭게 살아가는 데 필요한 인성교육이다. 이것이 잘못되면 그 폐해가 본인은 물론 가정과 사회의 불행으로 고스란히 나타난다. 세상은 혼자 살아가는 곳이 아니기 때문이다.

요즈음 고3, 중3 학생은 입시를 치르고 나면 결과와 상관없이 목표의식을 잃고 방황하거나 탈선하는 경우가 많다. 100세 장수시대에 인생의 5분의 1도 채 살지 않은 아이에게 매우 우려스러운 현실이 아닐 수 없다. 이것을 해결하려면 아이에게 나는 누구이며, 무엇을 향해 어떻게 살아야 할 것인가에 대해 고민하고 생각할 기회를 마련해주어야 한다.

필자가 몸담은 도산서원 선비문화수련원도 이 문제의 중요성을 절감하고 2014년 11월 중순부터 대학수학능력시험을 끝낸 고3 교실을 찾아가 학생이 자신의 삶을 되돌아볼 수 있는 프로그램을 운영하고 있다. 행복한 삶을 위해서는 지식도 필요하지만 궁극적으로는 남에게 존경받는 삶이 가장 중요함을 일깨우고, 인성이 바른 사람이 될 수 있도록 함께 생각할 거리를 던지는 내용이다.

반응이 아직 만족스러운 정도는 아니지만, 중3 교실까지 포함해

학부모들이 선비 교육을 받는 중이다. 참가한 학부모들의 표정이 사뭇 진지하다.

예상외로 많은 학교에서 신청해 기대하게 한다.

이에 앞서 얼마 전부터는 학부모를 수련원에 직접 모시거나 학교로 찾아가는 일도 시작했다. 아이를 반듯하게 키우고 학부모 자신도 행복한 삶을 누리려면 지식교육보다 인성교육이 얼마나 중요하며, 어떻게 솔선해야 하는지를 함께 고민하는 프로그램이다.

참가한 학부모 어머니는 표정이 금방 진지해지며 반응도 어느 수련생보다 뜨겁다. 이러한 열기가 일상의 실천으로 이어져 모두 훌륭한 어머니가 되시기를 진정으로 기원한다. 자식이 살아가면서 평생 본으로 삼는 어머니가 많아지는 사회, 더디지만 더 좋은 사회로 가는 가장 확실한 길이다.

평범한 어머니도
자식을 훌륭하게 기른다

2014년 말과 2015년 초에 걸쳐 율곡 선생의 외가가 있는 강릉에서 퇴계 선생의 고향인 안동으로 예상치 않은 손님이 두 차례나 방문했다. 2월부터 방영하는 강원의 자랑스러운 역사 인물을 조명하는 '역사토크 시간여행 강원'이라는 프로그램을 제작하는 지역방송국 관계자였다. 첫 번째 소재로 퇴계 선생의 어머니 춘천 박씨와 율곡 선생의 어머니 신사임당을 다룬다고 했다. 두 분이 어떻게 해서 자식을 위대한 인물로 키워냈는지 널리 알리려는 취지에서이다.

두 어머니는 매우 대조적이다. 강릉이 고향인 신사임당은 5만 원짜리 고액지폐에 얼굴이 나와 그야말로 삼척동자도 다 아는 훌륭한 어머니의 표본이다. 반면 춘천 박씨는 세상에 거의 알려지지 않은, 우리 주변에서 흔히 만날 수 있는 그런 어머니이다.

고향도 강원도가 아니다. 본관은 춘천이지만 이미 고조부 때 경상도 용궁(경북 예천)으로 이사 온, 굳이 말하면 경상도 사람이다.

퇴계 선생 어머니의 묘소이다.
오른쪽에 선 비석에 퇴계 선생이 직접 쓴 묘갈지가 새겨져 있다.

사정이 이런데도 두 분을 비교 조명하려는 이유는 왜일까?

　자녀교육에 열중하는 오늘의 어머니에게 역사에 널리 알려진 어머니 못지않게 묻혀 있는 평범한 어머니의 사례를 소개하는 것 또한 의미가 있고 관심도 더 끌 수 있다고 생각한 듯하다. 옳은 판단이다.

　성공한 이들은 한결같이 자기 인생 뒤에는 어머니가 계셨다고 말한다. 퇴계 선생 역시 자신에게 가장 영향을 끼친 사람은 어머니라고 했다. 춘천 박씨는 과연 어떤 분이고, 또 어떻게 자식을 길렀기에 시대와 지역을 초월해 존경받는 퇴계 선생이 자신에게 가장 영향을 주었다고 말했을까.

　퇴계 선생은 자신이 직접 지은 어머니의 묘갈지墓碣識(묘비글)에서 다음과 같이 회상한다.

어머니는 덕망 있는 선비 집안에서 태어나 타고난 품성이 아름다
웠으며, 시어머님 섬기는 데 정성을 다했고, 제사를 성심껏 모셨
다. 아버지가 돌아가셨을 때 33살의 어머니 앞에는 나이 어린 7남
매가 있었다. 3년상을 마친 후 밤낮으로 농사짓고 누에를 치는 일
에 매달렸고, 자식이 성장하자 가난을 벗기 위해 더욱 힘을 쏟으
셨다. 자식이 원근의 스승을 찾아 공부할 수 있도록 해주셨다.
늘 훈계하시기를 문예(지식)만 치중하지 말고 몸가짐과 행실에
주의를 기울이거라, 또 세상 사람이 과부의 자식은 교양 없다 비
방하니 너희는 남보다 백배 노력해야 한다고 하셨다. 비록 글을
배운 적은 없으나 평소 아버님의 가르침과 아들이 공부하는 것을
곁에서 듣고 깨쳐 학식과 생각이 여느 선비와 다를 바 없었다. 다
만, 이를 안으로만 지니고 겉으로는 항상 고요히 품고만 있었을
뿐이다.

어머니의 이러한 삶은 아들의 삶에 나침판이 되었다. 어떤 점에서
였을까. 먼저 불우한 환경을 탓하지 않고 주어진 일에 최선을 다하
는 생활태도이다. 젊은 나이에 홀로 된 어머니는 안살림과 밖의 일
을 가리지 않고 밤낮없이 일해 가정을 일으키고 자식교육에 헌신
했다. 쉼 없이 학문에 정진해 조선 최고의 학자가 된 퇴계 선생은
이런 어머니의 모습을 어릴 때부터 보고 자랐다.

다음으로 지식보다 사람됨을 더욱 중시하는 가정교육 분위기다. 사람은 지식보다 행실이 더 중요함을 자식에게 독려하며 어머니 스스로 먼저 솔선해 실천하는 모습이 자식에게 절실하게 다가왔던 것이다. 퇴계 선생이 늘 겸손과 배려를 실천한 것도 이 점을 어머니로부터 배워 몸에 배게 했기 때문이다.

더 중요한 것은 글자를 모르는 어머니도 자식을 훌륭하게 기를 수 있다는 것이다. 글을 몰라 지식이 얕아도 끊임없이 견문을 얻어 지혜를 터득해가면 올바른 처신을 하게 된다. 그러면 그 자녀로부터 얼마든지 존경받는 부모가 되고 자녀 또한 이를 본받아 훌륭하게 자랄 수 있다.

퇴계 선생은 어머니가 돌아가셨을 때 식음을 전폐해 꼬챙이처럼 말라 목숨을 잃을 지경에까지 이르렀다고 한다. 이 지극한 효도는 삶의 정신적 멘토를 잃은 아픔 때문이었을 것이다. 훗날 어머니 묘소 앞에 묘갈지를 직접 쓴 것도 같은 맥락이다. 조선시대 여성의 묘갈은 드물다. 그럼에도 퇴계 선생은 어머니의 것을 직접 만들어 세웠다. 존경의 마음이 시대적 관행과 문화를 뛰어넘게 한 것이다.

세월은 많이 흘렀지만 오늘 우리의 어머니에게 자녀를 훌륭하게 기르고 효도까지 받을 수 있는 가장 확실한 방법이 어떤 것인지 잘 가르쳐주는 사례이다.

김용 세계은행 총재
어머니의 가정교육

국제부흥개발은행(IBRD), 즉 세계은행은 2012년 4월 16일 김용金墉(1959~) 전 미국 다트머스대 총장을 세계은행 총재로 선임했다. 언론은 세계은행의 대주주인 미국의 추천 케이스이기 때문에 이변은 없을 것이라고 예상했고 신선한 충격이었다.

세계은행은 유엔 및 국제통화기금(IMF)과 함께 3대 국제기구의 하나로 꼽힌다. 이런 중요한 기구의 수장 자리에 비록 미국 시민권자이기는 하지만 이민 1.5세대인 한국인이 선임되었으니 기쁜 것은 당연한 일이다. 이 방면의 선배 격인 반기문潘基文(1944~) 유엔 사무총장에 이은 또 한 번의 경사이다.

김용 총재 선임과정에서 느끼는 '신선한 충격'은 한국인의 우수성을 세계적으로 다시 한 번 증명했다는 식의 애국주의적 감성과는 조금 결이 다르다. 김 총재는 경제 전문가가 아니다. 따라서 그가 세계은행 총재에 오를 수 있었던 데에는 우리가 주목하지 못한 또 다른 무엇이 있을 것이다.

김용 총재는 하버드대에서 의학과 인류학 박사학위를 취득하고 모교에서 의대 교수로 봉직하면서 동료 교수와 함께 비영리 의료봉사 기구를 조직해 활동했다. 이때의 경험을 토대로 세계보건기구(WHO)와 공동으로 결핵과 에이즈 등 저개발국의 질병 퇴치를 위해 오랫동안 헌신했다. 이런 이력은 김용이라는 한 자연인의 삶이 그동안 어떤 가치를 지향해왔는지를 가감 없이 보여준다.

미국 아이비리그의 명문 다트머스대가 2009년 그를 아시아계 최초의 아이비리그 총장으로 선임하면서 선임 이유 가운데 하나로 '봉사와 헌신'의 정신을 든 데에서도 잘 드러난다. 대학 교수로 있으면서 저개발국의 질병 퇴치를 위해 펼쳐온 열정적인 봉사활동을 무엇보다 높이 평가한 것이다.

경제 전문가가 아닌 김 총재가 세계은행 수장의 자리에 오를 수 있었던 데에는 그동안 보여준 이런 봉사와 헌신의 열정이 빈곤 퇴치를 통한 세계평화를 목표로 하는 세계은행의 설립 이념에 맞았기 때문이 아닌가 한다.

봉사하는 삶에 대한 김 총재의 열정은 가정교육에서부터 비롯되었다. 그는 한 언론 인터뷰에서 오늘의 자신을 만든 가치는 '부친의 실용성과 모친의 헌신하는 삶에 대한 강조'라고 말하였다. 이민 1세로서 치과의사였던 부친은 한국계로서 미국에서 살아가는 데는 무엇보다 기술이 필요함을 조언하면서 의사자격 취득을 권했다.

이에 비하여 철학을 전공한 모친은 항상 자신은 누구이며, 세상에 무엇을 줄 수 있는지, 그리고 어떤 사람이 될 수 있는지 등의 질문을 던지면서 위대한 것에 도전하라고 가르쳤다고 한다.

그러니까 김 총재는 성인이 된 이후 모친이 강조한 삶의 가치를, 부친이 권유한 기술을 가지고 실천하며 살아온 셈이다.

김용 총재의 모친인 전옥숙 여사(1933~)는 서울에서 경기여고를 졸업한 후 미국 아이오와대에서 퇴계철학 연구로 박사학위를 취득한 분이다. 이후 국제퇴계학회 활동을 통해 퇴계학의 가치를 조명하는 데 많은 관심을 기울였고, 모국을 방문할 때면 틈나는 대로 도산서원과 퇴계 종택에 들르곤 했다. 미국 UCLA의 한국학연구소장을 맡아 미국 학생에게 한국의 유교문화를 가르친 것도 빼놓을 수 없는 이력이다.

이런 경험이 바탕이 되어 그녀는 김 총재에게 늘 퇴계 선생과 같은 삶을 살라고 가르쳤다 전한다. 성균관대 유학동양학부에서 퇴계 선생의 《성학십도》聖學十圖를 강의하는 전헌 교수가 김 총재의 외삼촌이며 의지하는 멘토라는 사실도 성장기 김 총재의 가정교육 분위기를 짐작하게 해준다.

김 총재의 인격형성 과정과 삶을 통해 자신을 낮추며 남을 배려하고 공동체를 우선하는 우리 선현이 보인 삶의 자세가 21세기 오늘

세계인이 추구하는 보편적 가치인 봉사와 헌신의 정신과 다시 만나는 것을 확인할 수 있다.

우리 사회의 문제를 풀어가는 가장 중요한 열쇠도 결국은 이것이 아닌가 싶다. 바람직한 삶에 대한 기준은 양洋의 동서와 때의 고금을 막론하고 언제나 동일하다는 생각이 든다.

자녀교육의 출발은
안인이다

요즈음 자녀 문제로 속병을 앓는 부모가 늘어난다. 그 어느 때보다 가정경제가 휘청거릴 정도로 사교육비를 부담하며 자녀교육을 열심히 했는데 왜 이렇게 되었을까? 곱씹어볼 일이다.

그간 우리가 이룩한 국가발전과 풍요로운 삶은 높은 교육열 덕택이다. 지난 반세기 만에 자원도 자본도 신통찮은 나라가 세계가 찬탄하는 경제성장을 이룩한 원동력은 '잘 교육받은 사람'이 공급되었기 때문이다. 이들이 '한강의 기적'의 자랑스러운 주인공이다.

그런데 오늘날 그 주인공인 한국인의 삶은 어떠한가. 물질적으로 풍요롭고 윤택하다고 과연 행복한가. 한국인의 행복지수는 점점 뒷걸음질 쳐 이제는 세계 100위 안에도 들지 못한다.

반면 자살은 점점 늘어간다. OECD 국가 중 11년째 1위이고, 2위와의 격차는 갈수록 벌어진다. 특히 70, 80대 노인 자살률이 20, 30대 젊은이보다 5~10배 높다.

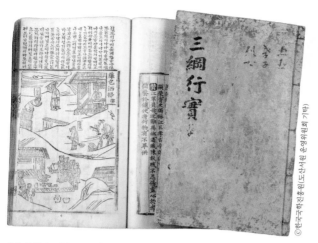

《삼강행실도》(三綱行實圖). 삼강(三綱)에 대한 유교 윤리의 보급과 그 실천을 위해
편찬된 윤리교과서이다. 삼강은 군신(君臣), 부자(父子), 부부(夫婦)의 관계를 말한다.
이 책은 삼강에 대한 모범적 인물의 행적을 가려 그림과 한글 설명을 적어 배우는 이가
쉽게 이해할 수 있도록 만들었다. 즉, 어리석은 이라도 쉽게 배울 수 있도록 만듦은
윤리교육이 군왕에서 노비까지 만백성이 배우도록 하기 위함이었다.

　　우리 사회에 왜 이런 문제들이 생겼을까. 기본으로 돌아가서 생
각해 보자. 물질의 문제가 아니라 사람의 마음의 문제다. 마음의 문
제는 인간관계에서 비롯된다. 특히 가까운 사람과의 관계가 행복
으로도, 불행으로도 이끈다. 부모를 학대하는 자녀가 생기는 근본
이유도 여기에 있다. 갓 태어난 아이는 아무것도 모른다. 자라면서
그렇게 되는 것이다. 자녀는 학교에 가기 전부터 부모의 영향을 가
장 많이 받고 자란다.

　　세계 제일의 높은 교육열로 자녀를 교육시켰는데 왜 이 땅에서

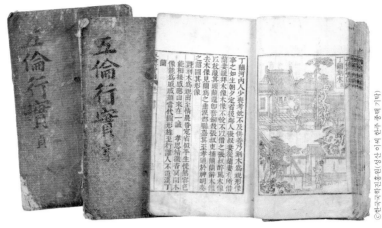

《오륜행실도》(五倫行實圖).유교 윤리의 보급과 그 실천을 위해 오륜에 대한 모범적인 인물들의 행적을 뽑아 편찬된 윤리교과서이다. 오륜은 군신(君臣), 부자(父子), 부부(夫婦), 장유(長幼), 붕우(朋友) 등을 말하는데, 유교에서 중시하는 인간관계를 모두 언급한 것이다. 군신, 부자, 부부에 대한 유교 윤리를 포함한 《삼강행실도》와 장유, 붕우의 도리를 설명한 《이륜행실도》(二倫行實圖)가 발간된 이후에 다시 이 두 책의 내용을 합하여 수정, 편찬한 책이다.

는 효자孝子가 줄어들까. 무엇을 어떻게 가르쳐서일까. 그동안 공부 잘하라는 지식교육, 남들에게 이겨야 된다는 일등 교육만 시켰기 때문이다.

사람다운 삶에 대해 가르쳐야 한다. 그동안 우리는 풍요와 윤택을 얻은 대신 사람답게 살아가는 길, '도리'道理를 잃어버렸다. 이것을 되찾아야 한다. 사람과의 관계가 중요하니 네가 먼저 다른 사람을 편안하게 대해야 한다安人는 인간존중이 중심이 되는 안인安人의 인성교육이 중요하다.

그런데 인성교육은 말과 글로 되지 않는다. 아이 앞에서는 냉수도 못 마신다고 했듯이, 아이는 가르치는 사람의 행동을 보고 그대로 닮아간다. 솔선수범이 답이라는 뜻이다.

우리 조상은 여러 자식을 낳고 어렵게 살았다. 하지만 자식 사랑은 그제나 이제나 여전했다. 충분히 먹이지도 못한 자식이 늦도록 공부할 때 대견하면서도 안쓰러워 '이제 그만 자거라'를 연발했다. 그러면서 당신은 새벽녘에 정화수 한 그릇 떠놓고 자식의 성공을 빌고 빌었다.

자신을 편안히 인격체로 대해주시는 부모님을 보고 자란 자식이 효자가 되지 않을 수가 있을까. 또한 이렇게 할아버지 할머니에게 효도하는 부모를 보며 자란 자식 역시 자연스레 효도하게 됨은 물론이다. 효자 집안에 효자가 생기는 이치이다.

지금 우리는 그때에 비해 너무 이기적으로 살아간다. 부모도 뒷전이요, 형제도 경쟁자가 되곤 한다. 제 자식 사랑은 인간뿐 아니라 동물도 한다. 인간을 인간답게 하는 데에는 교육이 덧보태져야 한다. 서너 살 된 아이도 자기의사가 분명하다. 부모가 이끄는 대로만 언제까지 따라오지 않는다. 사고와 자세의 전환이 필요하다. 그러면 어떻게 교육하여야 할까.

겨레의 큰 스승 퇴계 선생은 〈훈몽〉訓蒙이라는 한시에서 이에 대해 이렇게 이른다. 부모가 삼갈 일은 '많이 가르치는 것'(다교多教)과 '회초리 매질'(달초撻楚), '우매하다 꾸짖는 것'(위우미謂愚迷)이다.

그리고 적극적으로 할 일은 자녀를 '크게 칭찬'(대찬大讚)하고 '좋은 낯빛으로 대하는 것'(안호顔好)이다. 한마디로 내가 낳은 자식에게도 안인의 자세로 대하라는 것이다. 오늘날에도 곱씹을 만한 자녀교육의 출발점, 바로 안인이다.

전통의 눈으로 본
이 집안 교육법

줄탁동시啐啄同時

병아리가 알에서 나오기 위해서는

새끼와 어미 닭이 안팎에서 서로 쪼아야 한다.

－송나라 불가佛家의 화두집 《벽암록》碧巖錄 중에서

부모와 자식은 서로를 양육하는 사이다. 자식은 부모에게 배우고, 부모 역시 자식에게 배운다. 그러나 실제 사는 게 어디 그런가. '이렇게 하면 자식이 잘못되는 길이다'라고 생각해서 부모는 늘 자식들에게 이리해라, 저리해라 '충고'한다.

　당대의 현자이자 지성이었던 퇴계 선생은 남들이 '좋은 말씀 한 번 해달라'고 청하면 사양하기 일쑤였다. 오히려 '충고하지 말라'는 말을 남겼다. 듣고 싶은 마음이 간절하지 않을 때, 남이 던지는 충고의 말은 듣는 이의 마음을 상하게 한다는 걸 알았기 때문이다.

그래서 퇴계 선생 자신도 말로써 훈계하는 대신 솔선해서 행동하는 길을 택했다. 자식을 동지로 대접하고, 부모의 그런 마음을 자식이 이해하는 양 씨가家의 얘기는 아들을 글로벌 리더로 키워낸 김용 세계은행 총재의 어머니 전옥숙 여사(퇴계학자)의 퇴계식 교육방식과도 아주 흡사하게 느껴진다.

봉생마중逢生麻中, 불부이직不扶而直
쑥도 삼밭 속에서 자라면
붙들어주지 않아도 저절로 곧아진다.

-《순자》荀子〈권학편〉勸學篇 중에서

삼은 곧게 크는 식물인데, 옆으로 자라는 쑥도 삼밭에 있으면 삼의 영향을 받아 곧게 자란다는 뜻이다. 식물도 이런데, 사람은 두말해 뭐하겠는가. 부모가 본보기를 보일 때 자녀도 인성을 제대로 갖춘 반듯한 인간으로 성장한다.

전북 김제에서 출생한 강암剛菴 송성용宋成鏞(1913~1999) 선생은 어릴 때 한학에 입문하여 문리文理를 깨우쳤다. 서법書法에서 일가를 이룬 그는 머리를 깎지 않고 한복을 입는 등 전통가치를 지켰다.

호가 시사하듯, 강암 선생은 자기 자신에게 서릿발처럼 엄했다고 한다. 자신에게 엄격한 사람은 대체로 '일은 민첩하게 하고, 말은 삼가기'敏於事愼於言 때문에 남들에게 감화를 주는 법이다. 특히 자식에게는 더욱 그러하다.

요즘 교육의 과오는 자신은 모범을 보이지 않고 교육받는 이에게만 좋은 일 하기를 기대하는 것이다. '솔선수범'은 지도자가 갖춰야 할 강력한 리더십이다.

빛의 속도로 변화하는 시대에 무엇에 의지해 자녀를 키워야 할지를 고민하는 이에게 두 집안의 교육은 명확한 길을 제시한다.

어린이 인성 키우는
'이야기 할머니'

한국국학진흥원은 2009년 8월 처음으로 '이야기 할머니' 30명을
선발하여 교육을 마쳤다.

요즈음 우리 아이의 인성교육 상황은 어떠한가? 우리 사회가 점
차 핵가족화되면서 부모가 있어도 일터로 나가고, 결손가정이나
소년소녀 가장의 경우에는 가정형편상 아이만 홀로 남게 되어 부
모나 조부모의 따뜻한 보살핌을 받지 못하는 경우가 많다. 또한 자
식을 하나나 둘만 낳아 왕자와 공주처럼 키우고, 조금 자라면 지식
위주의 일등 교육을 시킴으로써 인성이 결여된 아이를 양산하는
것이 이제는 일반화된 모습이다.

이처럼 요즘 우리 사회는 지식만을 가르칠 뿐, 인성이나 덕성을
가르치는 데는 소홀하다. 그 결과 자기만 알고 남과 공동체를 배려
하지 않는 사람으로 꽉 찼으며 모두가 일신의 이익만을 위해 줄달
음친다. 이러한 현상은 지금도 문제지만 앞으로는 더욱 문제이다.

이래서 과연 선진국이 되겠는가? 선진국은 물질적 생산과 소득의 향상만으로 이루어질 수 없다.

20세기의 저명한 독일 출신 사회철학자 에리히 프롬(Erich P. Fromm)은 '선진국은 To be(존재)를, 후진국은 To have(소유)를 중심 가치로 한다'고 명쾌하게 제시한다. 선진국이 되기 위해서는 자기 욕망(소유)만 챙기려 하지 않고 남을 배려할 줄 아는 품성 있는 사람을 길러내야 한다.

우리 조상은 지식보다 인성을 중시하여 어려서부터 인성교육에 힘썼다. 아이가 태어나 돌이 되면 할머니가 아이 교육을 맡았다. 이때부터 스스로 옷 입고 올바로 수저 쥐는 것도 가르쳤으며 손자를 무릎에 앉혀놓고 옛이야기도 들려주었다. 여자 아이는 안채에 남아 바느질, 음식 장만 등 기능교육을 받았다.

이처럼 옛날에는 어려서 조부모로부터 받은 무릎 교육이 남을 배려하는 역할을 충실히 해냈다. 그런데 핵가족 추세하에 우리 사회의 가정은 조손祖孫이 분리되었다. 부모가 일터로 나간 후, 누가 이 아이들에게 선진 국민이 갖추어야 할 인성과 도덕을 심어주겠는가?

우리나라는 이미 2000년부터 65세 이상 인구가 총인구에서 차지하는 비율이 7%를 넘어 고령화 사회로 접어들었다. 2018년에는 노인인구가 14%가 넘는 고령사회가 될 것이란 전망이다. 평균수명도 현재의 80세를 넘어 머지않아 90세, 100세에 이를 것으로 예상된다.

은퇴 후 30년 이상을 더 살아야 한다는 이야기가 현실로 바짝 다가온다. 이 시기를 얼마만큼 충실히 준비하느냐에 따라 축복받은 삶이 될 수도 있고, 후회하는 삶이 될 수도 있다. 우리는 은퇴 후 30년을 준비하는 데 금전적 요소와 건강문제를 먼저 떠올린다. 나의 인생을 '의미 있는 삶'으로 이끄는 데 돈, 건강보다 더 중요한 다른 것은 없을까?

2011년 KBS 〈남자의 자격〉에서는 어르신을 대상으로 청춘합창단원을 선발하여 시청자에게 큰 감동을 주었다. 이 프로그램은 어르신에게 남은 인생을 즐겁게 살아갈 수 있는 꿈과 희망을 주었다. 또 지켜보는 많은 국민은 멋있는 노후라 칭송하고 부러워했다.

이처럼 개인의 노후가 즐겁다면 지켜보는 주위도 흥겹기에 좋다. 다만 여기에 이웃, 사회, 국가와 같은 공동체가 필요로 하는 역할이 추가된다면 어떻게 될까?

필자는 몸담고 있는 곳에서 '아름다운 이야기 할머니'를 자주 만난다. '아름다운 이야기 할머니' 사업은 전통시대의 가정에서 이루어지던 무릎교육을 현시대에 맞게 재현한 것이다. 남을 배려할 줄 아는, 마음이 곱고 반듯한 아이로 키우기 위해 노력했던 우리 선현의 가르침을 고스란히 전하고 있다.

2009년 30명의 할머니로 시작된 이 사업은 해를 거듭할수록 많은 사람의 관심을 받고 있다. 6개월간의 교육과정을 마친 할머니들이 유치원을 방문해 유아들에게 선현의 미담이나 우리 옛이야기를 들려준다.

아름다운 이야기 할머니가 유치원에서 아이들과 마주앉아
옛날이야기를 들려준다. 아이들은 할머니가 들려주는
이야기를 귀 기울이고 할머니는 그 모습에 기쁨을 느낀다.

처음에는 반신반의하면서 조심스럽게 바라보던 시선이 이제는
유아에게 반드시 필요하다는 것으로 바뀌고 있다. 나이 어린 유아
들이 할머니가 오시는 날을 손꼽아 기다린다. 할머니 이야기를 놓
칠세라 귀를 쫑긋 세우고 꼼짝도 하지 않고 듣는다. 그리고 이야기
의 주인공처럼 효도하고 절약하겠다며 유치원을 나선다.

지금까지 우리 부모는 영리하고 똑똑한 아이가 되기를 원했다.
하지만 이야기 할머니가 봉사하는 유치원의 학부모는 예의까지 갖
춘 아이, 남을 배려할 줄 아는 아이로 성장해주길 바란다. 그 역할
을 '아름다운 이야기 할머니'가 계속해주기를 바란다.

오늘보다 더 나은 미래는 젊은 세대, 미래세대를 어떻게 키우느
냐에 달렸다고 해도 과언이 아니다. 이 세대는 똑똑하고 영리하다.

이제 남을 배려할 줄도 아는 바른 아이로 키워야 한다. 이것이 우리 기성세대에게 요구되는 절실한 시대적 과제이다. 이 과제는 한강의 기적, 경이로운 국가발전을 이루어낸 어제의 산업전사요, 오늘의 은퇴 어르신이 잘할 수 있다.

할머니뿐만 아니라 할아버지도 할 수 있다. 그들은 어린 시절 그들의 할아버지, 할머니로부터 무릎교육을 받아 잘 안다. 그래서 기회만 준다면 잘할 수 있다.

이제 할아버지, 할머니는 단순한 공경의 대상이 아니다. 이 시대 우리 사회가 필요로 하는 역할을 은퇴 후까지 하신다는 보람과 긍지를 느끼게 해드리자. 할아버지, 할머니도 개인적 즐거움, 소일, 취미생활에서 벗어나 우리 사회가 밝고 건전하게 나아가는 데 아름다운 황혼의 빛을 보탰으면 한다.

그럴 때 사람 냄새가 물씬 풍기는 세상, 향기롭고도 아름다운 세상으로 가는 지름길이 열리지 않을까.

60대 할머니가
유치원에 가는 까닭

봄이 오자 다투어 피고 지는 꽃들의 분주함 못지않게 전국은 유치원 아이들에게 옛이야기를 들려주는 '아름다운 이야기 할머니' 선발 열기로 뜨겁다. 2009년 대구와 경북에서 30명을 선발해 시작된 이 사업은 2013년에 전국적으로 720명 선발에 2천6백 명이 지원해 3.6대1의 경쟁률을 기록했는데, 2014년에는 750명 선발에 4,995명이 지원해 7대1 가까이에 이르는 뜨거운 열기를 보였다.

일주일에 평균 3일간 3곳의 유치원에 가서 이야기를 들려주며, 월 40~50만 원의 실비수준 보수가 주어지는 이 일에 왜 전국의 할머니가 몰릴까? 아이들이 좋아한다며 활동복으로 쓸 한복을 자비로 10여 벌이나 구입하기도 하고, 때로는 활동하던 유치원에서 멀리 떨어진 곳으로 이사하고서도 적지 않은 교통비 지출을 감수하면서까지 유치원으로 가는 까닭은 무엇일까? 무엇이 60대 할머니를 이처럼 빠져들게 할까?

전국의 이야기 할머니가 모여 치러진 2013 아름다운 이야기 할머니 전국대회.
이날 모인 할머니는 1천6백여 명에 달했다. 2013년도에 선발되어 받은 교육의
수료식을 겸해 그동안의 경험을 공유했다.

아이와의 만남이 그들에게 삶의 새로운 의미를 주기 때문이다.
여자로 태어나 남자 형제들 그늘에서 어렵게 자랐고, 결혼해서는
시부모 모시고 남편 뒷바라지와 자식교육에 오롯이 자신을 바쳐온
것이 우리 60대 할머니 대부분의 삶이다. 그러다 노년에 이르자 삶
에 의미를 부여했던 자식은 떨어져나가고 여행이나 친구와의 수다
로 메울 수 없는 허전함과 상실감을 느끼기 시작한다.

이럴 때 경험하게 된 유치원 아이들과의 만남은 새로운 삶의 의
미를 부여하는 원천이다. 설레는 마음으로 가면 매번 달려 나와 반
기고 정성 들여 준비해간 이야기를 넋 놓고 들어주는 아이들이 있
다. 그래서 귀엽고 천진난만한 눈동자가 아른거리고 자신을 진정
으로 반기는 존재가 있다는 사실에 꿈만 같은 새로운 세상이 열린

다. 어느덧 일상이 즐겁고 그런 만큼 더 젊어지고 아름다워지는 자신을 발견하게 된다.

이야기 할머니의 이런 사례가 우리에게 주는 가르침은 적지 않다. 우선, 마음먹기에 따라서는 일 많고 삶의 부담도 많은 젊은 시절보다 오히려 노년에 보람과 행복을 느낄 수도 있다는 것이다. 또 아이들과의 만남이 가져다준 삶의 의미에서 정신적 가치를 발견하고 소중히 여기는 할머니의 변화는 모든 것을 돈과 물질 위주로 평가하는 우리 사회의 그릇된 풍조를 다시 생각하게 한다.

그뿐만 아니라 누구를 대하든 진정성을 갖고 최선을 다하면 뜻한 바를 이룰 수 있음도 알려준다. 5~7세의 유치원 아이들은 부담을 주지 않고 진심으로 가르쳐주는 할머니를 좋아하고 따른다. 그 결과 아이들은 할머니가 들려주는 이야기 속 옛사람의 행동을 자연스럽게 따라한다. 억지로 강요하지 않아도 인성교육이 저절로 되는 것이다.

할머니는 이처럼 경제적으로나 신분적으로 안정적이라 할 수 없는 일 속에서 사랑의 마음 하나로 아이의 관심과 흥미를 불러일으켜 소기의 인성교육 효과를 만들어낸다. 신분 보장이 곧 큰 성취를 담보해주는 조건은 아닌 것이다. 공직자나 교사 등 이른바 정규직으로 있는 이들이 차분히 돌이켜볼 만한 일이다.

할머니와 아이들 모두를 변화시키고 미래세대의 인성교육에 중요한 기여를 하는 이 일의 외연을 넓혀나간다. 이야기 할머니가 계속해서 늘어 2015년에 2천여 명에 이르지만 아직 전국 유치원의

연도별 이야기할머니 활동 현황

	활동 할머니(명)	파견 유치원(개소)	활동 지역
2010	22	81	대구, 경북
2011	105	313	서울, 대구, 경북
2012	386	1,128	전국(제주 제외)
2013	917	2,690	전국
2014	1,504	4,439	전국
2015	2,092	6,008	전국

약 50%에 해당하는 6천 개소에서 활동할 뿐이다. 대상 연령층도 점차 초등학교 저학년까지로 확대해 명실상부한 '조기 인성교육'이 되도록 해야 할 것이다.

또 가능하다면 할아버지에게도 사랑방 글공부를 통한 인성교육 등 여성과 다른 장점과 경륜을 활용한 사회적 기여의 길을 찾아주어야 한다.

이처럼 '아름다운 이야기 할머니' 사업의 성공사례 속에는 우리 사회가 나아갈 방향을 생각하고 실천하는 데 필요한 성찰의 실마리가 듬뿍 들었다.

태교와 아동 교육

임신 중인 어머니가 몸과 마음가짐을 조심함으로써 태아에게 정서적으로
나 신체적으로 좋은 영향을 주기 위해 행하는 모든 일을 '태중 교육', 즉
'태교'胎敎라고 한다. 우리나라에서는 유교의 영향으로 일찍부터 태교에 깊
은 관심을 기울였다. 이에 따라 오래전부터 태교에 관한 문헌이 많이 전해
졌다. 그 가운데 18세기 무렵 사주당師朱堂 이씨李氏가 정리한 글이 가장
손꼽힌다.

《태교신기》(胎敎新記)
사주당(師朱堂) 이씨(李氏, 1739~1821)가 임신한
산모를 위해 만든 태교 지침서. 1800년에
한문으로 26장을 썼고 그녀의 아들인 유희(柳僖,
1773~1837)가 1801년에 43장의 한글로 풀이한
언해본이 있다. 태교의 이치와 효험, 중요성,
태교법 등을 유학의 사유방식에 따라 설명했다.

ⓒ한국국학진흥원
(풍산 류씨 하회마을 화경당 기탁)

물 뿌려 마당 쓸고

훌륭한 유학자인 선비가 되기 위해 어린이가 배워야 할 유교 윤리에 관한
가르침을 '소학'小學이라고 부른다. 소학은 글자 그대로 일상생활에서 필
요한 작은 규범을 배우는 학문이라는 뜻으로, 선비가 되기 위해 익혀야 할
'대학'大學 공부의 준비단계에 해당한다. 우리나라에서는 도덕적 실천을 강
조했던 조선시대의 사림士林이 소학 공부를 중시하였다. 특히 조광조趙光祖
의 스승이었던 한훤당寒喧堂 김굉필金宏弼은 늘 《소학》을 가까이하여 소학
동자小學童子로 불렸다.

《소학언해》(小學諺解)
주희의 《소학》을 알기 쉽게 토를 달아 우리말로
풀이한 책이다. 조선시대 사림파 학자가 특히
중시했다. 이 책은 선조가 도산서원에 하사했던
내사본이다.

ⓒ한국국학진흥원
(도산서원 운영위원회 기탁)

동강서당현판(東岡書堂懸板)
구봉령(具鳳齡, 1526~1586)이
안동 와룡에 세운 서실의 현판이다.
동강서당은 후학을 교육하고 경사를
토론하기 위한 교육시설이었다.

ⓒ한국국학진흥원(능성 구씨 백담 문중 기탁)

마을 아이들 가르치기

서당書堂은 향촌의 기초 교육기관으로 학당學堂, 사숙私塾, 학방學房으로도
불렸다. 서당은 사립 교육기관이어서 설립하기가 자유로웠고 유형도 다양
했다. 서당은 대체로 훈장과 학동으로 구성되었으며 규모가 큰 경우 따로
'접장'接長을 두어 훈장을 보조하게 하였다. 서당에서는 먼저 《천자문》 같
은 책으로 글자를 익힌 다음, 유교 입문서인 《동몽선습》을 배웠다. 이 과
정이 끝나면 《소학》과 《효경》 등 유교의 기초적인 경서를 학습하였다. 이
같은 서당의 교과과정은 장차 《대학》을 공부하여 선비가 되기 위한 준비
과정이었다.

《격몽요결》(擊蒙要訣)
율곡(栗谷) 이이(李珥, 1536~1584)가
도학(道學)에 입문하려는 초학자를 위해
지은 교재이다. '격몽'(擊蒙)은 '어리석음을
깨우친다'는 뜻이고, '요결'(要訣)은 긴요한
방법을 의미한다.

ⓒ한국국학진흥원
(영양 남씨 난고 종택 기탁)

출처: 한국국학진흥원 (편), 2006. 《유교문화박물관》, 안동: 한국국학진흥원.
한국국학진흥원 http://www.koreastudy.or.kr/main/main.action
유교문화박물관 http://www.confuseum.org/

도산십이곡陶山十二曲

도산육곡지이陶山六曲之二 기일其一
천운대를 돌아들어 완락재는 맑고 깨끗한데
많은 책을 읽는 인생으로 즐거운 일이 끝이 없구나.
이 중에 오가는 풍류를 일러 무엇할까?

제 2부

공감과 배려, 행복의 지름길

공감과 배려는 상대방과 더불어 행복하게 살아가기 위해 반드시 필요하다는 점, 그러기 위해서는 자신보다 지위나 신분이 낮은 사람에게 공감과 배려를 아끼지 말아야 한다는 점, 이것은 어릴 때부터 가정에서 몸에 배도록 가르치는 것이 바람직하다는 점 등이다.

공감과 배려,
행복의 지름길이다

어디 가나 소통疏通이 화두話頭이다. 소통이 이처럼 주목받는 이유는 역설적으로 소통이 잘되지 않기 때문이다. 우리 사회에 세대, 지역, 계층 간 갈등이 위험수위를 넘어선 지 오래다. 여기다가 정치권은 정치권대로, 경제주체는 또 경제주체대로 상대방 말을 경청하기보다 자기주장만 펼치는 형국이니 소통이 새삼 조명받는 것도 무리가 아니다.

그런데 이렇게 소통이 강조되는 가운데 정작 중요한 것 하나를 놓치는 감이 있다. 진정한 소통을 가능하게 하는 조건에 대한 물음이다.

소통은 그 자체로 힘을 발휘하지는 못한다. 그것이 사람과 사람을 이어주는 덕목이 되기 위해서는 상대에 대한 '공감과 배려'가 전제되어야 한다. 그렇지 않은 소통은 협상의 기술에 지나지 않는다. 협상이 아닌 진정한 소통은 기본적으로 상대가 마음을 열 때 이루어진다. 그리고 그 마음은 상대가 자기 말을 들어주고 배려해준다는 느낌을 가질 때 열린다. 공감과 배려가 진정한 소통을 위한 전제 조건이 되는 이유이다.

그러면 공감과 배려를 통해 우리가 얻게 되는 것은 무엇일까?

두말할 필요도 없이 행복이다. 동서고금을 막론하고 삶의 목표가 행복이라는 데는 이견이 없을 것이다. 하지만 유감스럽게도 이 부문에서 우리 현실은 민망할 정도이다. 세계 7위 수출대국이며 1인당 GNP가 3만 달러에 근접하는 경제력을 지녔지만 행복지수는 줄곧 하위권이기 때문이다.

2015년 3월 20일 유엔이 정한 '세계 행복의 날'을 맞아 세계 143개국 국민의 행복지수를 조사한 결과 우리나라는 100점 만점에 59점이었다. 세계 평균인 71점에 한참 못 미치는 점수이고, 순위 또한 118위로 최하위권이었다.

이런 사실은 경제력으로 결코 충족시킬 수 없는 행복의 조건이 따로 있음을 말해준다. 그것은 앞서 밝힌 '공감과 배려를 통한 소통'이다. 그러면 상대가 마음을 열게 하는 공감과 배려를 실천하려면 어떻게 해야 할까?

내게 이익이 되는 일만 좋아하고 손해 보는 일은 하지 않는 자기중심적 생각에서 먼저 벗어나야 한다. 그리고 진실한 마음으로 남의 처지를 헤아리고 배려할 줄 알아야 한다. 이것이 우리 조상이 추구하였던 '충서 정신'이다.

실생활에서 이를 구현하는 방법은 두 가지이다. '내가 하고자 하지 않는 일을 남에게 억지로 시키지 마라'己所不欲 勿施於人가 하나이고, '자신이 나서고 싶을 때는 남이 나서도록 도와주고 자신이 뜻을 펴고 싶을 때는 남이 뜻을 펼치도록 도와주어라'己欲立而立人 己欲達而達人가 다른 하나다. 요컨대 자기중심적인 '나'의 자리에서 벗어나 상대방 관점에서 헤아리는 역지사지易地思之 마음을 갖는 것이다.

겨레의 스승으로 숭앙받는 퇴계 선생은 아주 미천한 사람에게까지도 이런 태도를 실천하였기 때문에 오래도록 많은 사람에게 존경받았다. 제자들은 언행록에 퇴계 선생이 하인을 꾸짖고 욕하는 것을 한 번도 본 적이 없다고 기록했다.

ⓒ한국정신문화재단 21세기 인문가치포럼 2015 사무국

인문가치포럼 2015.
기조강연 중인 이어령 전 장관. 2015년에 열린 '21세기 인문 가치 포럼'은 학자와 전문가가 참여해 유교의 배려문화를 들여다보고 대중참여 프로그램이 기획되는 등 전문가와 일반대중이 함께할 수 있었다.

그럼 퇴계 선생은 그와 같은 품성을 누구에게 배웠을까?

세 살 버릇 여든까지 간다는 말도 있듯이, 역시 가정이다. 그가 전하는 할아버지 훈계가 그 증거이다. 퇴계 선생의 할아버지는 자제가 노비에게 화내는 것을 보면 반드시 '만약 너희가 다른 사람 밑에서 일을 한다면 잘못하는 일이 전혀 없겠느냐? 모르는 사람을 인정으로 용서해야지, 어찌 심하게 책망하느냐?'고 나무랐다고 한다.

우리는 여기서 여러 가지 교훈을 얻는다. 공감과 배려는 상대방과 더불어 행복하게 살아가기 위해 반드시 필요하다는 점, 그러기 위해서는 자신보다 지위나 신분이 낮은 사람에게 공감과 배려를 아끼지 말아야 한다는 점, 이것은 어릴 때부터 가정에서 몸에 배도록 가르치는 것이 바람직하다는 점 등이다.

마침 2015년 5월 29일부터 31일까지 사흘간 '한국정신문화 수도' 안동에서 공감과 배려를 주제로 '21세기 인문 가치 포럼'이 열렸다.

포럼에는 국내외 학자 40여 명을 비롯해 180여 명이 발제와 토론에 참가했다. 전문가 세션에서는 인仁을 중심으로 동아시아 사상의 근간인 유교의 배려문화를 새롭게 조명했다. 영화 콘서트와 토크 콘서트, 북앤뮤직 콘서트 등을 통해 우리 사회 가족 간 공감과 배려문화의 현주소를 되돌아보는 대중참여 프로그램도 준비했다.

우리 전통문화의 근간인 유교에서 21세기가 필요로 하는 인문 가치를 찾고자 2014년 3월 출범한 국제포럼의 두 번째 행사이다. 그런데 창립 포럼 때와 달리 2015년의 포럼은 사흘 내내 참여자의 관심과 열기로 가득했다.

인문가치포럼 2015. 객석이 꽉 차도록 많은 사람이 함께했다.

왜일까. 가장 큰 이유는 인문 가치가 우리 일상과 매우 밀접하다는 점을 참가자가 직접 느끼고 공감했기 때문이다. 주제부터가 달랐다. 2014년에는 '현대세계 속의 유교적 인문 가치'라고 하여 학술적 냄새가 강했으나 2015년은 누구나 바라는 행복한 삶, 화목한 사회의 필수조건인 '공감과 배려'로 정했다.

우리 사회는 세대·지역·계층·이념 간 반목과 갈등의 골이 갈수록 깊어진다. 이는 세계적으로도 마찬가지여서 종교와 인종, 영토, 자원 등을 둘러싼 갈등으로 분쟁이 그치지 않는다. 이러한 갈등을 치유하기 위해서는 소통이 필요하다. 하지만 소통이 잘 되지 않는다. 소통을 위해서는 상대의 마음을 열어야 한다. 그러려면 내가먼저 공감과 배려로 다가가야 한다. 앞서 일렀듯 공감과 배려가 없는 소통은 협상의 기술에 지나지 않기 때문이다. 공감과 배려가 현대인에게 절실한 덕목이다.

우리 선조는 공감과 배려를 중시하며 살아갔다. 상대를 헤아려 주는 '측은지심'惻隱之心을 인仁의 중요한 뿌리로 여겼다. 이런 까닭에 이번 포럼에서는 우리 전통문화의 핵심 덕목인 인의 가치와 활용성을 '공감과 배려'라는 관점에서 새롭게 집중 조명하는 데 초점을 맞추었다.

주제가 더욱 주목을 받으려면 대중이 쉽게 참여할 수 있는 프로그램이 제시되어야 한다. 그래서 대중참여 프로그램을 강화해 인문 가치가 전문연구자의 전유물이 아닌 일반인의 삶에 긴요함을 느끼도록 했다. 한 프로그램을 예로 들어보자.

2014년 4백만 명에 육박하는 관객을 동원한 독립영화 〈님아, 그 강을 건너지 마오〉를 가지고 진행된 영화 콘서트는 큰 성황을 이루었다. 1천 석에 달하는 메인 행사장을 가득 채운 참가자는 영화를 본 후 이를 만든 진모영 감독과 함께 부부간의 공감과 배려에 대해 진솔한 이야기를 나누었다.

이 영화를 보면서 부부로 만나 76년을 신혼 시절처럼 살아간 두 분을 우리 모두 존경하면서 본받고 싶어진다. 남들과 어떠한 차이가 있었기에 오랫동안 그렇게 살아갈 수 있었을까. 바로 남다른 부부간의 배려다. 그것은 할머니가 신혼 때를 이야기한 부분에서 충분히 알 수 있다.

할아버지는 23살 나이에 9년 아래인 14살 신부를 맞이했다. 예나 지금이나 그 나이 때는 혈기가 가장 왕성할 시기다. 그럼에도 할아버지는 어린 신부가 혹 다칠까 봐 서두르지 않고 기다려주었다.

할머니는 17살이 되어 부부간의 이치를 깨치고 할아버지의 품으로 스스로 안겼다고 회상한다. 이를 전하는 할머니의 대사 속에서 할아버지의 배려에 대한 진한 고마움의 감정이 묻어났다.

감동이 밀려드는 이런 종류의 영화를 보게 되면 관객에게 전하고자 한 메시지가 무엇이었는지를 감독에게 묻게 마련이다. 당일 관객과의 대화에서도 어김없이 같은 질문이 나왔다. 이에 대해 진 감독은 어떤 메시지를 특별히 전달하려는 의도는 없었다고 말했다. 다만 영화를 본 후 영화관을 나서는 부부가 배우자의 손을 한 번 가만히 잡아주게 될 수만 있다면 그것으로 자신은 만족한다고 말했다.

얼마나 훌륭한 생각인가. 부부간의 어려움을 겪는 수많은 사람에게 이처럼 큰 도움이 어디 있겠는가. 비록 계기는 밖에서 주어지더라도 그로부터 촉발되는 감동이 진솔한 파장을 갖기 위해서는 안에서 우러나와야 한다는 점을 일깨워 주는 대목이었다.

공감과 배려는 특별한 사람만이 할 수 있는 거창한 것이 아니다. 그것은 이렇듯 남을 먼저 생각하는 일상의 작은 실천 속에서 꽃핀다. 《논어》에서도 인은 자기로부터 시작되는 것이지 다른 사람에게서 비롯되는 것이 아니라고 했다.

갈수록 소외가 일상화되는 세태에서 우리 모두 나부터 공감과 배려를 실천하는 문화를 만들어나갔으면 한다.

다시 생각하는
가족과 효

2012년 6월 우리나라 인구가 5천만을 넘어섰다는 통계청 발표가 있었다. 그런데 최근 15년 새 인구는 20% 증가했는데, 가구 수는 81%나 급증했다고 한다. 이렇듯 가구 수가 빠르게 증가하는 원인은 1인 가구, 그중에서도 홀로 사는 노인가구가 빠르게 증가하기 때문이다. 이는 우리 사회의 근간인 가족공동체의 해체를 의미한다는 점에서 매우 충격적이다.

부모와 자식 관계만 해도 이상 징후를 보여주는 지표는 이미 여럿이다. 우리 국민 가운데 38%는 부모를 양로원에 모셔도 상관없다고 생각하고, 23%만 친조부모를 가족으로 인식하며, 청소년의 58%는 오히려 애완동물을 가족이라고 느낀다고 한다.

바야흐로 우리의 뇌리에 '자식'만 있고 '부모'는 없는 시대가 온 것이다. 다 자라면 새끼만 챙기고 어미는 돌보지 않는 것이 금수禽獸라는 점에서 인간이 금수를 닮아간다는 자탄自嘆이 절로 나올 상황이다.

하지만 우리 선조는 이러지 않았다. 금수도 하는 자식 챙김보다 인간만이 할 수 있는 부모 봉양이 더 근본적인 가치요, 올바른 삶이라 여겼다. 그뿐만 아니라 부모를 봉양할 때도 몸을 모시는 '양구체'養口體보다 뜻을 모시는 '양지'養志를 더욱 중시하였다.

공자도 지적했듯이, 몸만 봉양하는 것은 애완동물을 잘 거두는 것과 다를 게 없다. 늘어서 애완동물 거둬지듯 대우받기를 바라는 부모는 없을 것이다. 그런데도 우리 사회에는 왜 효를 단순히 부모의 몸을 잘 봉양하는 문제로만 인식하고 양로원에 모시려는 현상이 갈수록 심해질까. 순전히 막돼먹은 자식 때문일까. 유감스럽게도 답은 '아니다'이다.

예전의 훌륭한 효자도 태어나면서부터 효자였던 것은 아니다. 자라면서 보고 듣고 배운 대로 행한 결과이다. 누구한테 보고 듣고 배웠는가? 다른 누가 아니라, 매일 접하는 부모의 행동으로부터 가장 많이 보고 듣고 배웠을 뿐이다.

오늘날 우리 부모세대는 어떠한가. 자식에게 모범이 될 만한 삶을 살아왔다고 자신 있게 말할 수 있는가. 또 자식에게 요구하는 것은 전인적 인격인가, 아니면 전문적 지식과 기능인가.

부모의 모범은 솔선수범에서 시작되며, 그 솔선수범은 자식에 대한 덕육德育을 통해서만 효과를 발휘한다. 이 점에서 '지·덕·체'智德體를 팽개치고 '지·지·지'知知知만을 강조하는 오늘의 교육 세태는 자식에게 부모가 늙으면 '양지'하지 말고 '양구체'만 해달라고 가르치는 것이나 진배없다.

《애일당구경첩》(愛日堂具慶帖). 농암 선생이 90세가 넘은 부모가
생존하신 것을 기념하여 그의 지인들이 그림과 시를 증정하였고
이를 모아 엮은 책이다. 94세의 아버지와 92세의 숙부, 82세의
외숙부 등을 중심으로 구로회(九老會)를 만들었고, 당호를
'봉양할 수 있는 날을 하루하루를 아낀다'는 뜻의 '애일당'으로
지었을 정도로 효자였다. '구경'(具慶)이란 '부모가 모두 생존하셔서
경사스럽다'는 뜻이다.

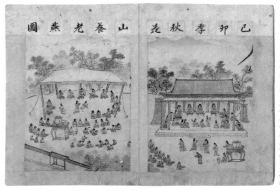

농암 선생이 안동 부사로 재임했을 당시 관내의 연로한 노인을
반상의 구분 없이 모시고 잔치를 베푸는 모습을 남긴 그림
〈화산양로연도〉이다. 이 그림은 《애일당구경첩》에 실렸다.

농암 선생의 영정
(보물 제 872호).

　강호문학의 대가였던 농암聾巖 이현보李賢輔(1467~1555) 선생은
고향 안동에 계시는 연로한 부모를 모시려고 정자 한 채를 짓고 '애
일당'愛日堂이라고 이름 붙였다. 해가 갈수록 부모님이 늙어가는 것
을 안타깝게 여겨 날을 아껴 효도하겠다는 마음을 담은 당호이다.
5백여 년 전인 1512년의 일이다. 몇 년 뒤 안동 부사로 내려와서는
부모님과 마을 어른들을 위해 양로연을 베풀고, 50이 넘은 나이에
때때옷을 입고 춤을 추어 부모를 즐겁게 해드렸다.

　모범이란 이런 것이다. 그런 농암을 보며 자란 자식이 그를 어떻
게 모셨으리라는 것은 충분히 짐작이 가는 일이다. 효도야말로 모
든 사람이 추구하는 '행복하고 건강한 삶을 보장'하는 최고의 덕목
인 셈이다.

우러나는 효도가
건강장수의 비결이다

애일당 건립 5백 주년 기념행사가 열린 2012년 10월 18일 아침에는 안개가 짙었으나 행사가 시작될 즈음엔 하늘이 구름 한 점 없이 청명하게 열려 행사장을 가득 메운 인근 각처 어르신의 무채색 한복 차림과 한 폭의 화사한 대조를 이루었다.

그 투명한 가을 햇빛 아래서 5백 년 전 자신의 '할배'가 그랬듯이, 60에 가까운 농암 종택 17대 종손이 때때옷을 입고 재롱을 부리며 어르신을 모셨다. 또한 농암 선생이 안동부사 시절 고을 어르신을 모셔놓고 양로연을 베풀면서도 때때옷 춤을 추었다는 일화에 맞추어 안동시장도 함께 때때옷을 입고 춤을 추어 행사의 의미를 더했다.

5백 년 전에 뿌려진 효행 씨앗 하나가 아직도 생명력을 이어감을 확인시켜 준 그날의 행사는 우리의 전통 효 문화를 다시 되돌아보는 계기를 만들어주었다. 옛 선현은 효를 왜 그리 중시했을까?

'애일당 건립 5백 주년 기념 기로연 및 학술대회'가 농암 종택에서
열렸다. 농암 선생도 그랬듯 농암 선생의 17대 종손 이성원 옹(당시
나이 60세)이 때때옷을 입고 자리에 참석한 어르신께 즐거움을
드렸다. 이날 행사에는 80세 이상 노인 150명과 아들 혹은 며느리 등
배행자 150명이 참석했다.

단순히 유교문화에 훈습된 결과일까?

애일당은 조선시대의 문인인 농암 이현보 선생이 1512년 자신
의 집 근처에 지은 정자이다. '애일'愛日은 말 그대로 '날을 아낀다'는
뜻으로, 연로한 부모님이 살아계실 날이 얼마 남지 않았으므로 날
을 아껴 효도를 하겠다는 농암 선생의 의지를 담은 이름이다.

이는 자연스럽게 '희구지정'喜懼之情이라는 말을 떠올리게 한다.
'부모의 나이는 알지 않으면 안 되니, 한편으로는 기쁘고喜 한편으
로는 두렵다懼'고 한 《논어》의 구절에서 유래한 말이다. 어버이가
오래 건강하게 살면 한편으로는 기쁘지만, 다른 한편으로 두렵다
는 것이다. 오래 사셨다는 것은 곧 그만큼 살아계실 날이 많이 남지

이성원 옹이 어르신 앞에서 때때옷을 입고 향연을 펼쳤다.

않음을 의미하기 때문이다. 가히 마음에서 진정으로 우러나는 효심이 아닐 수 없다.

연로한 부모님을 모시기 위해 새로 지은 정자에 '애일당'이라는 이름을 붙인 농암 선생의 마음이 딱 그러했을 것이다. 누가 시켜서 하는 것이 아니라 마음에서 저절로 우러나 행하는 효도, 옛 선현의 삶에서 효가 특별한 것이 아니라 일상적인 것일 수 있었던 이유는 바로 여기에 있지 않을까?

어떤 행동의 본질이 마음에서 우러나는 것이라면 그것을 하지 않을 때 오히려 고통스럽다. 같은 맥락에서 자연스럽게 우러나는 마음의 움직임에 의해 촉발되는 행동은 삶에 포만감을 준다.

농암 선생의 가족이 유명한 장수 집안이라는 사실은 이 점에서 전혀 새삼스럽지 않다. 농암 선생의 부모는 부친이 98세, 모친이

이성원 옹(좌측 두 번째)과 권영세 안동시장(좌측 세 번째)이
어르신을 기쁘게 해드리기 위해 춤을 춘다.

85세를 살았고 숙부 역시 99세를 살았다. 농암 또한 89세로 장수
하였고 동생도 91세를 살았으며, 자식들 역시 많게는 86세부터 적
게는 65세까지 그 옛날치고는 적지 않은 수를 누렸다.

효는 단순히 부모에 대한 자식의 일방향적인 헌신에만 그치는
것이 아니라, 이처럼 봉양을 받는 사람과 하는 사람 모두의 삶을 풍
요롭게 하는 최고의 덕목인 것이다.

오늘날에도 장수하는 사람은 많다. 그런데 우리 시대 장수자의
삶이 과연 행복하다고만 할 수 있을까? 섭생과 의술의 도움에만 힘
입은 장수문화의 뒷모습은 너무 황량하다. 노인학대와 빈곤 그리
고 그 결과로 나타나는 노인층의 자살률 증가 등, 마음에서 우러나
는 효가 바탕이 되지 않은 요즈음의 장수시대가 드리우는 짙은 그
림자이다.

애일당. 애일당의 편액을 '애일'이라 한 것부터 이미 일신의 즐거움을 위함이 아닌, 오직 부모님을 모심에 날이 부족하다는 뜻이 담겼다.

예로부터 장수는 오복五福의 첫째로 꼽혔지만, 지금과 같은 상태가 이어진다면 장수는 오히려 저주일 수 있다. 모두가 맞이하는 장수시대. 이 시대를 저주가 아닌 축복으로 만드는 열쇠는 우리 자신이 쥐고 있다. 마음에서 우러나는 효심으로 부모를 모시고, 자기 부모를 모시는 바로 그 마음으로 다시 이웃사람의 부모를 대하는 일, 우리 시대를 축복받는 장수시대로 만들어줄 작지만 힘 있는 실천이다. 그리고 그런 실천의 최대 수혜자는 바로 다음 세대의 노인인 우리 자신이다.

애일당 건립 5백 주년 기념행사를 지켜보면서, 효는 '백행의 근본'이라는 말은 예나 지금이나 변함없는 진리라는 생각이 머리를 떠나지 않았다.

행복한 삶은 화목한 공동체로부터

지난 반세기 동안 우리는 세계가 놀라고 스스로 자랑스러워할 만한 많은 성취를 이루었다. 헐벗고 굶주리던 데서 벗어나 브랜드를 따져서 물건을 사고, 비만 걱정에 다이어트를 해야 할 만큼 풍족한 삶을 누리게 되었으며, 언제 어디서나 자기 의견을 거리낌 없이 개진할 수 있는 자유를 가지게 되었다. 또한 위생과 의료 환경의 개선으로 평균수명도 크게 높아졌다.

그럼에도 불구하고 과연 우리는 행복한 삶을 산다고 할 수 있는가? 한국보건사회연구원이 OECD 30개국의 행복지수를 분석한 통계결과는 결코 그렇지 않음을 실증적으로 말해준다. 한국의 행복지수는 평균 0.475점으로 최하위권인 25위로 나타났기 때문이다. 한국은 경제와 건강, 환경 등에서는 양호한 평가를 받았지만, 사회적 연대와 사회적 형평성 분야에선 최하위권에 속함으로써 그러한 결과가 나왔던 것이다.

그간의 성취에도 불구하고 한국인의 행복지수는 왜 이렇게 낮은 것일까? 이 조사는 진정한 행복은 물질적 풍요와 자유를 누리면서 단순히 오래 사는 것에서 얻어지는 것이 아님을 여실히 보여준다. 물질적 넉넉함과 자유, 그리고 건강은 기본이지만 진정한 행복은 일상에서 접하는 가까운 사람과의 원만한 관계와 마음이 평화로운 상태에서 질병의 고통 없이 건강하게 살아가는 데서 가능하기 때문이다.

이러한 관점에서 요즈음 우리 사회와 그 속의 개인의 삶을 살펴보면 앞의 통계가 설득력이 있음을 알 수 있다. 우리는 누구나 할 것 없이 남보다 더 행복해지려고 열심히 공부하고 일하며 건강을 위한 체력관리와 운동에도 열심이다. 그러나 정작 그러한 경쟁적 노력의 와중에 우리가 속한 가정과 학교 그리고 직장과 이웃 등 가까운 이들과의 관계는 예전보다 훨씬 소원하게 되었다.

《계사구로회첩》(癸巳九老會帖). 구로회가 계사년(1533)에 계모임을 가졌던 것을 기념한 첩이다. 농암 선생은 선정으로 왕에게 표리(表裏, 선물)를 하사받기도 했다. 모든 이를 효로써 섬긴 결과라고 해도 과언이 아닐 것이다.

비록 가난했지만 옛날 우리는 동족부락에서 대가족을 이루며 가정과 마을 어디서나 효도와 우애가 넘치고 서로를 위하며 웃어른을 공경하는 따뜻한 공동체문화의 품속에서 살았다. 그리고 그러한 가정과 이웃에서 우리가 받은 가르침은 지식보다 인성이 중요하고 배려하며 남과 더불어 사람답게 살아가야 한다는 것이었다.

가정에서는 돌이 지나면 할머니의 보살핌과 가르침 속에 옷 입고 수저 사용하는 방법 등 스스로 살아갈 능력을 배웠다. 또한 맛있는 음식이 생기면 내 입으로 먼저 가져가기보다 어른께 먼저 드려야 하며 이웃의 어른도 챙긴 다음에 이웃과 나눠 먹어야 함과 같은 배움을 통해 남에 대한 배려와 공경을 자연스럽게 익혀나갔다.

이처럼 모듬살이 속에서 남과 더불어 잘 살아가는 인성교육을 받았기에 남을 먼저 배려하고 공동체를 우선시하는 사고를 지니게 되었고, 커서는 나의 즐거움보다 사회에 대한 관심과 근심을 앞세우는 '선우후락'의 책임 있는 인격을 지닌 선비로 자랄 수 있었다. 이러한 사회에서는 모든 구성원이 귀속감과 연대감 속에 서로를 배려하며 행복한 삶을 누릴 수 있었고 그 사회는 질서와 안정을 유지할 수 있었다.

그러나 지금 우리의 현실은 핵가족화로 시골에 계신 부모는 외롭고 쓸쓸한 생을 보내고, 도시의 넉넉해진 자녀는 그 자신의 자녀 양육에만 온 힘을 기울이는 실정이다. 그 결과, 우리의 가정은 오순도순 모여 화목하게 살던 모습이 실종된 지 오래고, 교육·재산 등을 둘러싼 가족 문제로 인한 갈등과 고심이 커진다.

학교 역시 입시위주의 경쟁적 교육으로 인한 파행을 겪고 존경할 만한 스승을 찾기 어려워 뜻있는 이들의 우려의 대상이 된다. 관심을 기울이며 따뜻한 인사를 주고받던 이웃관계도 각자 자신의 둥지 속에 칩거한 채 서로 외면하고 오히려 남들의 관심을 부담스러워하는 차가운 사이가 되고 말았다.

개개인을 살펴보면 충분한 영양을 섭취하고 몸 가꾸기를 위한 운동에도 열심인데 성인병은 늘어만 가고, 평균수명은 길어졌지만 건강하게 살지 못하는 사람이 늘어난다. 실제로 한국인의 건강수명은 평균수명보다 10년이나 모자란 것이 현실이다. 물질적으로 풍족해진 지금 우리가 예전보다 오히려 행복하지 않다고 느끼는 까닭은 무엇일까?

이와 관련해 베스트셀러 《아웃라이어》의 저자 말콤 글래드웰의 이야기는 신선한 충격을 준다. 글래드웰은 조화로운 인간관계의 모듬살이 문화가 한 개인의 건강장수를 결정짓는 가장 큰 요인임을 실증적 사례를 들어 명쾌하게 밝혔기 때문이다.

그는 19세기 말 이탈리아 로제토 출신의 농업노동자가 살 길을 찾아 이주해 2천여 명이 공동체를 이루며 살고 있는 미국의 한 마을을 소개한다. 이 마을은 미국에서 가장 장수하는 마을일 뿐 아니라 주민 누구도 미국 어느 곳에서나 흔한 심장병 등 성인병을 앓는 이 없이 건강하게 자연수명을 누리며 살아간다고 한다.

저자가 밝혀낸 로제토 마을 주민의 이웃 마을과도 차별화되는 특별한 건강장수 비결은 개개인의 식생활이나 유전인자도 아니요, 물

조화로운 인간관계의 모듬살이 문화가 한 개인의 건강장수를 결정짓는
가장 큰 요인임을 실증적인 사례를 들어 명쾌하게 밝힌 말콤 글래드웰의
《아웃라이어》.

과 공기와 같은 자연환경도 아니었다. 뜻밖에도 3대가 함께 사이좋
게 살아가면서 이웃 간에 정을 나누는 모듬살이의 공동체 문화였다.

건강하게 장수하는 행복한 삶의 비결이 솔선수범하는 웃어른(리
더)의 가르침에 따라 조화로운 인간관계를 형성하며 화목하게 살
아가는 모듬살이에 있다는 결론은 불과 몇십 년 전까지 우리 사회
의 보편적 삶의 방식이었다는 점에서 많은 것을 생각하게 해준다.

다시 옛날로 돌아갈 수는 없다. 그러나 개인 간의 유대와 배려가
있는 공동체문화와 정신을 오늘에 잇고 되살려가는 것은 아직도
가능한 일이다. 우선 개인적 차원에서는 비록 일이나 공부 때문에
부모와 떨어져 살더라도 자주 찾아뵙고 가르침을 받도록 해야 한

다. 직장과 가정에서는 솔선수범하는 생활을 통해 남을 배려하는 모습을 보여주어야 한다. 이렇게 함으로써 자녀에게 몸으로 가르침을 주고 아랫사람을 사람답게 살도록 이끌어줄 수 있다. 그것이 바로 옛 선비의 정신을 계승 실천하는 것이다.

우리 사회를 행복한 공동체로 만드는 데는 이러한 개인의 실천이 무엇보다 중요하다. 그러나 개인의 결단과 실천만으로는 실현이 더디기 마련이다. 그런 점에서 가정과 학교에서 바람직한 공동체 문화를 가르치고 가꾸어가는 노력이 필요하다. 또 가정과 학교가 줄 수 없는 부분은 사회교육과 실천을 통해서 제공해야 한다.

개인의 자각과 결단 그리고 가정과 학교, 사회 등에서의 노력이 하나가 되어 바람직한 공동체 문화를 일구어갈 때 행복한 공동체 속의 행복한 개인의 삶이 가능해질 것이다. 자동차 사고를 줄이기 위해서 첨단 안전장치의 부착과 일상적 점검 및 수리 등의 방법만으로 부족하다. 운전자의 안전의식과 남을 배려하는 운전태도 등 건전한 운전문화가 있어야 한다.

이렇듯 한 개인의 행복을 위한 필수조건인 건강과 장수도 개인적 차원의 건강관리만으로 부족하고 모듬살이 문화가 중요한 것처럼, 우리가 추구하는 진정 행복한 삶은 이기심을 넘어서서 남과 더불어 잘 살아가려는 바람직한 공동체 정신과 문화를 가꾸어감으로써 가능하다는 것을 명심하자. 이에 공감한다면, 이제 우리가 해야 할 일은 자명하다.

명절, 화목과 공경의 축제로 삼자

설, 추석 명절 때마다 해외여행을 떠나는 사람으로 공항이 붐빈다. 개인과 핵가족 단위 여행을 선호하는 세태가 반영된 결과다. 하지만 민족의 고유 명절을 부모형제와 일가친척을 찾는 귀성보다 여행과 휴가의 기회로 삼는 듯하여 한편으로는 쓸쓸한 느낌도 든다.

명절 직후에는 부부 이혼율이 높아진다는 통계조사도 보도되어 더욱 안타깝다. 원인이 무엇일까. 평소 잠재해있던 반목과 갈등이 명절을 계기로 표면 위로 드러나기 때문이다. 친가(시가)가 먼저냐 처가(친정)가 먼저냐, 간다면 또 얼마나 머물 것인가 등의 문제가 다툼을 촉발시켰을 것이다.

이러한 다양한 현상의 배경에는 전통적인 대가족제의 퇴조와 양성 평등의식의 증대 등이 있으리라.

이와 같은 현상과 관련해 현시점에서 무엇보다 중요한 것은 명절의 참뜻을 되새기며 개인과 가족, 사회 모두 좋아지도록 지혜를 모으는 일일 것이다. 명절에 가족과 만나는 것을 피할 것인가, 반갑게 맞이할 것인가, 반목과 갈등으로 얼굴을 붉힐 것인가, 이해하고 양보하며 화기애애하게 지낼 것인가.

답은 너무나 분명하다. 우리 조상은 가족이 모두 모이는 명절을 늘 엔도르핀이 넘치는 행복한 시간으로 활용하고 즐겼다. 여기에는 명절을 바라보는 인식의 차이가 가로 놓였다.

명절이 갖는 진정한 의미는 무엇일까. 추석 명절을 대표하는 차례茶禮를 예로 살펴보자. 첫 번째는 돌아가신 부모님을 비롯한 조상님과의 만남이다. 살아계실 때 나를 그토록 보살펴주셨던 분을 돌아가셨다고 그리워하는 마음을 거두어야 할까. 인정상으로 보나 도리상으로 보나 적어도 명절 때만이라도 조상을 추억하는 문화는 오히려 권장되어야 마땅하다.

두 번째는 같은 조상의 피를 이어받은 자손이 한자리에 모여 확인하는 형제애이다. 사람은 사회적 동물이다. 따라서 남과의 관계가 좋아야 성공하고 행복해질 수 있다. 그렇다면 남보다 가까운 형제간 혈족과 자연스러운 유대감을 유지하는 일은 행복의 중요한 요건 가운데 더욱 의미 있는 하나가 아니겠는가.

마지막은 자녀와 자손에게 미치는 인성교육의 효과이다. 사람은 누구나 자녀로부터 효도와 공경을 받고 싶어 한다. 그런데 효도는 백 마디 말보다 솔선하는 실천이 더욱 효과적이다. 이 점에서 차례 문화는 효 교육의 살아있는 교육장이다.

명절 차례는 음식을 장만하고 같은 시간에 한곳에 모여야 하는

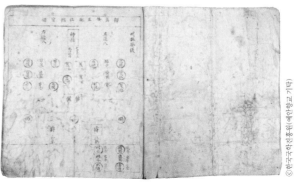

〈진설도〉(陳設圖). 공자에게 드리는 제사인 석전제(釋奠祭)를 비롯하여 향교에서 지내던 각종 제수를 진설하는 방식에 대해 예시한 책이다. 〈진설도〉에서도 보이듯 진설하는 방식은 대개 신위를 중심으로 지역과 집안에 따라 복잡한 격식을 갖췄다.

부담스러운 측면도 있다. 그러나 조금만 더 넓게 멀리 생각하면 의미와 효용성이 매우 크다. 조상님과의 관계, 같은 세대 형제 친척 간 관계, 다음 세대 자손과의 관계 등 모든 면에서 유익하다. 이 때문에 우리 조상은 봉제사 접빈객을 집안경영의 최고 덕목으로 삼았다.

봉제사(조상 제사 받드는 일)를 성심껏 하여 가문 내부의 화목과 결속을 도모하고, 접빈객(찾아오는 손님을 접대하는 일)을 극진히 하면서 밖으로부터 존경받는 한국형 노블레스 오블리주를 실천한 것이다.

종교적 이유 또는 그 밖의 불가피한 사유로 차례를 지내지 않는 사례는 자연스레 이해되고 받아들여져야 한다. 또 명절이나 차례 문화도 산업화와 도시화, 핵가족화 등의 시류에 맞추어 지내는 시각, 장소, 음식종류, 절차가 개선되어야 한다.

그러나 조상과 자손 사이에 이어지는 혈연적 유대감과 이에 수

반되는 자손으로서의 도리와 공경심은 시대를 넘어 계속 돈독히
유지되어야 한다. 그러므로 불편하고 부담스럽다고 차례 자체를 기
피하고 폄하하는 것은 온당치도 현명하지도 못하다. 이것이 명절을
가족이 함께 모여 화목과 공경의 축제로 승화해야 하는 이유이다.

제사를 지내기 위한 차례상. 어버이가 떠나더라도 추모의 길을 이어가며 잊지 않았다.

세상이 필요로 하는
사람이 되어야

아쉽게도 매일 보던 어느 방송매체의 TV 뉴스를 언젠가 거의 볼 수 없었다. 보더라도 아주 짧았다. 방송국 내부의 다툼 때문이었다. 사장의 퇴임을 요구하는 사내 가족의 주장에 맞서 사장 본인은 결코 물러날 수 없다고 한 데서 파행이 발생했다. 양측의 주장을 들어보면 나름대로 일리는 있다. 그러나 자기편 주장만 하다 보니 타협이 안 된다. 그 결과 피해는 애꿎은 시청자에게 고스란히 돌아왔다. 시청료를 꼬박꼬박 내면서도 알 권리와 문화향유권을 침해받은 것이다.

　우리 사회에서는 이와 같은 크고 작은 갈등과 반목이 너무나 빈발한다. 이로 말미암은 대가도 적지 않게 지불한다. 이러다 보니 사회적 갈등은 우리가 선진국으로 도약하는 데 가장 큰 걸림돌로 간주될 정도이다. 그런데 모든 사회적 갈등의 시작은 자기주장은 옳고 상대방 주장은 틀리다는 것에서 출발한다. 더 발전하면 자기가 하는 것은 항상 옳고 정당하다는 아집我執으로 나아간다. 남이 어떻게 생각하든 애당초 관심 밖이다.

그러나 세상일이 어찌 자기만 옳고 상대는 모두 틀릴 수 있겠는가? 얼굴 모양이 제각각이듯 삶의 생각과 입장도 사람마다 다를 수밖에 없다. 그러므로 사회적 갈등을 풀어가는 과정에서 중요한 것은 자신의 주장을 상대방에게 강요하지 않고 내 생각과 남의 입장을 절충하고 타협하여 조화점을 찾는 것이다.

이렇게 볼 때 지금 우리에게 필요한 것은 강한 추진력을 바탕으로 자신의 주장을 밀어붙여 나가는 리더십이 아니다. 그보다는 서로 다른 생각과 입장을 조화롭게 조정하며 이끌고 나아가는 리더십이 요구된다.

그러나 우리 사회에는 이와 같은 역할을 하는 리더를 찾기가 갈수록 힘들어져 매우 안타깝다. 그렇다면 어떻게 해야 할까? 주위에 그늘을 만들어주는 큰 나무가 없다면 스스로 큰 나무가 되어야 하는 이치처럼, 우리 스스로 그런 사람이 되도록 노력해야 한다.

그러면 어떻게 노력을 해야 할까? 훌륭한 본보기를 찾고 배워야 한다. 하지만 주변에 그런 리더를 찾기 어려운 현실에서 누구에게 배워야 할까? 현실에서는 찾기 어렵지만 다행히 우리 역사 속에 훌륭한 스승이 있다. 솔선수범하며 나라를 동방예의지국으로 이끌었던 리더, '선비'이다.

선비는 순수 우리말이다. 한자어로 굳이 표현한다면 '군자'君子가 그 의미에 가장 가깝다. 《논어》에 보면 군자와 소인을 대비시킨 적절한 구절이 나온다. '군자는 조화를 추구할 뿐 부화뇌동하지 않고, 소인은 부화뇌동할 뿐 조화를 추구하지 않는다'는 구절이다. 군자는 자신의 주관을 지키면서 남과의 조화를 추구하는 인격이다. 사람은 서로 색깔이 다른 존재라는 것을 인정하고 절충과 조화를 추구하는 인물이라는 뜻이다.

선비는 이처럼 수양을 바탕으로 다른 사람과의 조화를 추구해나가는 인물이다. 이것이 가능한 것은 선비가 도야陶冶하는 수양의 내용이 자신을 낮추고 남을 높이며, 자신에겐 엄격하고 남에게는 관대한 '박기후인'薄己厚人의 정신을 근본으로 하기 때문이다.

선비의 이런 의미는 '선비 유'儒자의 구성 원리 속에서도 또다시 확인된다. '유'는 '사람 인'人과 '구할 수'需가 결합된 글자이다. '사람됨의 이치人를 추구하는需 사람', 그래서 '세상 사람人이 필요로 하는需 사람'이라는 뜻으로 풀 수 있다.

학덕을 겸비하고 실천해나가는 사람, 그래서 모두가 존경하고 닮고 싶어 하는 사람, 그런 인격체가 바로 선비이다. 바로 가난한 나라 조선이 세계사에서도 드문 5백 년 장수 국가를 꾸려갈 수 있었던 힘의 원천이다.

갈등이 꼭 부정적인 것만은 아니다. 그것은 사회가 발전하는 데 필요한 자극제 역할도 한다. 그러므로 필요한 것은 갈등을 억압하거나 무마하는 물리적 리더십이 아니라 갈등의 원인을 성찰하고 남의 입장을 고려하는 도덕적 리더십이다.

선비의 이러한 도덕적 리더십은 우리에게 많은 것을 시사해준다. 우리 사회가 고민하는 갈등 해소의 궁극적 해결책은 결국 상대방의 허물을 탓하기에 앞서 선비처럼 세상이 필요로 하는 사람이 되고자 스스로 노력하는 데 있다.

좋은 사귐에
눈을 돌리자

사람은 사회적 존재로서 인류 역사 이래 혼자 살아온 적이 없다. 태어나 세상을 떠날 때까지 끊임없이 관계를 맺으며 살아가는데, 그러한 관계 맺기의 하나가 사귐이다. 누군가와 알고 가까이 지내는 사이가 되면 우리는 '사귄다'고 표현한다.

사귐에는 좋은 사귐과 좋지 않은 사귐이 있기 마련이다. 좋은 사귐은 인간의 장수와 행복에 긍정적 영향을 준다는 연구결과가 있다.

하버드대 조지 베일런트 박사는 《행복의 조건》에서 행복한 노년의 가장 중요한 조건으로 인간관계를 들었다. 장수하고 행복하게 살기 위해서는 마음을 터놓을 수 있는 좋은 친구와 우정을 지속시켜야 한다고 했다. 하버드 대학생 등 814명을 대상으로 1938년부터 72년간 진행된 연구결과다.

실제 우리 사회에서 존경받고 행복한 삶을 사는 사람을 보면 대개 주위 친구와 원만한 인간관계를 유지한다.

어떤 사람이 좋은 벗인가?

공자는 벗을 정직하고 믿음 있는 유익한 벗益友과, 겉과 속이 다르고 아부와 말 잘하는 해로운 벗損友으로 나눈다. 유익한 벗은 나의 인격을 성숙시키고 해로운 벗은 나를 타락의 길로 이끈다.

유익한 벗과의 사귐은 어떠한가? 이에 관해 공자의 제자 증자曾子는 '군자는 글로 벗을 모으고以文會友, 벗을 통해 사랑(인)을 돕는다以友輔仁'고 했다.

이는 두 가지 의미가 있다. 첫째는 글이다. 여기서 말하는 '글'은 단순한 문자 주고받기가 아니라 진리 탐구의 노력이다. 진정한 친구란 진리로 서로 격려하고 이끌어주는 사람이란 의미이다. 둘째는 인을 돕는 것이다. 친구를 본받아 자신도 사랑의 덕이 날로 진전된다는 의미이다.

그 시대의 많은 사람과 사귀며 성현이 일러준 바른 길을 걸어갔던 퇴계 선생은 '벗과의 만남'會友을 이렇게 읊었다.

공자의 문하에서 벗과의 만남을 논하였으니孔門論會友

글로써 만나고 인을 돕는다고 하였네以文仍輔仁

저잣거리에서 사귀는 것과 다르니非如市道交

이해관계 끝나면 길거리 사람되고 만다오利盡成路人

퇴계 선생도 사귐의 목표를 글로써 만나고 인을 돕는다는 것에 두었다. 저잣거리에서 만나 사귀다가市道交 이해관계가 끝나면利盡 길거리 사람처럼 남남이 되는成路人 사귐을 멀리하였다.

　한동안 우리 사회는 한 사람이 남기고 간 불법 정치자금 메모에서 시작된 '리스트 정국'으로 시끄러웠다 이 문제의 바탕은 그들 간의 사귐이다. '잘 안다-잘 모르는 사람이다', '자주 만났다-거의 안 만났다', '도움을 요청했는데 모른 척해 배신감을 느꼈다-당당하게 조사받으라 했다'는 등 상이한 주장의 진위는 조사가 끝나면 드러날 것이다.

　그러나 여기서 되짚어봐야 할 것은 사람 간 사귐의 성격이다. 좋은 사귐이라면 이렇게 상반된 주장이 나올까. 한쪽에서 도움을 청하는데 다른 쪽에서는 피하려는 사이라면 애초부터 모르는 것만 못한 사귐이다. 이것이 바로 선현이 가장 경계한 사귐이다.

　평소에는 인을 돕고 필요할 때는 힘이 되어 줄 수 있는 사이가 바람직한 사귐이다. 어찌해야 이런 사이가 될까?

　첫째, 성실한 사귐이다. 불성실한 사귐은 결코 오래가지 못한다.

　둘째, 공경의 사귐이다. 서로 인격을 존중하며 다가가야 한다.

　셋째, 욕심 없는 사귐이다. 상대방에게 무언가 바라는 마음에서 관계가 흔들리기 시작한다.

　넷째, 사랑과 의로움, 진리의 사귐이다. 이것이 향기 나는 사귐이다.

　다섯째, 배려와 보살핌의 사귐이다. 이래야 따뜻한 인정과 사랑으로 사람들을 감화시킬 수 있다.

　끝으로, 자기 성찰의 사귐이다. 일이 뜻대로 되지 않아도 상대를 탓하기에 앞서 자신의 문제점부터 살펴야 한다.

이제 우리 모두 이러한 사귐을 하면서 개인도 오래오래 행복하게 살아가자. 그리하여 좋은 사귐과 행복한 사람으로 넘쳐나는 사회를 열어가자. 그러기 위해서는 남의 나쁜 사귐을 탓하기보다 먼저 나부터 좋은 벗을 맞이하기 위해 바람직한 사귐을 실천하자.

선비정신 담긴
'공경의 무릎 꿇기'

2015년 새해 벽두 우리 사회는 우월한 위치에 있는 사람이 사회적 약자에게 무릎 꿇기를 강요하는 문제로 떠들썩했다. 조현아 전 대한항공 부사장의 항공기 회항사건에서는 승객이 보는 기내에서 사무장과 승무원이 모욕적 언사와 함께 무릎을 꿇는 수모를 당해야 했다. 얼마 후 경기도 부천의 한 백화점 주차장에서는 모녀 고객에 의해 주차안내원이 무릎을 꿇었다. 이러한 장면은 언론 보도와 SNS를 통해 널리 알려지면서 전 국민의 공분을 불러일으켰다.

이처럼 사회적으로 우월적인 지위에 있는 강자에 의한 무릎 꿇리기는 약자로서는 변명과 설득의 여지도 없이 속수무책으로 당해야 하는 것이기에 더욱 큰 치욕과 모멸감을 느끼는 행위이다. 무릎 꿇려진 약자는 마지막 존엄성마저 빼앗긴 상태에서 무엇을 생각하겠으며 어떻게 하겠는가? 모든 것을 내팽개치고 모욕을 준 '갑'에 대해 저주와 복수하려는 마음을 가지기 마련이다.

이근필 옹 퇴계 선생의 종손은 팔순을 훌쩍 넘긴 나이에도
누구에게나 무릎을 꿇고 공경과 배려를 항상 몸으로 실천한다.

무릎 꿇리기는 어른만의 문제가 아니다. 어린아이에게도 그대
로 적용된다. 인간은 어려서 지각이 생기면서부터 자신의 욕구와
자존감이 형성된다. 어린아이라 하더라도 무릎 꿇리기로 체벌하는
부모와 스승에 대해 마음으로 수긍하고 따르지는 않는다. 그래서
퇴계 선생은 부모가 자식을 때리거나 어리석다 꾸짖지 말고, 좋은
낯빛으로 칭찬하는 것이 더 바람직하다는 한시 〈훈몽〉을 남겼고,
스스로도 그렇게 실천하였다.

그런데 약한 상대방에게 굴욕을 강요하는 무릎 꿇리기만 있는
것이 아니다. 우리는 상대에 대한 지극한 공경의 마음을 스스로 무
릎을 꿇는 자세로 표현하기도 한다. 상대에 대한 무릎 꿇기의 강요
가 굴욕감을 주어 관계를 악화시키고 인간관계의 파탄으로 끝나는

반면, 자진해서 무릎을 꿇는 태도는 전혀 상반된 결과를 가져온다.

퇴계 선생의 노종손은 팔십을 훌쩍 넘긴 연세에도 불구하고 수련생을 큰절로 맞이한 다음 꿇어앉아서 50분가량 대화를 나누며 자신이 생각하는 올바른 사람의 길에 대해 이야기를 나눈다.

이는 나이 지긋한 고위 공직자이든 어린 초등학생이든 수련생을 대하는 종손의 일관된 자세이다. 그래서 수련생은 대화하면서 자연스럽게 종손의 무릎 꿇기가 자신을 공경하는 정성스러운 마음의 표현이라는 것을 알게 된다. 어려워하는 수련생에게는 옷이 구겨진다거나 몸을 다친다며 편하게 앉도록 권하면서 자신은 계속 꿇어앉아서 이야기한다. 습관이 되어 편하고 허리를 꼿꼿하게 할 수 있어 노년의 건강에도 좋다고 하면서.

공경의 무릎 꿇기는 염슬위좌敵膝危坐, 즉 무릎을 한데 모아 앉은 자세라 하여 예전 선비가 취한 일상적 자세인데 지금도 전통의 명문가에서 인사를 나누거나 서원에서 유림이 행사할 때 볼 수 있다. 이러한 무릎 꿇기 자세는 임진왜란 전후에 일본에 퇴계 철학의 핵심인 경敬이 전파될 때 함께 건너갔다. 그것이 일본의 문화전통이 되어 일본인은 요즈음도 무릎을 꿇고 손님을 맞이한다. 그러한 응대에 상대방은 자신이 존중받았다는 느낌을 가지고 자리를 뜬다.

그러한 공경의 무릎 꿇기가 정작 우리나라에서는 점점 찾아보기 어려워지고 오히려 무릎 꿇리기의 강요가 늘어나고 있으니, 참으로 안타까운 일이다.

우리는 이제라도 상대에게 굴욕감을 주는 무릎 꿇리기의 악습을

퇴계 선생을 모신 사당(상덕사)에 드리는 제사인 향사에 앞서 강당(전교당)에 모였다.
무릎을 꿇고 서로 공경하는 자세를 갖추는 유림의 모습에서 공경의 자세를 볼 수 있다.

ⓒ이중호

끓고 자신을 낮추고 상대를 공경하며 무릎 꿇는 자세를 늘려가자.

이러한 자세는 이 시대 최고의 리더십인 섬김의 리더십(*servant leadership*)과도 맥을 같이한다. 조상이 물려준 아름다운 공경의 무릎 꿇기를 실천해 진정으로 존경받는 리더가 넘쳐나는 세상을 만들자.

어린이집 문제…
사람으로 해결해야

얼마 전 보육교사에 의한 유아학대를 계기로 상정되었던 〈어린이집 폐쇄회로(CCTV) 의무화〉 법안이 국회에서 부결되었다. 그 이유는 보육교사에 대한 감시보다 사랑의 마음을 심어주는 것이 중요하다는 것이었다. 맞는 말이다. 그러나 말을 못하는 어린아이를 보낸 어머니의 반응은 실망을 넘어 분노 수준이다.

어린이집 유아학대 외에도 세월호 침몰, 군대 내 가학행위, 이른바 땅콩 회항 등 안타까운 일이 끊이지 않는다. 사건 사고도 가슴 아프지만, 원인규명과 대책논의 과정에서 무수한 논쟁과 비방이 오가고도 모두가 동의하는 해결 방안이 마련되지 못해 더 안타깝다.

그것은 이해집단 간에 부담할 고통은 회피하거나 상대에게 떠넘기고 국민 부담만 가중시키는 예산증액과 인력증원처럼 손쉬운 길을 찾으려 하기 때문은 아닐까.

그 과정에서 정작 사고 발생의 원인 주체인 사람의 문제가 간과

된다. 세월호 사고가 그처럼 커진 것도 선장, 선원 등 관련된 사람의 잘못된 가치관과 밀접한 관련이 있다. 승객에 대한 구명 조치는 외면하고 몰래 자신만 먼저 탈출해 목숨을 건졌던 것이다.

최근 우리 군대에서 발생한 각종 사고 역시 그 근저에는 사람의 문제가 있다. 사병 간 가학행위는 물론이고, 고위 장교의 성추행과 방산비리 등이 모두 그곳 사람의 그릇된 의식과 행태에서 비롯된 것이다.

따라서 우리 사회가 직면한 여러 가지 모순의 근본적 해결 방안도 사람에서 찾아야 한다. 법과 제도의 보완과 예산지원도 의미가 있겠으나, 그 운영 주체인 사람의 마음과 행동이 바뀌지 않는 한 효과를 장담할 수 없다.

다시 어린이집 보육교사의 유아학대 사례를 보자. 현재 많은 어린이집 보육교사가 비체계적이고 단기적인 교육을 받고 선발되어 배치된다. 그들은 지금 만족스러운 보수도 받지 못하고 자긍심을 느낄 직업도 아니라고 생각할 것이다. 그런 반면에 어린아이를 키워 보지 않은 젊은 보육교사가 많게는 20여 명에 이르는, 한창 말썽을 일으킬 나이의 아이를 돌봐야 하는 것이 현장의 실정이다.

이러한 상황에서 아이를 사랑으로 잘 돌보기를 기대하기는 어렵다. 이것을 직시하고 대책을 찾아야 한다. 보육교사 자격취득 요건을 강화하고 보수를 인상하며 CCTV를 설치해 감시 감독을 강화하는 것도 필요하다. 보육교사에게 유아교육 이론도 가르쳐야 한다. 이러면 다시 문제가 일어나지 않을 것이라고 안심할 수 있겠는가.

우리가 진정 바라는 것은 현장에서 보육교사가 아이를 내 아이나 동생처럼 보듬도록 하는 것이다. 보육교사의 마음과 자세가 바뀌어야 한다. 이를 위해 주변 사람이 함께 변화해야 한다. 먼저 보육정책과 지원을 담당하는 관계 인사부터 어린이를 내 자녀처럼 아끼는 마음을 가져야 한다. 그러한 마음으로 정책을 만들어 시행하고 현장을 보살피며 보육교사가 사랑의 마음을 갖도록 뒷받침해야 한다. 윗물이 맑으면 아랫물은 곧 맑아진다.

　경험이 풍부한 할머니가 젊은 보육교사를 돕는 방안도 찾아보자. 우리 주변에는 자녀와 손자를 희생과 사랑으로 키워내고 이제는 여유 있게 살아가는 할머니가 많다. 그런 분을 보육 현장으로 안내해 젊은 교사와 함께 활동하도록 하자. 할머니가 행동으로 보여주는 유아 사랑을 보면서 젊은 교사의 가슴은 점차 뜨거워지고 닮아가게 될 것이다. 진정한 교육은 말이나 글이 아니라 실천으로 보여주는 가르침身敎이다.

병영에서의 겸손·배려

사람은 누구나 자기 자신을 아끼고 사랑한다. 너무나 당연하다. 이 세상에서 자기 자신이 가장 소중한 존재이기 때문이다. 자기가 있기에 가족도 학교도 직장도 국가도 있지 않은가? 또한 자기를 소중히 여기는 사람이 모두를 더 사랑할 수 있다.

프랑스의 철학자 알랭(1868~1951)은 '행복은 의무이다. 자기가 행복해야 남을 행복하게 해주기 때문이다'고 말했다. 맞는 말이다. 행복한 사람의 인원수에는 제한이 없다. 그래서 누구나 노력하면 행복하게 살아갈 수 있다.

행복한 삶이란 평생 몸과 마음이 편안하고 즐거운 상태로 살아가는 것이다. 이것이 인생의 궁극적 목적이며 최고의 가치이다. 아무리 권력과 돈과 명예가 있더라도 행복하지 못하면 아무 소용이 없다. 남들이 다 부러워하는 돈과 권력을 지니고서도 불행하다고 느껴 목숨까지도 포기하는 사람들을 보지 않았던가?

행복한 인생을 살아가는 비결은 무엇인가?

행복은 바란다고 저절로 오지 않는다. 조건을 갖추어야 한다. 지知(지식과 기술), 덕德(태도와 자세), 체體(건강과 체력)를 골고루 갖추어야 한다. 그중에서도 가장 중요한 것은 덕이다. 사람은 잠시라도 혼자 살아갈 수 없기 때문이다.

사람은 남과 더불어 살아가야 하는 존재이므로 행복하려면 인간관계가 좋아야 한다. 사람과의 관계가 좋아지려면 지식과 기술 그리고 건강과 체력도 필요하지만, 그보다 더 중요한 것은 남을 대하는 나의 태도와 자세이다. 그렇기에 남을 대할 때 상대를 기분 좋게 하는 것이 매우 중요하다.

16전투비행단이 지도위원의 설명을 귀담아듣는다. 앳된 고운 얼굴에 진지함이 서려 선비정신을 돌아보는 이들의 모습을 보자니 흐뭇했다.

제 50사단의 간부연수.
그들의 경례에서 굳은 다짐이 절로 느껴진다.

　자기 자신을 낮추는 겸손과 상대를 높여주는 배려와 공경이야말로 모든 사람의 마음을 움직이는 특효약이다. 그러한 태도와 자세가 가장 요구되는 사람이 리더이다. 오늘의 리더는 물론이려니와 미래에 리더가 될 사람에게도 해당된다. 사람은 언젠가는 리더가 되니 일찍 리더십을 갖추어야 한다. 그래야 장래가 촉망되는 훌륭한 사람으로 평가받으며 훌륭한 리더가 될 수 있지 않겠는가?

　최고의 리더십은 무엇일까?

　세계적인 학자들은 섬김의 리더십이야말로 최고의 리더십이라고 한다. 리더가 아랫사람을 대할 때 스스로 낮추면서 그들을 존중하면 감복하지 않을 수 없기 때문이다. 부모가 자녀를, 교사가 학생을, 윗사람이 아랫사람을 존중하며 인격적으로 대하면 어떻게 될 것인가? 고맙고 감사한 마음이 자연스럽게 일어나면서 일도 공부도 열심히 할 것이고 윗사람을 더욱 존경하게 된다.

　그러면 윗사람은 일도 잘하면서 자신을 존경하고 따르는 아랫사람에 둘러싸여 행복한 삶을 살게 될 것이며, 조직과 공동체도 화목하고 능률이 올라갈 것이다. 우리 사회를 멍들게 하는 이른바 '갑질 문화'도 저 멀리 날려 보내게 될 것이다.

　그러한 자세와 태도는 우리의 병영兵營문화에서 더욱 절실하다. 그것은 개인의 행복뿐만 아니라 조국의 안위까지 직결되는 문제이기 때문이다. 막사와 장비 등 하드웨어나 처우인상 등 예산투자도 국방력 강화를 위해 중요하지만, 상하가 서로 사랑하고 존경하는 병영문화는 더욱 끈끈한 동지애를 가능하게 해 더 튼튼하고 공고한 방위력을 갖추는 토대가 될 것이다.

　여기서 필요한 것이 섬김의 리더십이다. 우리 모두가 행복해지고 국가 안보도 튼튼하게 하는 가장 확실하고 분명한 길, 겸손과 배려, 사랑과 공경을 미래의 큰 리더, 나부터 지금 바로 실천하자.

충무공 후예의
선비정신

한눈팔지 않고 열심히 제 할 일을 다하는 충무공 후예의 밝고 훈훈한 미담 하나를 소개해 볼까 한다. 2015년에는 해군 장병의 영해 수호를 소재로 한 영화 〈연평해전〉이 영화계를 뜨겁게 달궜다. 그런데 공교롭게도 2014년 여름에는 충무공 이순신 장군의 감동적인 스토리를 다룬 영화 〈명량〉이 1천7백만 명을 넘겨 한국영화 사상 최대 관객을 동원한 바 있다.

흥행 대박 요인은 무엇이었을까?

우리 모두 영화를 통해 충무공에 대한 존경심과 그리움을 다시금 뜨겁게 느꼈기 때문이다. 이 점에서 충무공의 후예인 해군 장병이 충무공에 대해 갖는 존경심은 더 말할 나위가 없을 것이다.

그 후예들이 얼마 전 도산서원 선비문화수련원에 선비 체험을 다녀갔다. 새로이 건조된 '강원함'의 함장과 40여 명의 간부이다. 바쁜 와중에도 시간을 쪼개 1박 2일 일정으로 내륙 깊숙이 자리한 안동 도산을 찾은 것이다.

바다의 용사가 산골에 있는 도산서원 선비문화수련원을 찾은 동기는 뚜렷했다. 최근 불거진 해군의 불미스러운 문제를 통감하고 국민의 신뢰를 회복하는 길을 찾는 한편, 새로 탄생하는 강원함 장병의 단결을 모색하기 위해서였다.

그런데 왜 하필 선비수련일까? 의아해하는 필자에게 그들은 선비정신이 해군 창설의 근원적인 정신이라는, 처음 듣는 이야기를 했다.

그러면서 그 사례로 해군 창군일이 11월 11일로 결정된 내력을 들려줬다. 해군을 창설하고 초대 해군참모총장을 지낸 '해군의 아버지' 손원일孫元一(1909~1980) 제독이 '해군은 선비와 같아야 한다'고 하면서 선비 '士'(사)를 가로로 풀어쓴 '十一'(십일)월 '十一'(십일)일을 창군일로 정했다는 것이다.

그들은 해군의 창군 정신은 충무공 정신의 계승이며, 창군기념일 또한 선비와 관련이 있음을 익히 알았다. 이 때문인지 선비수련을 체험하면서 충무공 정신이 곧 선비정신임을 새삼 확신했다며 이구동성으로 입을 모았다.

퇴계 선생의 뛰어난 제자가 서애 류성룡 선생이며 바로 그가 충무공을 발탁하고 후원한 동지라는 사실도 다시금 주목받았다. 이 점은 TV드라마 〈징비록〉에서도 확인되는 사실이다.

퇴계 선생은 21세 때 찾아온 제자 서애를 보고 '이 사람은 하늘이 내린 사람'이라며 장차 큰일을 할 인물임을 예견하고 잘 가르쳤

대한민국 해군 강원함의 간부연수.　　　　　　　　　　　　ⓒ선비문화수련원

다. 그리고 훗날 서애는 순국한 충무공의 사람됨을 '용모가 단아하며 몸을 닦고 언행을 삼가는 모습은 선비와 같았고, 대담한 기상이 있어 자기 몸을 잊고 국난을 위해 목숨을 바쳤다'며 조국을 위해 목숨 바친 그의 충절을 높이 평했다.

이런 사실을 확인한 해군 장병들은 조선의 대표적 선비인 퇴계 선생의 삶의 자세와 정신이 서애를 거쳐 충무공에게 자연스럽게 영향을 끼쳤음을 알았다며 기뻐했다. 세 분을 이어준 끈이 바로 '자신의 이익에 매달리지 않고 공동체가 나가야 할 가치를 앞장서 실천'하는 선비정신이었던 것이다.

선비 체험을 마치면서 함장은 강원함의 창설 정신과 부대원을 단결시키는 원천을 충무공 정신의 바탕이 되는 선비정신에서 찾았다고 밝혔다. 그러면서 군인에게 가장 절실한 선비정신인 견위수명(조국이 위태로울 때 목숨을 바침)의 삶을 실천하겠다는 다짐을 보였다.

비단 해군뿐이겠는가? 한국인이면 누구나 선비정신의 DNA를 갖고 태어난다. 그래서 우리는 위의 세 분을 비롯해 선비정신을 몸소 실천하며 살아간 선현을 진심으로 존경한다.

그렇다면 이제 우리에게 필요한 일은 각자의 내면에 숨겨진 그

ⓒ선비문화수련원

해군 강원함 간부의 입교식과 알묘례를 행하는 모습. 군인다운 절도가 느껴진다.

선비정신을 다시 일깨우려는 노력이 아닐까? 그렇게 하여 개인적으로는 행복한 삶을 살아가고 사회적으로는 문제를 해결하고 발전을 선도하는 존경받는 리더가 되자. 그리고 이를 통해 후손으로부터도 존경받는 인물이 되는 꿈을 꿔보자.

'호랑이는 죽어서 가죽을 남기지만, 사람은 죽어서 이름을 남긴다'고 하지 않았는가.

ⓒ선비문화수련원

퇴계 선생의 동상 앞에서 강원함의 간부와 함께했다.
시종일관 흐트러짐 없는 꼿꼿한 자세에서 군인정신을 엿볼 수 있었다.

손원일 제독
손원일 해군 초대참모총장은 '해군은 선비다워야
한다'고 얘기했을 만큼 선비정신을 강조하였다.
이제 세계의 바다를 누비는 대한민국 해군의 시작은
바로 선비정신이었던 것이다.

1. 충무공이순신함
충무공이순신함은 임진왜란으로 누란의 위기에 처한
나라를 구한 충무공의 전공을 기리기 위해 명명한
함정이다. 세계가 인정하는 세계 해군 역사에 길이 남을
충무공의 정신이 오대양을 누비는 모습은 그 자체로
장엄하다.
2. 서애류성룡함
퇴계 선생의 수제자 가운데 한 분인 서애 선생은 임진왜란
7년간 국정운영에 크게 기여하였을 뿐만 아니라 충무공
이순신 장군을 발탁·천거하였다. 그러한 업적을 기려
서애류성룡함이라 명명하였다.

우리에게 절실한
소원선인다

해마다 봄이면 필자가 머무는 경북 안동의 도산서원 주변에도 퇴계 선생이 그토록 사랑했던 매화가 활짝 핀다. 그런데 아름다운 계절의 화창한 날씨와 달리 사람들의 마음은 결코 편치 못하다. 우리 사회의 연이은 사건과 사고로 국민 모두 무언가에 짓눌려 있기 때문이다.

2014년 이후 세월호 참사로 전 국민이 비탄에 잠겼고, 얼마 전에는 '땅콩회항'과 어린이집 폭행사건이 공분을 자아냈다. 또 불법 정치자금 리스트가 사람들을 놀라게 한다. 왜 연이어 이런 일이 벌어지는 것일까? 근본 원인은 자기만을 생각하고 남을 배려하지 못하는 이기적인 인간관계이다.

이는 마침내 가장 가까운 혈연공동체인 가정에까지 파고든다. 젊은 부모는 어린 자식을, 젊은 자식은 늙으신 부모를 내팽개치는가 하면 배우자마저 자신의 욕심을 위해 참혹한 죽음으로 내모는

우리가 익히 접한 화폐 속의 퇴계 선생의 모습과 많이 다르다.

일이 잇따라 벌어지는 것이다. 가족 간에도 이러한데 남에게 무슨 짓인들 못하겠는가.

사람은 본래 착한 본성을 타고났기에 남을 측은하게 여기는 마음을 지녔다. 맹자가 말한 어린아이가 우물가로 기어가는 것을 보면 뛰어가 구하려는 마음이 그것이다.

그런데 왜 이런 사건 사고는 늘어나는 것일까? 살아가면서 자기중심적 소유욕이 생겨나고, 그 욕심이 착한 본성을 짓누르고 행동으로 나타나기 때문이다. 착한 본성과 욕심을 함께 지닌 것이 사람이다. 착한 본성이 많은 비중을 차지하면 착한 사람善人이고, 악한 마음이 상대적으로 많이 있으면 악한 사람惡人이다.

세상이 살기 좋아지려면 착한 사람이 많아야 한다. 선인은 그런 시대를 치세治世라 했고, 그런 사회를 대동大同이라고 했다. 역사상 존경받는 지도자는 착한 사람이 많은 치세를 실현하기 위해 노력 했고, 위대한 사상가들이 추구한 바도 그것이었다.

퇴계 선생 역시 세상에 착한 사람이 많아지는 것을 평생의 소원 으로 삼고 실천했다.

퇴계 선생은 쉰 살 무렵 외척과 권세가들이 판치는 조정에서 홀 로 세상을 맑게 하는 것에 한계가 있음을 느끼고 고향으로 물러난 다. 이후 왕의 부름에 거듭 고사하며 사람의 도리를 연구하고 이를 제자에게 심어줘 착한 사람이 되도록 해, 이들이 훗날 조정에 나아 가 좋은 세상을 만들게 하였다. 그는 자신의 할 일吾事을 이렇게 읊 었다.

높은 곳에 머무는 것은 내 할 일 아니네高踏非吾事
고향마을에 거처하면서居然在鄕里
착한 사람이 많아지길 소원하네所願善人多
이것이 천지가 제자리를 잡는 것이기에是乃天地紀

착한 사람이 많은 사회에서 나쁜 일이 생길 리가 없고, 이기심으로 인한 반목과 갈등도 사라질 것이다. 퇴계 선생은 50대에는 계상서 당에서, 60대에는 도산서당에서 착한 사람을 길러냈고, 그의 사후 엔 제자들이 도산서원을 세워 그 뜻을 이어갔다. 《징비록》懲毖錄의

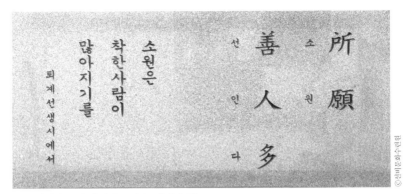

퇴계 선생의 동상 아래에 쓰인 '소원선인다'.
오늘날을 살아가는 모두의 소원이 이와 같지 않을까?

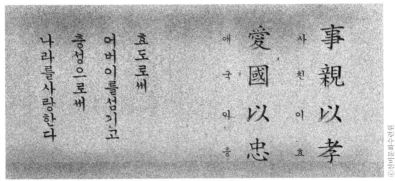

반대편에는 이처럼 '사친이효 애국이충'이라 쓰였다.
이만 잘 실천해나간다면 사회문제의 대부분은 사라지지 않을까?

주인공 서애 류성룡 선생도 이때 배출된 제자 중 한 사람이다.

퇴계 선생의 염원은 후손에게 면면히 전해졌다. 21세기의 시작인 2001년, 평생을 교육계에 몸담다 물러난 퇴계의 16대 이근필 종손은 선생이 소원하던 착한 사람이 우리 사회에 절실히 필요하다고 생각해 도산서원 선비문화수련원을 설립하고 15년째 그 일에 헌신하고 있다.

첫해 224명으로 출발해 2014년에는 5만5천5백여 명이 수련에 참여하였다.

그들은 퇴계 선생 동상 옆에 새겨진 '소원선인다'所願善人多를 보고, '그가 소원한 착한 사람이 많아지는 세상'을 그리면서, 그 반대편에 새겨진 '사친이효 애국이충'事親以孝 愛國以忠을 보고, '효도로써 어버이를 섬기고 충성으로 나라를 사랑하는' 이 시대의 착한 사람이 될 것을 결심하고 돌아간다.

도도한 시대의 탁류를 막기에 아직은 극히 미미한 숫자에 불과하지만, 멈출 수 없는 일이다. 그 시작은 미약하나 끝은 창대하다는 성경의 구절도 있고, '큰 강도 한 방울의 물이 모여서 이루어진다'滴水成川고 하지 않는가?

100세 장수시대
이렇게 살자

해마다 연말이면 세월이 참 빠르기도 하다는 상념이 든다. 헌데 그동안 무엇을 하였나 생각하면 딱히 내세울 만한 것이 쉽게 떠오르지도 않는다. 세월은 이처럼 빨리 지나가는 듯한데, 막상 하루하루 지내기가 일각여삼추一刻如三秋처럼 무료하기 그지없다. 노년으로 갈수록 이러한 현상이 심해진다.

왜 이럴까? 나이가 들면 누구나 닥치는 노년의 4고老人四苦와 깊은 연관이 있다고 여긴다. ① 수입 감소에 따른 빈고貧苦, ② 육체적 늙음에서 오는 병고病苦, ③ 할 일이 없어진 데에서 오는 무위고無爲苦, 그리고 ④ 이러한 것이 겹쳐서 나타나는 고독고孤獨苦가 그것이다.

우리의 수명은 빠르게 길어진다. 1970년 60세에 불과하였지만 2014년에는 82세로 늘어났다. 2년마다 한 살씩 늘어난다. 이런 추세면 머지않아 100세 장수시대가 다가올 것이다. 그런데 직장의 정년은 제자리를 맴돈다. 100세 장수시대 문제의 핵심은 여기에 있다.

수련생에게 낮춤과 섬김의 자세를 몸소 실천하며 정성을 다한다. 지도위원의 설명을 들으며 느끼는 바도 많지만 지도위원의 이런 자세에 더욱 큰 감동을 받는다.

이 문제는 우리 세대가 처음 직면하는 것이다. 과거 우리의 아버지, 할아버지 세대는 평균수명도 짧았을 뿐 아니라 은퇴의 개념도 없이 살았다. 집 근처에서 농사짓고 글 읽다가 나이 들면 손자 재롱 보면서 공경을 받으며 생을 마감했다. 당연히 은퇴란 용어도 없었다.

은퇴라는 용어는 불과 60여 년 전 미국에서 생겨났다. 1950년대 미국인의 평균수명은 65세인데 그 나이에도 직장에서 일하는 사람이 절반이나 되었다. 이러다간 일만 하다가 세상을 떠날 수도 있겠구나 걱정되어 노동조합이 앞장서서 55세 내지 60세 정년을 도입했다. '은퇴'란 관념은 이처럼 길게 잡아도 10년 남짓의 여생을 예상하며 탄생한 것이다.

이제는 은퇴 후에도 30·40년을 살아야 한다. 설령 경제적으로 풍요롭다 해도 그 긴 세월을 여행이나 하면서 살 수 있을까? 준비를 해야 한다. 절실한 과제이다.

앞의 4고苦 가운데 빈고와 병고는 준비하더라도 다소 완화시킬 수는 있을지언정 결국은 닥치는 일이다. 그러나 무위고는 전혀 다르다. 하기에 따라서는 젊은 시절보다 더욱 의미 있고 즐거운 유위락有爲樂의 삶을 살아갈 수 있다. 이렇게 된다면 돈 걱정도 덜어지고 병치레도 멀어지고 고독을 생각할 겨를도 없어진다.

그렇다면 무엇을 어떻게 해야 유위락의 삶을 살 수 있느냐? 두 가지 요건을 갖추어야 한다. 자기도 좋고 즐겁고, 남도 좋다고 칭송하는 것이어야 한다.

이와 관련하여 최근 의미 있는 응답통계 결과가 있다. 경제적으로 어느 정도 여유 있는 이른바 신노년(60~75세)에게 앞으로 하고 싶은 일에 대해 조사를 하였더니 첫째는 자기 취향에 맞는 일이 가장 많이 꼽혔다. 둘째는 사회에 도움되는 봉사하는 일이었다. 셋째는 적더라도 수입이 있는 일을 꼽았다. 그리고 넷째는 공기 맑고 여유로운 전원생활이, 다섯째는 평생 공부하면서 살아가는 것이 하고 싶은 일로 제시되었다.

이러한 소망의 공통점은 자기가 진정으로 하고 싶고 옆에서 바라보기에도 아름다운 삶이라는 점이다. 따라서 행복한 노년의 삶을 살기 위해서는 이 부분을 주목할 필요가 있다. 몇 가지 앞서가는

성인 수련생을 대상으로 현장 설명 중인 지도위원의 모습.
지도위원보다 나이가 많은 사람은 거의 없다. 그러나 지도위원은
언제나 가장 어린 사람처럼 공손하게 그리고 정성을 다하여 설명한다.

사례를 찾아보자.

필자가 몸담은 도산서원 선비문화수련원에서 활동하는 지도위원 할아버지들의 이야기이다. 이들은 모두 이곳에 오기 전까지 초·중·고교의 교장선생님이나 교육장을 끝으로 40년간 교육현장을 지키던 분이다. 현직 때와는 사뭇 다르게 어린 수련생에게는 수업을 지도하고 성인 수련생의 경우는 현장설명이나 수련진행을 담당한다.

그런데 너무 열심히 준비하고 참여한다. 자신을 낮추고 상대가 누구든 공손하게 대한다. 그래야만 수련생이 좋아하고 잘 따르니까 말이다. 바로 이것이 퇴계 선생께서 몸소 실천하셨던 낮춤과 섬김의 바로 그 삶을 차츰 닮아가는 길이 아니겠는가?

수련생의 반응과 교육효과만 좋아지는 것이 아니라 지도위원 자신의 삶이 전보다 섬김의 코드로 변한다. 이런 변화를 누가 싫다하겠는가? 가정에서도 배우자와 자녀가 반긴다고 한다. 이 좋은 일을 더 오래하기 위해서 더 열심히 하겠다고 입을 모은다.

2014년 9월에는 한 달 전에 정년퇴직한 대구시 내 4개 교육청의 교육장이 모두 우리 수련원 지도위원이 되었다. 6년 전에 불과 5명에서 시작해 이제는 30명이 넘는 전직 교육계 수장이 행복한 할아버지, 할머니로 활동한다. 필자도 바른 사회와 수련생의 인성교육을 위해서뿐 아니라 더 행복한 할아버지, 할머니가 많아지도록 하기 위해서도 선비수련을 더욱 활성화시켜야 되겠다는 다짐이 든다.

도산서원 선비문화수련원에서 실시하는 유림단체 박약회 소속의 인성교육요원 강습회에 자주 강연도 하고 참관도 하는데 역시 교장선생님과 교육장을 지내신 이분들의 열기가 너무나 뜨겁다. 이 열기는 인성교육현장에서도 큰 성과로 나타나지만 참여하신 어르신의 삶에도 매우 긍정적 영향을 미친다. 뵐 때마다 젊어지고 건강해지고 아름다워지는 것을 확연히 느끼게 된다.

유교와 가족

유교의 실천 윤리는 모두 가족에서 출발한다. 개인 차원의 수양론도 가족 관계의 윤리에 기반을 둔다. 유교 윤리의 핵심 가치인 인仁과 의義가 각각 어버이와 형을 공경하는 마음에서 출발한다는 사실이 이를 잘 말해준다. 그뿐만 아니라 유교에서는 사회와 국가를 지탱하는 규범도 가족 윤리에서 시작된다. 유명한 수신修身→제가齊家→치국治國→평천하平天下의 실천 윤리가 곧 그것이다. 이렇듯 유교에서 가족의 위상과 역할은 실로 절대적이어서 언제나 유교의 시작이며 끝이다.

권심처 손씨 분깃문기(權深妻 孫氏 分衿文記)
강릉대도호부 판관을 지낸 권심(權深)의 처 손씨가 자식 4남매와 장손, 첩 소생의 딸에게 노비 48명을 나누어준 분재기(分財記)이다. 4남매에게 비슷한 수의 노비를 나누어 조선전기까지 남녀 균분상속이 관행이었음을 밝혀주는 자료이다.

ⓒ한국국학진흥원(안동 권씨 병곡 종택 기탁)

이안도 화회문기(李安道 和會文記)
ⓒ한국국학진흥원(의성 김씨 운천 종택 기탁)

퇴계 이황의 손자와 손녀 5명이 합의하여 재산을 분배하고 작성한 분재기의 일종인 화회문기(和會文記)이다. 초안은 1586년 만들었고 1611년에 완성되었다. 장자인 이안도에게 사우(祠宇)와 묘제(墓祭)를 부탁하며 다른 형제보다 많은 노비를 갖추게 하였다. 조선전기의 재산분배 관행이었던 남녀균분 상속이 제사를 받드는 맏아들 위주의 상속으로 점차 변모하는 추세를 보여준다. 성리학적 사회질서가 양반사회에 정착하는 일면을 보여주는 자료이다.

《관례고정》(冠禮考定)
서창재(徐昌載, 1726~1781)가 관례의 의식절차에 관해 제가(諸家)의 설을 참고하여 알기 쉽게 풀이한 책이다. 관례는 보통 15세가 넘으면 정해진 의식 절차를 거쳐 한 사람의 성인으로 예우하는 의미를 지닌다.

ⓒ한국국학진흥원(우계 이씨 종택 기탁)

가례

사람이라면 누구나 겪는 출생과 성장, 결혼, 죽음의 통과의례를 유교적 관점에서 정리해놓은 것이 가례家禮이다. 중국 남송의 유학자 주희朱熹가 체계적으로 종합한 가례가 대표적이다. 흔히 '주자가례'로 불리는 주희의 《가례》는 동아시아 유교사회에서 가례의 표준으로 받아들여졌다.

우리나라의 가례는 고려 말기에 성리학과 함께 전해 내려와 고유 풍속과 절충되기 시작하였다. 가례는 조선시대로 접어들어 사대부 집안은 물론 국가에서도 가장 중요한 생활 준칙으로 자리 잡았다. 글자 그대로 '사가私家의 예'였던 가례가 이처럼 국가 의례까지도 규정해나간 것이 조선시대 가례의 독특한 점이다.

관례와 계례

전통 의례에서 어른이 될 때 치르는 의식을 말한다. 남자는 관을 쓰고 여자는 쪽을 지르기 때문에 각각 관례冠禮와 계례笄禮라고 한다. 대략 15살에서 20살 무렵에 예식을 올렸으며 절차는 다음과 같았다.

남자

초가례: 머리를 올려 상투를 틀어준다.

재가례: 초립을 씌어준다.

삼가례: 초립을 벗기고 복두를 씌어준다.

여자

초가례: 주홍치마에 노랑저고리를 입는다.

제가례: 치마저고리에 두루마기를 입고 아얌을 씌어준다.

삼가례: 치마저고리에 원삼과 족두리를 입힌다.

ⓒ한국국학진흥원

비녀

다양한 머리 형태에 따라 풀어지지 않도록 꽂거나, 가체를 머리에 고정시킬 때 사용하던 장식품이다. 여자들이 보통 허혼(許婚)이 되거나 15세가 되면 계례(笄禮)를 치르면서 땋았던 머리를 풀고 쪽을 찌어 비녀를 꽂았다.

시집 · 장가

유교식 혼례婚禮의 발생지인 중국에서는 육례의 절차에 따라 혼례가 행해진다. 육례의 절차는 신랑 측에서 혼사를 제안하고 신부 측에서 받아들이는 납채納采, 신랑 측에서 신부의 이름을 물어 길흉을 점쳐보는 문명問名, 점친 결과가 길조라는 사실을 신부 측에 알리는 납길納吉, 폐백을 신부 측에 전달하는 납폐納幣, 혼인을 약속하고 날짜를 정하는 청기請期, 혼례식을 치르기 위해 신랑이 신부를 맞아들이는 친영親迎의 순으로 이루어진다. 하지만 이와 달리 우리나라에서는 주희가 육례를 축약하여 만든 사례四禮에 따르는 것이 일반적이었다. 사례란 의혼議婚, 납채, 납폐, 친영을 말한다.

목안
전통 혼례 때 사용하던 나무로 만든 기러기 조각이다. 목안(木雁)은 사랑을 상징하는 것으로, 신랑이 백년해로를 맹세하면서 신부 측에 전달했던 중요한 물건이었다.

ⒸＳ한국국학진흥원

상례와 제례

상례

부모에 대한 효는 유교의 모든 덕목 가운데 으뜸이다. 따라서 어버이의 상례喪禮는 유교의 통과의례 가운데 가장 애통한 것이다. 공자도 일찍이 이 점을 강조하여 상례의 핵심은 외형적 격식보다도 내면에서 우러나는 슬픔에 있다고 가르쳤다.

우리나라에 유교식 상례가 도입된 것은 성리학이 들어온 고려 말기이다. 이때부터 일부 사대부 가문을 중심으로 주희의 《가례》에 따라 유교식 상례를 거행하기 시작했다. 하지만 불교식 장례문화의 영향 탓으로 사대부 계층에서만이 아니라 백성에게까지 유교식 상례가 일반화된 것은 조선 후기에 들어서였다.

제례

유교식 제례祭禮는 자기 생명의 근원에 대한 보은의 뜻이 담겼다. 그러므로 공자가 가르친 것처럼 제례를 올릴 때는 제사를 드리는 장소에 돌아가신 조상이 실제로 강림한 것처럼 느끼고 행동하며 공경하는 마음가짐을 지녀야 한다. 이 같은 유교의 제례는 제사에 참여한 사람에게서 공통의 조상을 둔 한 핏줄이라는 혈연적 유대 의식을 심어줌으로써 공동체의 결속을 다지는 사회적 기능을 수행하기도 하였다.

우리나라에서 유교식 제례가 본격적으로 등장한 때는 상례와 마찬가지로 성리학이 전래하여 주희의 가례가 보급되기 시작한 고려 말부터이다. 그 후 유교식 제례 문화가 차츰 정착되어감에 따라 제례의 의미도 천지일월신이나 산신에게 올리던 기존의 제사에서 자신의 조상에게 드리는 제사를 가리키는 쪽으로 바뀌어갔다.

ⓒ한국국학진흥원
(아주 신씨 회당공파 종중 기탁)

회당선생분산도(悔堂先生墳山圖)
조선후기 문신인 신원록(申元祿, 1516~1576)의
《회당문집》(悔堂文集) 책판 속에 든 분산도이다.

영양군분산도(英陽君賁山圖)
이 목판은 묘지 위치를 그린 분산도판이다.
분산(墳山)은 묘를 쓴 산을 의미하고, 분산도는
조상의 분묘 위치를 주변 산의 형세와 함께
그린 지도를 말한다. 이 분산도는 영천 이씨의
파조(派祖)인 영양군(英陽君) 이대영(李大榮)의
묘소 위치를 새긴 것이다.

ⓒ한국국학진흥원
(영천 이씨 농암 종택 기탁)

지석(誌石)

장례 시 죽은 사람과 관련된 주요 사항을 간략히 기록하여 묘소 부근에 묻었던

판석(板石)이나 도판(陶板)이다. 지석으로 무덤의 주인이 누구인지 자세히 알 수 있다.

그릇 형태의 지석은 조선후기의 학자 류도원(柳道源, 1721~1791)의 것이다.

네모난 모양의 지석은 함종 현령을 지낸 권이(權邇, ?~1490)의 것이다.

영위도(靈位圖)

교의를 대신해 사용하던 그림이다.
영위도에 신주를 올려놓을 수 없기
때문에 신주 대신 지방을 쓴 후
영위도 위에 붙여서 사용하였다.

제상(祭床)

제물(祭物)을 진설(陳設)하는 제상이다.
제상은 신위를 중심으로 지역과 집안에
따라 복잡한 격식을 갖추어 진설되었다.

출처

한국국학진흥원 (편), 2006, 《유교문화박물관》, 안동 : 한국국학진흥원.
한국국학진흥원 http://www.koreastudy.or.kr/main/main.action
유교문화박물관 http://www.confuseum.org/

其二

雷霆이破山ㅎ야도聾者는몯듣ㄴ

나白日이中天ㅎ야도瞽者는몯보

누니우리는耳目聰明男子로聾瞽

도산십이곡陶山十二曲

도산육곡지이陶山六曲之二 기이其二
벼락이 산을 깨도 귀먹은 자는 못 들으니,
밝은 해가 한가운데 떠도 장님은 못 보니,
우리는 눈도 밝고 귀도 밝은 남자로서 귀먹은 자와 장님 같지 말리.

제 3부

다시 선비를 생각하며

하나의 불꽃이 어두운 세상을 밝히고 그윽한 향기가 세상을 맑게 하는 것처럼, 선비는 교육과 실천을 통해 개인적 이익 추구에 골몰하느라 공동체의 질서와 인간관계를 어그러뜨리는 사람을 몸소 깨우쳐주는 존재이다.

'코리아 디스카운트'를
'코리아 프리미엄'으로 바꾸자

비슷한 품질과 겉모양인데도 선진국 제품은 프리미엄이 붙어 비싸게 팔리고, 개도국 상품은 디스카운트되어 훨씬 싸게 팔린다. 여행할 나라를 정할 때도 선진국을 선호한다. 자연스레 선진국은 경제적으로나 문화적으로 더욱 이득을 보게 된다. 국제관계에서 일어나는 일종의 부익부富益富 현상이다. 원인은 무엇일까?

'선진국'은 무엇보다 떠오르는 이미지가 좋다. 그래서 가급적 그곳에서 생산되는 물건을 구매하고 그 나라를 여행하고자 한다. 독일제 자동차는 값이 비싸지만 세계적으로 인기가 높다. 품질이 단단하고 정밀하기 때문만은 아니다. '독일' 또는 '독일사람'하면 떠오르는 정확하고 틀림없다는 좋은 이미지 때문이다. 프랑스, 영국, 미국 등 다른 선진국도 나름대로 좋은 이미지가 있다.

우리나라 제품은 어떨까? 이제 한국산 제품도 세계적으로 꽤 많이 팔리고 값도 그런대로 괜찮다. 휴대폰과 자동차를 비롯하여 몇 몇 분야는 그야말로 세계적이다. 그러나 여전히 독일 등 선진국 제품이 가진 경쟁력과는 차이가 있다. 우리 것에는 가격 경쟁력만 있기 때문이다. 우리에게는 아직 '독일 제품'하면 좋은 이미지가 떠오르는 프리미엄 효과가 없다.

한국을 잘 모르거나 알더라도 전쟁, 분단국과 같은 부정적 인식을 가진 세계인이 아직도 상당하다. 이 때문에 오히려 우리 제품이 디스카운트되는 것이 현실이다. 매우 안타까운 일이 아닐 수 없다.

이제는 디스카운트되는 우리 제품의 브랜드 가치를 높이는 방법을 찾아야 한다. 브랜드 가치를 높이려면 자신의 존재를 정확하게 알려서 국제사회에서 긍정적 반응을 이끌어내야 한다. 그러기 위해서는 우리의 고품격 문화 전통과 훌륭한 인물을 발굴 소개하는 것이 무엇보다 필요하다.

독일에서 귀화한 이참 전 관광공사 사장의 몇 해 전의 강연이 떠오른다. 그는 한국인은 참 안타깝다고 말문을 텄다. 세계시장에서 한국 제품의 값을 더 받을 수 있는 방법을 모르는 같다는 것이 그 이유이다. 독일 제품의 가격이 높은 것은 칸트(1724~1804)와 괴테(1749~1832) 같은 훌륭한 철학자와 문학가를 배출한 나라에서 만든 상품이라는 플러스 이미지가 작용하기 때문이다.

그런데 그가 한국의 대표적 선비인 퇴계 선생에 관해 알게 되니 칸트나 괴테보다 뛰어난 철학자요, 인격자라는 생각이 들었다는 것이다. 따라서 한국인이 먼저 퇴계 선생과 같이 훌륭한 조상에 대해 더 많이 공부하고 이를 세계인에게 알리면 국격國格도 올라가고 경제적으로 큰 이득을 보게 될 것이라고 강조하였다.

또 박근혜 대통령이 2015년 여름휴가 때 읽고 감명을 받았다는 《한국인만 모르는 다른 대한민국》이라는 저서에서 한국인보다 한국을 더 깊게 분석한 임마누엘 페스트라이쉬(한국 이름 이만열) 교수 역시 같은 이야기를 한다. 그는 코리아 디스카운트 현상을 극복하고 제품 경쟁력을 높이기 위해 세계인에게 한국의 정체성을 알리는 것이 시급하다고 역설한다. 그러면서 한국적 정체성에 가장 부합하는 상징적 개념으로 '선비정신'을 제시한다.

선비는 학문과 덕성을 겸비한 실천인이다. 높은 식견을 갖추고 타인을 배려하면서 조정과 향촌에서 공동체를 이끌었고, 외세의 침략에는 강력히 저항하면서 평화적인 국제질서를 지지했다. 이처럼 선비정신에는 한국인뿐 아니라 전 인류가 공감하고 지지할 수 있는 보편적 가치가 녹아 있다. 박 대통령도 '선비정신은 세계인의 정신세계에 큰 영향력을 줄 수 있다'고 독후소감을 언급하였다. 이런 선비의 후손이 만든 제품이 한국 상품이요, 그들이 남긴 문화가 한류의 원천임을 제대로 알린다면 세계인은 어떻게 반응할까? 상상할수록 벅찬 느낌이 샘솟는다.

국가브랜드에 기여하는
서원과 선비정신

●

브랜드가 새로운 문화의 시대를 연다

문화의 시대가 열린다. 인류는 20세기까지 생존을 위한 경제적 기반을 구축하느라 진력했지만 21세기는 먹고사는 경제적 '생존'을 넘어 품격 있는 문화적 '생활'을 요청한다.

선인先人의 옛말에 '먹고 입는 것이 풍족해야 예절을 안다', '금강산도 식후경'이라고 했다. 모두 동물적 생존을 보장하는 경제적 안정이 선행되어야 인간다운 문화생활이 가능하다는 뜻이다. 그러나 새로운 문화의 시대에는 경제적 생존에서 문화적 생활로 인간의 삶이 질적으로 승화되어야 한다. 이제 먹고사는 물질적 기반을 구축하는 '의식'衣食의 단계를 넘어서 정신적 자기실현(*self-realization*)을 구현하는 '예절'의 단계로 도약할 시점을 맞는 것이다.

문화의 시대를 맞아 경제 분야에서도 질적 변화가 일어난다. 경제만능주의의 모토가 횡행했던 20세기가 산업화와 도시화를 통한 상품의 생산과 소비의 촉진에 매달린 '마케팅'(*marketing*)의 시대였다면, 문화적 모토가 주도하게 될 새로운 21세기는 상품이 드러내는 이미지와 그것에 담긴 정신을 문화적으로 인지하고 향유하는 '브랜딩'(*branding*)의 시대가 될 것이다.

실제로 제품이 가진 각종 기능을 소비자의 눈높이와 입맛에 맞추어 상품을 홍보하는 마케팅의 사탕발림보다 상품이 지닌 진정성 있는 정신을 문화적 이미지로 구현하여 향유자의 감성에 호소하는 브랜딩의 의사소통이 부각된다. 세계적인 명품 브랜드의 존재는 상품 자체의 기능적 효용성보다도 브랜드에 대한 신뢰가 훨씬 중요하다는 사실을 일깨워준다.

브랜드의 중요성은 우리의 관심을 경제 분야를 넘어서 문화 분야로, 물질에서 정신으로 전환할 것을 요청한다. 이제 사람들은 물질적인 상품 자체보다 그 상품을 만드는 사람과 그가 지닌 정신을 하나의 브랜드로서 주목한다.

예컨대, 스티브 잡스의 혁신정신은 애플의 탁월한 디자인에 반영되어 수많은 사람에게 환영받았으며, 성실한 연습과 끈질긴 노력에서 탄생한 김연아의 우아한 몸짓은 세계인의 탄성을 자아내며 피겨 스케이팅의 아이콘으로 자리 잡게 했다.

우리는 애플의 상품을 소비하고 피겨 스케이팅을 관람하며 상품가치와 예술가치를 소비할 뿐만 아니라 스티브 잡스와 김연아의 브랜드 가치도 향유하는 것이다. 어쩌면 스티브 잡스와 김연아 때문에 아이폰을 사용하고 피겨 스케이팅을 관람한다고 평가해야 적합할지도 모른다. 그들은 휴대전화와 피겨스케이팅을 상품과 스포츠에서 문화와 예술로 승화시킨 것이다.

이렇듯 브랜드는 그것이 상징하는 내용의 정체성을 규정한다.

국가 역시 마찬가지이다. 독일은 정밀한 과학과 철학으로 다듬어진 지성의 나라, 프랑스는 자유롭고 세련된 예술과 패션의 나라, 미국은 '아메리칸 드림'이라는 말이 상징하는 자유와 기회의 나라라는 이미지를 가졌다. 이러한 이미지로 인해 이들 나라는 매력지수가 높아지고 선망의 대상이 되어 상품수출, 문화관광, 정치외교, 각 분야에서 괄목할 만한 성장과 발전의 기반을 이룩하였다.

이에 비해 기아와 난민으로 상징되는 아프리카의 가난한 나라와 억압과 독재로 악명 높은 리비아를 비롯한 몇몇 독재국가는 세계인의 멸시와 조롱의 대상이 되었다. 이런 나라에서 만들어진 상품은 좋지 않은 이미지 때문에 수출에서도 실제 가치보다 훨씬 큰 손해를 보며, 정치외교에서는 불신당하고, 문화관광은 아예 꿈도 꾸지 못하는 형편이다.

요컨대, 좋은 국가브랜드를 구축한 선진국이 문화적 프리미엄을 갖는 반면, 낙후된 이미지의 국가브랜드를 지닌 후진국은 문화적 디스카운트를 겪는다.

21세기 새로운 문화의 시대를 맞아 선진국에 올라설 것인가, 아니면 후진국으로 추락할 것인가? 해답은 브랜드 구축에 있다. 어떤 국가브랜드를 만드느냐에 따라 국가의 미래가 좌우된다.

●

정신문화와 지도자
국가브랜드의 근간

브랜드는 과거가치의 단순한 반영이 아니라 미래가치를 만들어가는 토대가 된다. 국가브랜드는 과거로부터 현재까지 어떻게 이어 왔는가라는 과거반영적 가치에 대한 평가이기도 하지만 현재 어떤 가치를 지니고 앞으로 어떤 비전을 지향하는가라는 미래지향적 가치에 대한 기획이기도 하다.

그러므로 바람직한 국가브랜드는 과거 역사에서 미래지향적 가치를 지닌 정신문화적 자산을 발굴하고 이를 중심으로 사회적 역량을 집중할 때 비로소 구현되는 것이라고 할 수 있다.

선진국의 실례를 살펴보면 알 수 있듯이, 훌륭한 국가브랜드는 수준 높은 정신문화에서 비롯된다. 기회의 나라 미국과 예술의 나라 프랑스는 개인의 자유와 인권을 소중히 여기는 정신적 풍토에서 자라났으며, 장인匠人의 나라 일본은 한 분야에 온 인생을 걸고 정성을 다하는 마코토誠 정신에서 비롯되었다.

지금도 세계를 주도하는 프랑스의 예술적 패션에는 그들이 존중하는 개인의 자유로운 정신이 드러나며, 거대한 자연재해 앞에서 침착하게 대응했던 일본인의 자세는 그들의 질서의식이 담겼다.

따라서 국가브랜드는 정신적 바탕에서 비롯된 문화적 이미지라고
할 수 있다.

이렇듯 빛나는 국가브랜드를 지닌 나라에는 언제나 훌륭한 지도
자가 있었다. 지도자는 한 사회가 지향해야 할 전망을 가슴에 품고
그러한 꿈을 현실 속에서 구현하기 위해 앞장서서 실천하는 사람
이다.

14세기 백년전쟁 당시 영국은 프랑스의 칼레(Calais) 시를 점령
한 뒤 항복의 대가로 '전쟁에 대한 책임을 지고 도시를 대표해서 처
형당할 6명을 내놓으라'고 요구했다. 아무도 선뜻 나서지 못하는
상황 속에서 칼레 시 최고의 부자가 죽음을 자청했고, 뒤따라서 시
장, 상인, 법률가 등의 귀족 지도자도 처형당하는 데 동참했다. 영
국 국왕은 이들의 희생정신에 감동받아 이들을 사면했다.

그 뒤 이 일화는 모든 부, 권력, 명성에는 그에 대한 사회적 책임
과 도덕적 의무가 뒤따른다는 귀감이 되었다. 이것이 '노블레스 오
블리주'(noblesse oblige)의 역사적 기원이다. 금융문제에서 비롯된 경
제적 위기에 닥쳤을 때 미국의 대표적인 부자들은 자신의 재산을
기꺼이 기부하거나 자신의 세금을 올려서 문제해결에 기여할 것을
촉구하기도 했다.

요컨대, 훌륭한 국가브랜드는 역사적 전통 위에 세워진 미래지
향적 정신문화의 터전에서 비롯되며, 솔선수범하여 사회적 의무를
다하는 지도자에 의해 비로소 완성된다.

●
선비정신
품격 있는 국가브랜드 창출의 리더

서양에 '노블레스 오블리주'가 있다면, 우리나라에는 '선비정신'
이 있다. 조선은 5백 년이라는 오랜 시간 동안 지속된 왕조이다.
한 국가가 이토록 오랜 기간 동안 유지된 것은 세계적으로도 그 유
례를 찾아보기 힘들다. 이러한 장기 지속의 바탕에는 '선비정신'이
있었다.

　선비는 개인보다는 공동체를, 이익利보다는 가치義를 추구하는
지도자이다. 그러한 목표를 실현하기 위해 선비는 자기 자신을 닦
고 공동체를 위해 봉사하는 '수기치인'修己治人의 태도를 견지한다.

　동시대 중국과 일본의 지도자가 풍부한 물적 토대를 기반으로
화려하고 웅장한 규모를 자랑하는 고루거각高樓巨閣에서 다양한 산
해진미山海珍味를 맛보며 군림한 경우가 많았다.

　조선시대 선비는 검소한 살림살이에서 인성을 도야하며 솔선수
범으로 백성에게 모범이 되었으며, 타율적인 법法으로 백성을 규제
하기보다는 자발적인 예禮로써 백성을 교화했다. 강압적인 힘으로
통치하기보다는 이상적인 삶의 모범을 보여주는 리더, '큰 바위 얼
굴'이 바로 선비였다.

　선비가 보여주는 모범은 언행일치와 솔선수범을 통해 백성의 신
뢰를 얻었으며 그 믿음의 기반 위에서 백성은 선비의 모범을 따라

타율적인 규제가 아니라 자발적인 실천을 하였다.

비록 가난하고 힘겨운 경제적 상황 속에서도 개인적 이익을 탐하지 않고 많은 것을 누릴 수 있음에도 자율적으로 절제하는 삶의 자세가 품격 있는 인격자 선비의 모습이었고, 이에 감화된 백성이 그 모범을 기꺼이 따랐던 것이다. 그리하여 좋은 사회를 이루고자 하는 도덕적 이상과 정서적 공감대가 확산되었다. 그것이 5백 년 조선을 지탱한 저력이었다.

그러나 선비의 모습이 언제나 일률적인 것은 아니었다. 사화士禍라는 정치적 혼란기에는 불의한 세상과 일정한 간격을 두고 인격을 연마하고 후학을 양성함으로써 밝은 미래를 준비하는 선비가 있는가 하면, 지도자로서 이상과 포부를 펼 수 있는 때를 맞아 공동체가 추구해야 할 전망을 제시하며 세상을 경륜하는 선비도 있었다.

인격수양에 전념하면서 미래를 이끌어갈 동량을 길러내는 교육에 힘쓴 퇴계 선생과 전망을 제시하며 적극적으로 현실을 개혁한 율곡 선생은 우리나라 사람이라면 누구나 모범으로 삼는 인격적 모델이다. 그 점을 인정받아 대한민국 지폐의 모델이 되기도 했다.

나아가 위기상황에서는 불의와 타협하지 않을 뿐만 아니라 목숨을 버리면서까지 불의한 세상에 맞선 의기 넘치는 인격이 바로 선비였다. 백성이 일본 제국주의의 그늘 아래 신음할 때 개인의 안위를 돌보지 않고 의거義擧한 안중근安重根(1879~1910) 의사義士는 그 대표적 사례라고 할 수 있다. 안 의사는 '이익을 보면 의리를 생각하고 위기상황에서는 목숨을 던진다'는 자세로 개인적 이익을 버리고 공적 정의를 세우기 위해 노력했으며 위기에 처한 공동체의 어려움을 해결하기 위해 목숨까지도 과감하게 걸었다. 어떤 회유와 협박에도 굴복하지 않고 송곳 같은 결의로 어둠을 몰아내는 선비의 자세는 어두운 시대를 밝히는 의로운 등불이었다.

이렇듯 선비의 모습은 시대적 상황에 따라 다양하지만 철저한 자기수양에 근거하여 미래를 이끌어갈 인재를 교육하고 공동체의 앞날을 책임지는 의식을 실현한다는 점은 공통적이다.

선비는 '지금 여기에서' 늘 자기의 내면에 깃든 도덕적 가능을 최선을 다해 실현하는 충실함忠과 더불어 내 마음을 미루어 다른 사람의 마음을 헤아릴 줄 아는 여유와 배려恕를 갖춘 인격체이다. 날마다 스스로 수양하는 인격적 성실함과 더불어 남을 배려할 줄 아는 '황금률'(golden rule)을 실천하는 리더이다.

늘 최선을 다하는 성실함과 남을 배려하는 인격적 여유는 자기 자신의 개체적 자아에 갇히지 않는다. 선비는 일개 개인으로 살아가기보다는 공동체의 일원이라는 점을 의식하면서 활동한다. 선비가 생각하고 행동하는 것은 언제나 개인의 이익이 아니라 공동체의 보편적 가치를 구현하는 방식으로 실현된다.

이 때문에 선비는 남의 시선을 의식하여 위선적으로 행동하지 않고 늘 자기 자신을 반성하고 성찰하는 자세로 살아가며 그렇게 체득한 덕성을 자기 자신으로부터 가족과 나라를 거쳐 세계로 확산시키는 사람이다.

하나의 불꽃이 어두운 세상을 밝히고 그윽한 향기가 세상을 맑게 하는 것처럼, 선비는 교육과 실천을 통해 개인적 이익 추구에 골몰하느라 공동체의 질서와 인간관계를 어그러뜨리는 사람을 몸소 깨우쳐주는 존재이다.

세상을 밝히고 맑게 만드는 선비정신의 빛깔과 향기는 우리 민족의 역사적 전통 속에서 오롯이 빛날 뿐만 아니라 대한민국의 미래를 올바르게 이끌어나갈 국가정체성의 핵심이다.

겸손한 자기수양과 남을 배려하는 인격적 여유, 이익을 탐하지 않고 불의와 타협하지 않는 깨끗한 처세와 인간 공동체에 대한 사심 없는 헌신적 봉사 등은 대한민국의 국가브랜드를 튼튼하게 할 초석이 될 것이다.

●

서원
국가브랜드를 창출하는 선비 양성의 터전

그렇다면 이러한 선비를 '어떻게 양성할 것인가?'라는 물음이 제기된다. 이 질문에 대답하기 위해 우리는 조선시대의 선비를 길러냈던 서원書院에 주목해야 한다. 조선시대의 서원은 본래 중요한 두 가지 기능을 가졌다. 과거 덕이 높았던 성인과 선비를 사당에서 제사하는 '존현'尊賢과 미래사회를 이끌어나갈 인재를 길러내는 '양사'養士의 기능이 있었다. 서원은 제사와 교육이 함께 이루어진 공간이었다.

서원에서 제사와 교육이 병행된다는 것은 매우 중요한 함의를 지녔다. 교육이 공동체의 미래를 가꾸는 일이라면, 제사는 바람직한 미래를 위해 과거를 성찰하는 온고지신溫故知新의 지혜를 되새기는 의례적 실천이다. 제사는 과거 찬란했던 정신문화적 자산을 몸소 실현한 인물의 삶을 반추함으로써 보다 나은 미래를 일굴 지혜를 얻는 의식이다.

　　서원에서는 제사와 교육을 병행함으로써 훌륭한 과거와 바람직한 미래를 연계시키고 전통이라는 이름으로 현재화한다. 따라서 서원은 그 자체로 공동체의 정체성과 역사성을 공간적으로 담지擔持하는 국가브랜드로서 가치를 지닌다고 할 수 있다.

　　반면 오늘날의 학교는 제사 기능은 없고 교육 기능만을 담당한다. 현대의 학교는 광범한 지식과 전문적 기술을 전수함으로써 세상을 살아가는 힘을 제공한다. 그러나 거기에는 자기를 절제하는 수양과 남을 배려하는 인격적 여유가 없다. 지知만을 추구하느라 덕德이 배제된다.

　　'아는 것이 힘'이라는 서구의 근대적 교육이념은 지식을 통해 남을 지배하는 권력을 주었을지언정 자기를 낮추며 남과 어울려 행복을 느끼는 '지혜'를 주지는 못했다. 결국 지식의 '힘'은 다른 사람의 희생 위에 풍요로운 경제적 성장을 이룩하는 '힘'이 되었다.

　　지식과 지혜의 차이는 머리와 몸이 분리되느냐 연결되느냐의 차이이기도 하다. 오늘날 학교에는 머리만을 살찌우는 지식의 전수가 있는 반면, 서원에는 머리와 몸이 유기적으로 연결되는 체험의 공부가 있다. 서원에서는 아는 것과 하는 것이 분리되지 않는다. 아침에 일어나 청소하고 의관을 정제한 뒤 공손하게 인사하는 법부터 시작되는 선비의 일과는 늘 정성스런 마음과 경건한 몸짓이 함께하는 것이었다. 서원에서 항상 자신을 절제하고 남을 배려하는 마음은 반드시 구체적인 몸짓으로 구현하도록 가르쳤기 때문이다.

오늘날 리더가 전문적 능력을 발휘하면서도 공동체로부터 끊임없이 불신을 사는 것은 학교를 통해 습득한 지식을 세상을 좌우하는 권력으로 사용하기 때문이다. 그에 비해 조선시대 선비는 자신을 절제하는 인격수양으로 배양한 덕성을 남을 돌보고 배려하는 헌신으로 체득했기 때문에 공동체의 존경과 신뢰를 얻었다.

서원은 지식의 권력이 아니라 지혜의 예절을 배우고 실천함으로써 개체적 자아의 한계를 극복하여 사회적 문화질서를 구현하는 '극기복례'克己復禮의 공간으로서 주목할 만한 장소이다. 그러한 공간 속에서 제사와 교육이 매개됨으로써 과거와 미래가 연결되어 전통이 창출되었으며, 그 전통의 핵심이 바로 올곧은 선비정신이었다.

따라서 선비정신과 서원은 대한민국의 대표적인 정신문화적 자산이자 바람직한 전망을 구현할 국가브랜드로서 주목해야 한다. 자신을 절제하고 남을 배려하는 선비정신과 과거에서 미래를 열어갈 지혜를 얻는 서원은 한민족의 자랑스러운 역사와 품격 있는 대한민국의 미래를 담은 좋은 종자이다. 이 좋은 씨앗에서 아름다운 꽃을 피우고 훌륭한 결실을 맺는 것이 바로 대한민국 국가브랜드 구축의 현재 과제이다. 이처럼 올곧은 선비정신이 깃든 서원은 우리나라만

의 가치가 아니라 세계 인류가 함께 공유해야 할 문화자산이다. 이
와 관련하여 낭보 한 가지를 언급한다. 정부차원에서 도산서원을
포함한 전국 9개의 유서 깊은 서원을 2013년 11월 국내 후보로 선
정하여 유네스코 세계문화유산 등재를 추진 중이다. 최근 심사차
몇 차례 다녀간 유네스코 문화전문가들도 매우 긍정적 반응을 보였
고 서원 건물 등 물질적 자산의 보존가치를 인정했다. 그러나 그들
의 더 큰 관심은 서원이 세계 인류가 공감할 수 있는 '남을 배려하고
공동체를 위해 사심 없이 헌신하는 선비를 양성·배출'하려 하였고
지금도 이를 위해 나름의 역할을 한다는 점에 있는 것 같다.

망국 백 년, '선비정신' 폄하는 이제 그만

2010년 5월과 7월 두 차례에 걸쳐 한국과 일본의 지식인 수백 명이 '한일강제합방은 일본이 날조한 불법조약이며 따라서 원천무효'라고 주장하고 나섰다. 한일강제합방은 순종이 서명을 끝내 거부하자 일제가 문서 자체를 날조하여 성사시킨 조약이라는 것이다.

일제는 왜 조약문서를 날조하는 편법까지 동원하였을까? 거기에는 왕실의 반대는 물론 재야在野에 있는 수많은 선비의 결연한 저항이 있었기 때문이다. 〈절명시〉絶命詩를 남기고 순국한 매천梅泉 황현黃玹(1855~1910) 선생, 강제로 합방되자 유서를 쓴 뒤 24일간의 단식 끝에 순국한 향산響山 이만도李晩燾(1842~1910) 선생, 종가宗家의 재산을 모두 팔아 만주로 무장투쟁 길에 나섰던 석주石洲 이상룡李相龍(1858~1932) 선생 등 많은 선비가 망국亡國의 한을 안고 기꺼이 목숨과 기득권을 버렸다. 탁상공론卓上空論만 일삼다 속수무책으로 나라를 빼앗겼다고 비판받는 선비의 또 다른 모습이다.

선비의 올곧은 행동 하나가 미치는 영향력은 크다. 공조참의를 지내고 낙향해 의병을 일으켰던 향산 이만도 선생이 순국하자 조카 이중언 선생(1850~1910)도 단식에 들어가 27일 만에 순국하였고, 제자인 김도현 선생(1852~1914) 또한 4년 뒤 동해에 몸을 던져 스승의 뒤를 따랐다. 그뿐만 아니라 아들 이중업李中業(1863~1921) 선생 역시 뒷날 프랑스 파리 강화회의에 독립청원서를 보내 한일강제합방의 부당성을 알린 1차 유림단 의거의 주역으로 활동하였다.

며느리 김락金洛(1862~1929) 여사는 3·1운동에 참여하였다가 일제의 고문으로 실명失明하였으며, 손자 두 명도 독립운동에 헌신하였다. 김락 여사의 형부가 석주 이상룡 선생이고, 친정 오빠가 환갑이 넘은 노구에 일가를 이끌고 만주로 독립운동을 떠난 김대락金大洛(1845~1914) 선생이고 사위는 독립운동자금을 마련하는 데 일제의 눈을 피하기 위해 파락호 행세를 한 김용환 선생임을 생각한다면 그야말로 옷깃을 여미지 않을 수 없다.

이들의 행동 뒤에는 하나의 올곧은 정신이 자리 잡았다. '선공후사'先公後私의 선비정신이다. 일제는 병합 후 조선시대의 중추적인 선비 교육기관이었던 성균관을 경학원이라는 관제기관으로 개편하여 총독부 학무국에 두고, 지방의 향교도 그 아래에 두었다. 이는 명백히 조선의 선비정신을 무력화시키려는 의도였다.

그러나 해방된 지 70년이 지난 오늘에도 선비정신을 폄훼하는 분위기는 여전하다. 일제에 맞서 싸운 독립유공자 가운데 안동에서만도 360여 명을 배출했다. 이는 조선시대 선비의 활동이 왕성했던 지역이 안동이라는 사실과 무관하지 않다. 즉, 전국에서 가장 많은 독립유공자를 배출할 수 있었던 원동력이 선비정신임을 알아야 한다. 일제가 두 차례나 퇴계 종택을 불태워버린 것도 이 때문이다. 저들 눈에 퇴계 종택은 의병활동의 정신적 온상으로 비쳤던 것이다.

한국국학진흥원이 수집·보관하는 44만여 점의 국학자료 속에는 선비정신의 자취를 보여주는 자료가 많다. 공동체를 우선하는 태도, 생명존중과 자연사랑, 정도正道 경영 등 오늘날 우리가 부딪히는 문제에 올바른 방향을 제시해줄 수 있는 지혜가 그 속에 가득하다. 맹자孟子는 '스스로를 우습게 여긴 뒤라야 남이 자기를 우습게 대한다'고 했다. 국권을 뺏긴 국치일(8·29)을 맞을 때마다 진지하게 곱씹어보아야 할 말이다.

ⓒ선비문화수련원

일제는 의병활동의 정신적 온상이었던 퇴계 종택을 불태웠다.
그 뒤 불탄 자리 위에 퇴계 종택이 다시 복구되었다.

다시 떠올린
조선의 선비

임진왜란(1592)이 발발한 지 7주갑(420년)이 되는 해인 2012년. 동양은 예로부터 간지干支로 연, 월, 일을 계산했기 때문에 7주갑은 오늘날로 말하면 4백 주년이나 5백 주년처럼 뜻깊은 해이다. 이에 따라 7주갑을 기념하여 그 의미를 기억하고자 많은 행사가 경향 각지에서 열렸다.

2012년 6월 2일 안동에서 동시에 열린 서애 류성룡 선생 사제사賜祭祀(나라에서 내리는 제사)와 7주갑 기념식을 필두로, 19일에는 한국국학진흥원에서 〈임진전쟁 7주갑, 그리고 420년의 기억〉이라는 주제로 특별전이 개최되었다. 6월 29일에는 국립중앙박물관에서 국제학술대회가 열렸다.

임진왜란에 대한 학계의 평가는 엇갈린다. 하지만 그런 가운데서도 적극적 측면에서 해석하려는 움직임이 갈수록 세를 얻는 느낌이어서 한편으로 반갑다. 사실 임진왜란을 조선이 왜군의 침략

앞에 속수무책으로 당하다가 명明나라의 구원으로 겨우 명맥을 부지하고, 이어 어렵게 강화에 이르러 운 좋게 국체를 보존한 전쟁이라 일면적으로 규정하는 것은 문제가 있다.

전쟁에 관여한 3국 가운데 전후 국체를 보존한 나라가 조선뿐이었음은 역으로 중국이나 일본과 달리 조선만이 가진 어떤 힘이 있었음을 의미한다. 그렇다면 그것은 무엇일까?

이와 관련하여 필자는 무엇보다도 선비의 역할을 꼽고 싶다. 어떤 사람은 국난 자체를 초래한 책임을 물어 당시 선비의 역할을 깎아내리지만 이는 원론적 평가에 지나지 않는다. 물론 전쟁과 같은 국가적 재난은 미연에 방지하는 것이 최선이다. 하지만 한 시대 사회적 지도층의 역사적 책무를 평가하면서 그에 못지않게 중요한 것은 불가피하게 국난에 직면했을 때 그들이 어떤 자세를 보였는가 하는 점이다.

임진왜란 당시 많은 선비는 국난을 초래한 책임을 통감하며 목숨을 돌보지 않고 조야朝野에서 전쟁을 지휘했다. 특히 선비가 이끈 의병의 활약은 전세를 역전시키는 데 중요한 역할을 하였다. 당시 전국적으로 활동한 의병의 수는 2만3천여 명으로 추산된다. 선비는 붓 대신 칼을 들고 왜군의 진격을 지체시키거나 퇴로를 차단하는 활동을 펼쳤다.

개전 초기, 크고 작은 전투에서 관군을 대신하거나 관군과 협력하며 반전의 발판을 만들어나갔다. 정암진 전투에서 1592년 홍의장군紅衣將軍 곽재우郭再祐를 중심으로 규합된 의병이 전라도로 통하

한국국학진흥원에서 〈임진전쟁 7주갑, 그리고 420년의 기억〉이라는 주제로 개최된
특별전. '임진왜란'이라는 용어와 의의에 대해 다시 생각해 보는 자리를 가졌다.

는 길목인 경상도 의령을 필사적으로 사수, 왜군의 전라도 진격을
막아냄으로써 전라도의 곡창지대를 보존하고 임진왜란 최초의 승
전보를 올렸다. 또한 1592년 조헌趙憲의 의병과 영규의 승병 7백 명
이 왜군과의 혈전을 벌였으나 끝내 전멸하였다. 그 뒤 조헌의 제자
박정량朴廷亮과 전승업全承業 등이 시신을 거둬 하나의 무덤을 만들
고 칠백의총七百義塚이라 하였다. 금산의 칠백의총이나 민·관 3천여
명이 옥쇄玉碎한 남원성 전투 등의 예에서 보듯, 이 과정에서 수많은
희생이 따랐음은 물론이다.

　선비의 활약은 의병활동에서만 두드러졌던 것이 아니다. 류성룡

많은 손님이 와서 특별전을 축하해주셨다. 덕분에 성황리에 행사를 마칠 수 있었다.

2012년 6월 2일 안동 하회마을의 서애 선생의 사당에서 나라에서 내리는
제사(사제사)가 엄숙히 열렸다. 이 사제사는 60년마다 지낸다.

선생처럼 선조의 명나라 망명을 반대하고 전황을 몸소 점검하며
충무공 이순신과 같은 인재를 발탁하여 미래를 대비한 이들도 조
선의 선비이다.

　선비의 이러한 행동을 가능하게 했던 원동력은 무엇이었을까?
그들은 왜 개인적 안전을 돌보지 않고 몸을 던졌을까? 여러 가지로
논의가 가능하겠지만 공동체가 위기에 직면할 때마다 기꺼이 목숨
을 던져 이를 구하는 데 앞장섰던 '견위수명'見危授命과 '선공후사'先公
後私의 정신이 핵심이 아닐까 한다.

　임진전쟁 당시 개인의 안전보다 공동체의 안녕을 먼저 생각했던

특별전에 대한 관심과 기대가 컸기에 관람의 열기가 사뭇 뜨거웠다.
필자 또한 팔을 걷어붙이고 많은 분을 안내했다.

선비의 노블레스 오블리주 정신은 오늘날 우리에게도 절실하게 요청되는 사회적 덕목이다. 이 점에서 임진왜란 7주갑이 전쟁을 실질적 승리로 이끌었던 선비를 새롭게 조명하는 계기가 되었으면 하는 바람이다.

'역사'는 곧 '해석의 역사'라고들 한다. 억지 해석에 토대를 둔 견강부회牽强附會도 곤란하겠지만 필요 이상의 자학적 역사인식도 문제이다. 부정적 유산은 반드시 버려야 하겠지만 그렇다고 옥석玉石을 가려내는 혜안마저 잃어버려서는 발전이 없다. 임진왜란 7주갑이 되는 해에 조선의 선비를 다시 생각한 이유이다.

3칸 반짜리
도산서당이 주는 의미

2011년은 도산서당이 창건(1561)된 지 450주년이 되는 해였다. 이를 기념하는 특별전과 학술강연회 등이 경북 안동과 서울에서 잇달아 열렸다. 도산서당은 퇴계 선생 말년에 고향인 도산에 은거한 후 학문과 제자 양성에 전념하기 위해 손수 설계하여 지은 공간이다.

돌아가신 4년 뒤(1574)에 건립된 도산서원의 모태가 된 곳으로, 평생을 '경'의 태도로 일관하며 '학자' 이전에 '사람'을 길렀던 선생의 생전 자취를 느껴볼 수 있는 유서 깊은 장소이다.

도산서당은 정면 3칸 반, 측면 1칸의 규모로 방과 부엌 각 하나에 1칸 반짜리 마루를 곁들인 소박한 구조이다. 마루도 처음에는 한 칸이었으나 뒤에 한 제자가 반 칸을 더 늘린 것이라 하니 그 단출함은 어디 비할 바가 없을 정도이다. 퇴계 선생은 인생의 마지막 10년을 이 작은 공간에서 보냈다. 하지만 이 작고 단출한 공간에

도산서당의 전경. 퇴계 선생은 마지막 10년을 이곳에서 보냈다. 소박한 서당의 모습에서 시대의 대학자가 기거한 곳이 맞을까 의문이 들 정도이다.

남긴 삶의 향기는 시간이 지날수록 더 짙어지는 느낌이다. 오늘 우리가 450년 전 지어진 이 조그마한 서당을 기념하는 것도 이 때문이다.

선생은 아들 이준李寯(1523~1583)과 손자 이안도李安道(1541~1584)에게 늘 자상하였으나 타인을 대하는 태도만은 엄격하게 가르쳤다.

제자(간재 이덕홍)가 남긴 기록 가운데는 이런 일화도 전한다. 퇴계 선생에게 시냇가로부터 10여 리 떨어진 논이 하나 있었다. 그런데 이 논이 계단식 지형의 맨 위에 있었다. 이에 선생의 논에 물을 대면 그 아래에 있는 다른 사람의 논은 물을 대기 어려웠다. 이를 안 선생은 논을 아예 밭으로 바꾸어버렸다.

49년 아래인 만년 제자(천산재 이함형)가 평소 부부 금실 문제로 고민하자 타이른 이야기도 곱씹을 만하다. 제자의 고민을 알던 선생은 집으로 돌아가는 제자의 봇짐에 편지를 하나 넣어 보냈다. 자신을 예로 들며 어린 제자를 이렇게 타일렀다.

나는 두 번 결혼하였으나 돌이켜보면 후회가 많다. 젊어 결혼한 첫째 부인은 공부하느라 소홀하였던 데다 그마저 둘째아이를 출산하다 사별하는 불운을 겪었다. 둘째 부인은 정신장애를 앓아 결혼생활에 어려움이 많았으나 그렇다고 한 번도 내친다고는 생각지 않았다. 부부관계는 인륜의 근본인데 이를 제대로 다스리지 못하는 사람이 무슨 공부를 하겠으며, 또 공부를 한들 어떻게 다른 사람과 자식을 가르칠 수 있겠느냐?

그런데 이 편지가 우리를 더욱 놀라게 하는 것은 49살이나 어린 제자에게는 깍듯이 '공'公이라는 호칭을 붙이고 정작 자신을 지칭할 때는 '황'滉이라며 이름을 썼다는 점이다. 요즘으로 치면 제자는 '님'이라 부르고, 자신에 대해서는 '저'라는 호칭을 쓴 셈이다. 자기를 낮추는 겸손의 극치가 아닐 수 없다.

이에 감복한 제자 내외는 이후 금실을 회복하였고, 선생이 돌아가신 후에는 3년 동안 흰옷을 입고 상주처럼 지냈다.

우리가 퇴계 선생을 지금도 존모하는 이유는 학문이 높아서만이

이 작은 공간에 스민 퇴계 선생의 향기가 오래도록 남았다. ⓒ선비문화수련원

도산서당의 출입문인 유정문이다.
유정문은 싸리로 된 사립문으로
소박하게 바깥세상과 소통하고자
하는 의지를 엿볼 수 있다.

ⓒ안동문화산책위

아니다. 이런 일화에서 보듯이 '사람다움'을 추구하던 선생의 삶은
오늘을 사는 이에게 여전히 많은 가르침을 주며, 이는 흐트러진 삶
을 이끄는 소중한 자양분이다. 이것이 퇴계학 연구가 우리나라를
넘어 세계 20여 개국에서 활발히 진행되는 이유이기도 하다.

　3칸 반의 조그만 공간에 스민 향기가 갈수록 짙어지는 것은 이
때문이다. 만추晩秋의 도산서당에 들러 삶의 위대한 스승의 자취를
느껴보길 권한다.

정조가 도산서원에서
과거를 보인 까닭

요즘 안동시 도산면 토계리 소재 도산서원 선비문화수련원을 찾는 사람이 부쩍 늘어 필자도 수련원 숙소에서 자는 날이 잦다. 그럴 때면 어김없이 새벽에 숙소를 나와 퇴계 선생이 거닐었던 뒷산을 넘어 도산서원까지 갔다 돌아오곤 한다. 1시간 반쯤 걸리는 아침운동이다. 이때 어둠이 점점 밝아오면서 시시각각으로 연출되는 풍광은 이곳이 선경仙境이 아닐까 싶을 정도이다.

사방이 어렴풋이 모습을 드러내기 시작하면 하늘색과 대비를 이룬 산이 가장 먼저 윤곽을 드러낸다. 이어 그 산 그림자 밑에 칠흑으로 포개졌던 온갖 사물이 여명의 흐름에 따라 하나둘 자신을 내보인다.

시계열에 따라 펼쳐지는 도산서원의 새벽 풍광 가운데 가장 아끼는 것은 서원 건너편 낙동강변 백사장에 솟은 시사단試士壇이다. 특히 요즘처럼 강 안개가 잦은 날 희뿌연 새벽안개 사이로 드러나

지금은 언덕 위로 올라간 시사단의 모습. 세월이 흘렀음을 느끼게 한다.
그러나 그 정신만큼은 오롯이 남았음 또한 느낀다.

는 시사단의 모습은 경외감까지 들게 한다.

　이름 그대로 '선비를 뽑은 장소'라는 뜻을 지닌 시사단의 역사는 1792년으로 올라간다. 그해 재위 16년째를 맞은 정조는 3월 25일 도산서원에서 과거시험(도산별과)을 치르도록 명하였다. 한양을 벗어난 장소에서 처음 치러진 이 과거에 응시한 사람은 무려 7,228명이었고 답안지를 제출한 사람만도 3,632명이었다. 그 가운데 강세백姜世白(1748~1824)과 김희락金熙洛(1761~1803) 두 사람이 급제하여 왕 앞에서 보는 최종 면접시험인 전시殿試에 나아갈 자격을 부여받았다.

　시사단은 이때 치러진 별과를 기념하여 4년 뒤인 1796년 과거가 거행된 곳에 세워진 비와 비각이 있는 장소이다. 처음에는 도산서원과 마주 보는 강변 솔밭 안에 세워졌으나, 1970년대 중반 안동댐 건설로 물에 잠기게 되자 단을 10m 높이로 쌓아올려 옮긴 후 오늘에 이른다.

　그런데 시사단을 보면 의문이 하나 생긴다. 정조는 왜 하고많은 장소 가운데 도산서원에서 과거를 치르게 했을까? 표면적 이유는 250여 년을 먼저 산 퇴계 선생의 학덕을 기리게 위해서였다고 전한다. 그렇더라도 의문은 계속된다. 학덕을 기릴 선현이 어디 퇴계 선생뿐이겠는가? 그럼에도 퇴계 선생과 도산서원을 선택한 이유는 무엇일까? 당시 극심하던 당쟁으로 나라가 분열되자 조정에 영남의 남인을 등용하여 보완함으로써 탕평蕩平효과를 거두기 위한 것이 주목적이었다는 해석도 있다.

하지만 필자는 이런 견해보다 퇴계 선생이 후세에 남긴 학덕에 더 무게를 두고 싶다. 퇴계 선생은 평생을 낮춤과 배려로 일관했다. 자신에겐 엄격하고 남에겐 후한 '박기후인'薄己厚人의 삶을 몸소 실천한 분이다. 그러한 까닭에 퇴계 선생 주변에는 항상 사람이 떠나지 않았다. 정조는 퇴계 선생이 남긴 학덕에서 바로 이 부분, 즉 낮춤으로써 갈등을 해소하고, 배려함으로써 다른 사람을 포용하는 치유의 코드를 읽어냈던 것이 아닐까?

정조는 재위 중 도산서원에 여러 번 제관祭官을 보내 제사를 지내게 했다. 그뿐만 아니라 당시 퇴계 종손이 평안도 영유현령으로 부임하는 길에 선생의 위패를 서울로 모시고 들어오자 예관에게 명하여 한강 부근 교외에 나가 맞이하게 하고, 그가 근무를 마치고 고향으로 돌아갈 때도 한강 교외까지 호송하게 했다. 위패가 지나는 길목에는 백성들이 '우리 선생님 지나가신다'며 엎드려 절했다고 기록은 전한다.

정조는 탕평과 통합이라는 시대가 직면한 과제의 해결책을 퇴계 선생으로부터 낮춤과 배려라는 답으로 읽어냈을 가능성이 크다. 역사를 움직이는 것은 거창한 담론이나 주의주장이 아니라 낮춤과 배려의 실천이라는 점을 다시 한 번 확인시켜주는 사례이다.

우리 시대가 풀어야 할 문제 해결의 실마리도 이 같은 선험先驗으로부터 찾아야 하지 않을까? 새벽안개 속에서 자태를 드러내는 시사단을 볼 때마다 드는 단상이다.

퇴계 선생이
즐기던 곳으로

〈인간의 조건〉이라는 TV 프로그램이 인기이다. 개그맨 몇이 1주 단위로 생활에 편리를 주는 현대문명의 이기와 잠시 떨어져 생활해 보는 프로그램이다. 예를 들어 '전기 없이 1주일 살기'나 'TV와 인터넷 없이 1주일 살기', '자동차 없이 1주일 살기', '휴대폰 없이 1주일 살기'와 같은 식이다.

실험에 참여하는 개그맨의 소감은 일정한 패턴을 보인다. 처음에는 무척 불편했지만, 시간이 지날수록 잊었던 가치에 대해 생각하게 된다는 것이다.

서울에서 멀리 떨어진 안동 도산서원 인근에서도 비슷한 일이 일어난다. 도산서원 선비문화수련원이 직장인을 대상으로 운영하는 수련 프로그램에 참가한 수련생의 경우이다. 수련 프로그램 가운데는 수련원에서 도산서원으로 퇴계 선생이 다니던 옛길을 따라 야트막한 산길을 걷는 코스가 있다. 누구나 자유롭게 걸을 수 있는 길이

수련생들이 퇴계 선생이 다니던 옛길을 따라 올라간다.
지금은 '퇴계명상길'이라는 이름으로 수련생들이 오고간다.

지만 하나의 규칙이 있다. 바로 휴대폰을 소지하지 않는 것이다.

처음에는 여기저기서 불평불만이 나온다. 그리고 조금 지나면
약속이나 한 듯이 일종의 가벼운 공황장애 비슷한 반응을 보인다.
매일 분신처럼 지니고 다니는 휴대폰이 없어진 상황을 견디지 못
하는 것이다. 하지만 조금만 더 지나면 새로운 상황이 연출된다. 불
평이 잦아들고 표정이 약간은 진지해지면서 무언가 상념에 잠기는
모습이 보이기 시작한다.

수련이 끝난 뒤 모니터링을 위해 받는 설문에 의하면 휴대폰 없
이 얼마간 걷다 보니 볼에 바람이 스치고 낙엽이 사뿐히 내리더니,
안 보이던 것이 보이고 안 들리던 것이 들리더라는 것이다. 그리고
작은 고개이지만 숨이 가빠지니 평소 무심했던 건강에 대해서도

겸재(謙齋) 정선(鄭敾, 1676~1759)이 퇴계 선생 당시의 서당을 중심으로
주변의 산수를 담아낸 풍경화 〈계상정거도〉(溪上靜居圖)이다.
천 원짜리 지폐(구권)의 뒷면에 사용되었다.

다시 생각하게 되고 관성으로 대하던 가족과 연락 없이 지내던 친
구에 대한 생각도 떠오르더라는 소회가 덧붙여진다.

한마디로, 잊고 지내던 '자신'을 되돌아보게 되더라는 것이다. 그
러면서 이구동성으로 수련 프로그램 가운데 가장 뜻깊은 시간이었
다는 소감을 밝혔다. 짧은 시간이지만 아마 요즘 대세라 일컫는 '힐
링'을 체험한 것이리라.

그런데 필자는 그런 의미 깊은 체험을 무시로 하는 행운을 누리
며 산다. 산 하나를 두고 이웃한 도산서원과 퇴계 종택 인근에는 퇴
계 선생의 자취가 여전하다. 선생이 벼슬에서 물러나 학문 연마와

퇴계종택 가까이에 있는 계상학림. 퇴계 선생이 도산서당 이전에 제자를 가르치던 곳이다. 원래 계상서당이라 불렀으나 복원(2011.4) 후 계상학림으로 바꿔 부른다.

제자 양성을 위해 처음 터 잡은 계상서당溪上書堂이 종택 바로 옆 실개울 건너에 있고 연시조인 도산십이곡陶山十二曲에서 집과 서당을 오가는 왕래풍류往來風流를 만끽하는 무대로 읊으셨던 천운대天雲臺와 완락재玩樂齋도 예전 모습 그대로 도산서원에 남았다.

높은 학덕이야 언감생심 쳐다보지도 못하지만 선생의 발길이 스민 장소를 이렇게 아침저녁으로 함께하니 이보다 의미 깊고 고마운 힐링이 또 있겠는가.

사람의 능력은 마르지 않는 우물이 아니다. 열정만 믿고 밀어붙이면 우물은 쉬이 마르고 만다. 특히 젊은 시절보다 더 중요한 결정을 내려야 하고 또 그 때문에 더 건강을 챙겨야 하는 자리에 있는 리더에게 주기적으로 내면을 돌아보는 시간을 갖는 것은 여러모로 중요하다. 이런 분에게 필자가 누리는 복을 함께 나누었으면 하는 바람이다.

퇴계 선생은 57세 되던 해 계상서당을 대신할 새 서당의 터를 물색하다가 현재의 도산서당 자리를 찾아내고는 기쁜 마음에 '즐거운 곳, 누구와 함께 향기를 맡으리'樂處何人共襲芳라며 시를 읊었다. 낙동강과 하늘이 같은 색으로 흐르는 도산서원을 찾아 퇴계 선생이 기다리던 '누구'가 되어보길 권한다. 자신을 돌아보는 뜻깊은 여행이 될 것이다.

도산에서 피어나는
매화 향기

2014년에는 봄이 일찍 찾아왔다. 봄꽃의 개화 시기가 여느 해보다 무척 일렀다. 차례차례 피어나던 봄꽃이 거의 동시에 피어났다. 서울 여의도 벚꽃도 3월 말에 화사한 자태를 자랑하기 시작했다. 서울의 벚꽃이 3월에 핀 것은 기상관측이 시작된 이래 처음이라 한다.

봄꽃이 이처럼 시차를 두지 않고 한꺼번에 피면 사람의 눈길은 벚꽃을 비롯하여 개나리나 목련처럼 화려한 색으로 자태를 뽐내는 꽃으로 향하게 마련이다. 그러다 보니 예년에 비해 이들보다 먼저 꽃망울을 터트렸던 새봄의 전령인 매화가 주목을 덜 받았다.

설중매雪中梅라는 말도 있듯이 매화는 겨울철이 지나자마자 아직 잔설이 희끗한 이른 봄에 봄소식을 가장 먼저 전해주는 꽃이다. 나무가 크지도 않고 꽃도 그다지 화사하지 않지만 추운 겨울에도 얼지 않다가 봄이 되면 올곧게 꽃망울을 터트리는 절개의 꽃이다.

그래서 선비는 매화를 난초, 국화, 대나무와 함께 사군자四君子라

도산 언덕에 핀 매화. 아래로 소박한 모습의 도산서당이 보인다.
이 매화처럼 남명매도 아름답게 꽃 피웠을 것이다.
ⓒ선비문화수련원

하여 아끼고 가까이하였나 보다. 그 가운데도 엄동설한이 지나면
서 가장 일찍 피었던 매화가 더 고마운 손님같이 느껴졌으리라.

예로부터 시인 묵객은 이런 매화 향기를 '암향'暗香이라 즐겨 표
현했다. 강하지도 그렇다고 다른 것에 묻히지도 않는 은은함을 높
이 산 것이다. 매화의 맑은 향내가 예로부터 선비의 사랑을 받은 이
유이다.

역사상 매화를 가장 사랑한 선비는 퇴계 선생이었다. 선생의 매
화 사랑은 각별했다. 선생은 매화를 '매형'梅兄이라 부르며 친구처럼

각신 이만수와 장용위 등의 파발 행렬이 정조가 직접 지은 시제를
전달하는 장면을 재현했다.

흰머리가 성성한 어르신이 생각에 잠겼다. 진지한
어르신의 모습에서 진짜 과거 못지않은 분위기가
풍겨난다.

급제자가 발표되었다. 장원이 누구일까 궁금증에 몰려든 사람들.

대하고, 매화에 대한 자신의 사랑을 '혹애'酷愛, 즉 '지독한 사랑'이라
고 표현한 사실로부터 충분히 짐작할 수 있다. '매형'이라는 호칭에
서도 알 수 있듯이 매화를 의인화하여 시를 주고받았고 생을 마감
하는 순간에도 매화 화분에 물을 주라는 말을 남겼을 정도였다.

　매화에 대한 선생의 '지독한 사랑'은 무엇보다 매화 시에서 잘
드러난다. 선생은 70평생 모두 75제題 107수首의 매화 시를 남겼고
그 가운데 91수를 모아 손수 '매화 시첩'을 엮었다. 그 가운데 78수
가 60세 이후의 작품이며 그 가운데 또 절반(39수)은 별세하기 전
마지막 2년 동안에 지었다. 만년으로 갈수록 매화에 대한 깊은 사
랑과 관심을 더 많이 담아냈다는 점에서 매화야말로 선생 만년의
정신세계를 잘 보여주는 징표라 할 만하다.

　50대 이후 벼슬길에서 물러나 계상서당과 도산서당을 차례로
지어 제자를 길렀던 선생은 거처하는 곳마다 매화를 심었다. 특히

도산서당 한쪽에 소나무, 국화, 대나무와 함께 매화를 심고서는 이를 절우사節友社라 불렀다. 그리고 같은 제목의 시를 지어 중국의 전원시인 도연명陶淵明은 소나무와 국화, 대나무만 심었지만 자신은 그 곧은 절개와 맑은 향기를 너무도 잘 알기에 매형과도 함께 벗을 삼겠노라며 은근히 자부하였다.

퇴계 선생이 말년에 거처했던 도산 언덕에 그가 그토록 사랑했던 매화가 한창이다. 선생은 갔어도 매화 향은 남아 오늘도 은은히 선생의 향기를 전하는 듯하다. 물질적 풍요 속에서도 우리네 삶은 갈수록 허기지고, 그에 비례하여 사람다움의 향내가 갈수록 그리워지는 세태 속에 산다. 이럴 때 도산을 찾아 매화꽃 향기花香와 함께 선현의 향기人香를 함께 느껴보면 삶이 얼마나 윤택해질까?

선생이 돌아가신 지 222년이 흐른 1792년 지금처럼 매화가 한창인 봄철에 정조는 선생의 학덕을 기려 도산서원에서 특별히 과거시험(도산별과)을 치르게 했다. 당시 시험에 7천2백여 명의 선비가 응시했다고 하니, 수행한 사람까지 합치면 1만여 명이 넘는 인파가 서원 앞 낙동강변 백사장을 메웠을 것이다.

도산별과가 거행된 지 다시 222년이 되는 2014년 10월 15일, 이를 기념하여 도산서원에서는 '도원상매'陶院賞梅, 즉 '도산서원에서 매화를 감상하다'라는 주제 아래 사당고유와 한시백일장 등의 재현행사가 열렸다. 정신적 삶의 윤택함에 관심 있는 많은 분이 찾아와 매화 향기와 사람 향기를 한껏 맛보았다.

퇴계와 남명의
길을 따르자

한 송이 매화는 천 리의 봄을 알리는 전령이다. 도산서당 앞뜰에 핀 매화를 볼 때마다 문득 경남 산청군 시천면 소재 산천재山天齋의 정원에 있는 남명매南冥梅도 같이 꽃을 피우리라 생각하곤 한다. 마치 퇴계 선생과 남명南冥 조식曺植(1501~1572) 선생이 일생 만난 적 없이 천 리를 사이에 두고 정신적 사귐으로千里神交 당대 도학의 봄을 알렸듯이….

사람들은 흔히 두 분의 차이를 강조한다. 그런데 분명한 사실로 드러난 출처의 자취를 제외하면 그러한 차이는 의도적으로 대비된 것으로 생각된다. 오히려 두 분은 많은 점에서 같았다. 같은 경상도 땅에서 같은 해에 태어난 인연에다, 다른 어떤 것도 아닌 오직 자신의 타고난 재능과 노력을 통해 영남 유학의 종사로 우뚝 섰고, 도산서당과 산천재를 세워 자신의 성취를 후진에게 전해주는 것을 일생의 사명으로 삼았다.

©박용국

경상남도 산청군 시천면 사리에 위치한 산천재.
남명 조식 선생은 이곳에서 말년을 보내셨다.
선생께서 즐긴 매화(남명매)가 봄을 맞아 아름답게 피었다.

    매화를 아끼는 마음은 또 어떠했던가? 퇴계 선생은 20여 년간 분매盆梅와 벗으로 지내다 매화에 물을 주라는 말을 남기고 세상을 떠났고, 남명 선생 역시 산천재에 매화 한 그루를 심어 벗 삼아 살다 450년간 꽃을 피워오는 남명매를 남겼다.

    가장 닮은 점은 두 분 모두 개인의 안녕과 영달에 안주하지 않고 이상사회에 대한 꿈을 가지고 어지러운 시대를 맑고 의롭게 이끌어가려는 강렬한 사회개혁 의지를 지녔고, 교육을 통해 그러한 뜻을 이어가고자 했던 시대의 선각자였다는 점이다.

이상사회를 향한 두 분의 꿈은 오늘의 우리에게 남겨진 숙제이다. 우리는 반세기 만에 극빈국에서 벗어나 선진국으로 발돋움하려는 단계에 가까이 왔고, 그 결과 우리 사회는 물질적 풍요를 만끽하기에 이르렀다. 그러나 자랑스러운 물질적 성취의 빛은 그늘을 함께 남겼다. 전통윤리와 가치관은 붕괴되고 새로운 시대에 어울리는 새로운 가치관의 수립이 요원해졌다.

　　두 분이 꿈꾼 이상사회는 오늘날의 말로 하면 곧 선진사회의 실현이며, 그것이 바로 오늘날 한국사회의 시대적 과제이다. 그러한 과제의 해결을 위해서는 물질적 풍요에 걸맞은 정신문화와 가치의 제고가 시급하다. 두 분의 삶에서 알 수 있듯이 그것은 우리 모두가 나보다 남을 배려하고 남을 섬기는 공경스러운 마음을 가지고 자신의 이익보다는 공동체의 이익을 우선하는 데서 찾아야 할 것이다.

　　이를 위해서는 물질적 욕망이 횡행하는 사회를 향해 정신적 가치의 중요성을 알리고, 퇴계와 남명을 따라 그러한 길을 걸어갔던 선비의 삶과 정신을 널리 알려야 한다. 선비정신의 확산을 위한 체계적 연구와 지속적인 수련의 장을 마련하는 일이 시급한 것도 이 때문이다. 옛날 성현을 기리고 받드는 존현의 기능과 함께 선비를 기르는 교육(양사)을 통해 선비정신을 배우고 수련하던 곳이 바로 서원이다. 도산서원에서는 그러한 옛 서원의 교육기능을 회복해 도산서원 선비문화를 계승하고 창달하고자 2001년 도산서원 선비문화수련원을 설립해 운영한다.

　　퇴계 문중에서 기부한 1억 원을 재원으로 2002년부터 수련이

도산서원 선비문화수련원의 제1원사 현판제막식(2011.4).
수련원을 찾는 이들이 해가 갈수록 늘고 있다.

시작되었는데 수련에 소요되는 강연료, 중식비 등 최소한의 직접
경비를 국고와 지방비의 지원을 받게 되었다. 그렇기 때문에 초기
수련원의 운영경비와 시설확보는 어려운 과제였다. 그래서 도산서
원에서는 입교식, 알묘례 등 전통체험 행사만 치르고 주된 수련과
숙식은 인근의 20명 정도의 인원을 수용할 수 있는 소규모 민박시
설에서 주로 해결했고 수련생이 늘어나면서 국학진흥원 연수시설
을 임차해 사용하기도 한다.

　수련원 운영을 맡은 원장 이하 임직원은 대부분 비상근의 자원
봉사로 구성되었다. 이들은 대부분 유교 가정에서 태어나고 자라

공직 등 사회활동을 하다가 은퇴한 분인데 전적으로 선비정신의 시대적 의의와 가치에 대한 신념과 사명감으로 이 일에 열정을 기울인다.

도산서원 선비문화수련원은 여러 가지 어려운 상황에서 운영되었지만 해를 거듭할수록 활발해진다. 그 단적인 지표는 연도별로 가파른 증가 추세에 있는 수련생의 숫자이다. 직장인의 수련이 크게 증가한 것도 특징이다. KT, IBK, 코리안리, 삼성중공업의 신입사원과 KB, 한국주택금융공사, 남부발전, 기상청, 특허청 등의 간부직원이 참가했다.

수련에 참여한 많은 이가 고리타분하고 형식적이라는 유교에 대한 오해 속에 큰 기대 없이 찾아왔다가 새롭게 눈과 귀가 열리고 의식이 변화하는 경험을 했다고 토로한다. 특히 그들은 수련과정을 통해 우리의 고유한 정신문화인 선비정신으로부터 겸손과 효, 공동체에 대한 사랑과 의무 등 많은 것을 배우고 가슴 깊이 간직하게 되었음을 밝힌다.

초기의 열악한 단계에서 도산서원 선비문화수련원이 이처럼 비약적으로 발전할 수 있었던 것은 우리 사회의 심각한 병폐를 도덕사회 실현을 통해 해결해야 한다는 데 넓은 공감대가 존재하며 열악한 조건 속에서 개인적 이해를 넘어 도덕사회의 실현이라는 목표를 위해 자신을 희생하며 사업에 임했던 자원봉사 임원들의 열정이 있었기 때문이다.

근래 선비정신의 필요성에 대한 공감이 확산되면서 전국적으로 비슷한 기구 설립이 많아지는 것은 참으로 다행스러운 일이다. 영남에서 도산서원이 선비문화수련원 운영을 통해 적지 않은 성과를 거두듯, 호남에서는 필암서원이 선비학당을 열어 비슷한 일을 시작했다. 이제, 남명학연구원이 앞장서서 선비문화를 체계적으로 연구하고 한민족의 올바른 가치관을 후손에 전승하는 교육센터 역할을 할 선비문화연구원을 설립하고 있다.

예전 남명 선생과 퇴계 선생은 서로를 든든히 여기며 조선을 이상적 사회로 만드는 꿈을 함께 꿀 수 있었다. 이제 퇴계와 남명은 가고 없지만 도산서원과 덕천서원이 영남의 대표적 서원으로 남았고, 도산서당과 산천재의 매화가 두 분의 자취로 남았다.

예전 두 분이 이상사회 조선을 꿈꾸었고 그분들이 남긴 두 곳의 매화가 함께 봄을 알리듯, 두 기관이 힘을 합쳐 의로운 시대와 도덕 사회의 찬란한 봄을 여는 노력을 함께해나가기를 기대해 본다.

퇴계, 하서가 이은
영호남의 가교

2009년 3월 22일 역사 동호인과 함께 전남 장성에 있는 필암서원筆巖書院을 찾아갔다. 대원군이 전국에 47개 서원만 남기고 모두 철폐할 때도 살아남은 호남의 대표적 서원이다. 이 서원에 배향된 하서河西 김인후金麟厚(1510~1560) 선생은 성균관 문묘에 모신 우리나라 선현 18분 가운데 단 한 분뿐인 호남인이기도 하다.

이래저래 언젠가는 반드시 찾아가 보려던 서원이었다. 이번에 찾아가게 된 것은 한 달 전에 안동 도산서원에서 만난 분들과의 약속 때문이었다.

2009년 2월 19일 안동의 도산서원 전교당에서 열렸던 기업은행 간부의 도산서원 선비문화수련원 입교식에 참으로 귀한 손님이 함께 자리했다. 필암서원 부설 선비학당장 박래호 선생과 장성군 관계자들이었다. 2009년 9월에 완공될 선비학당의 운영과 2010년에 5백 주년을 맞이하는 하서 선생의 탄신 기념행사를 앞두고 일종의

도산서원 전교당 수련 입교식. 선비문화를 체험하기 위해 찾은 선비 수련생들이
전교당에서 전통 의관을 갖추고 입교식을 하는 모습이다.

벤치마킹을 위해 찾아온 것이다.

　그분들은 도산서원 선비문화수련원 입교식에 맞춰 방문일정을
준비했으며 박 선생은 축사까지 했다. 정말 오고 싶었고 이 행사를
보고 싶었다면서 온고이지신溫故而知新을 인용하여 선비수련의 의미
를 명쾌하게 설파했다. 시대가 아무리 변해도 가치불변의 올곧은
선비정신을 체험하는 일이 온고溫故이고, 이 체험을 바탕으로 지나
친 사욕에서 비롯된 오늘의 여러 문제를 해결하는 일이 지신知新이
라고 했다.

　도산서원에 모신 퇴계 선생과 필암서원에 모신 하서 선생의 5백

하서 선생을 모신 서원으로서 전라남도 장성군 황룡면 필암리에 위치했다.
이 사진은 서원의 정문인 확연루(廓然樓)이며 사진에서 보이는 현판은
우암(尤庵) 송시열(宋時烈, 1607~1689) 선생이 쓴 글씨이다.

년 된 돈독한 우의에 대해서도 놓치지 않았다. 퇴계 선생은 하서 선
생보다 아홉 살 위였으나 성균관을 함께 다닌 동기생이었다. 당시
에도 두 분은 다른 유생과 차원을 달리한 도반(도학의 동지)이었다.

하서 선생은 퇴계 선생을 일러 '선생은 영남의 빼어난 인물이며
이백, 두보의 문장력에 왕희지, 조맹부의 필력을 지녔다'夫子嶺之秀 李
杜文章 王趙筆며 극찬했다고 한다(이 표현은 소설가 최인호 선생의 베스트
셀러 소설《유림》에도 보인다).

축사가 끝나자 우레와 같은 박수가 터져 나왔다. 경상도 안동에
서 호남의 높은 선비로부터 이처럼 좋은 축사를 듣게 되리라고는

누구도 기대하지 못했던 듯하다.

퇴계 선생도 '(성균관에서) 교유할 만한 사람은 하서뿐이다'고 칭송하였다는 기록이 있다.

도산서원의 선비문화수련원은 이 나라가 물질적으로는 풍요로워졌지만 도덕과 윤리는 가난했던 시절보다 더 뒷걸음질한다는 자성에 따라 설립되었다. 2001년 열린 퇴계 선생 탄신 5백 주년 행사가 계기였다.

개개인의 인격 함양과 공동체 의식 제고라는 일이 어느 특정한 지역과 계층만으로 가당키나 하겠는가? 호남의 거유를 모신 필암서원에서도 곧 본격적으로 실시한다고 하니 정말로 기쁘고 뜻깊은 일이 아닐 수 없었다. 나는 그날 찾아주신 분들의 고마움에 조금이라도 보답하고자 필암서원을 답방하겠다고 약속드렸다.

그렇게 약속하고 한 달 뒤 필암서원을 찾았다. 그날 그분들과 반갑게 인사하며 옛날 선현의 교유 및 앞으로 두 서원이 서로 돕는 문제로 좀처럼 이야기를 끝낼 수 없었다. 오랜 가뭄 끝에 내리는 봄비와 이제 막 피어나는 남도의 꽃이 마침 자리를 함께했기에 더욱 좋았다.

옛 선현의 지혜가 가교가 되어 영호남이 한층 가까워지고 나아가 도덕의 물결이 전국 각지에 흘러넘치기를 기대해 본다.

이런 고귀한 사귐,
배우면 좋으련만

사회적 존재인 사람은 일평생 누군가와 더불어 관계를 맺으면서 살기 마련이다. 태어나서는 부모 형제 등 가족의 품에서 살아가고 학교에 들어가서는 선생님과 또래 친구를 만나서 사귀며 성장한다. 또한 사회에 진출하면 선후배와 동료 혹은 고객과의 수많은 만남과 사귐, 그리고 헤어짐이 기다린다.

우리 주변의 성공하고 행복한 삶을 살고 있는 사람들을 보면, 그들이 이룬 많은 성취가 원만한 인간관계에서 기인했음을 알 수 있다. 이러한 원만한 인간관계를 위해서는 이기적인 자아에서 벗어나서 남을 배려하는 마음이 중요하다.

공자가 인仁의 실천방안으로 제시한 충서忠恕는 먼저 자신의 덕성을 충실하게 하고 이를 바탕으로 타자와의 관계에서 너그러운 배려를 실천해야 함을 말한 것이다. 이러한 유학의 가르침에 충실했던 선인은 먼저 남을 배려할 때 자신이 존중받는다는 지혜를 터

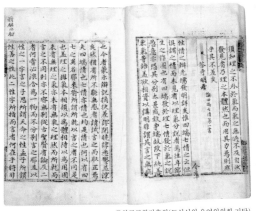

《논사단칠정서》(論四端七情書).
퇴계 선생과 고봉 선생이
1559년부터 8년간 주고받았던
편지글을 모은 책이다.
사단(四端)과 칠정(七情)의
문제를 중심으로 성리설에
대한 논쟁을 서신을 통해
펼쳤기 때문에 흔히
'사칠왕복서'(四七往復書)라고도
불린다.

©한국국학진흥원(도산서원 운영위원회 기탁)

득하고 자녀와 제자 등 아랫사람에게 배려의 가르침을 주었다.

근래 도시화에 따른 핵가족화로 이러한 가르침이 점차 소홀해져 가정, 학교, 직장, 사회 어디서도 서로 배려하고 존중하는 '좋은 사귐의 본보기'를 거의 찾아볼 수 없게 되었다. 오히려 개인과 집단의 이익에 집착한 나머지 상대를 자극하고 이용함으로써 반목과 갈등의 골은 더욱 깊어진다.

그러면 어떠한 마음과 자세로 상대를 대해야 나도 행복하고 사회도 화목해질 수 있을까? 선현의 실제 사귐은 어떠했을까?

여기서 약 450년 전 퇴계 선생과 고봉高峯 기대승奇大升(1527~1572) 선생의 사귐을 되돌아보면 저절로 옷깃을 여미게 한다.

처음 만났을 당시 퇴계 선생은 58세, 고봉 선생은 32세로 26년이라는 큰 차이가 있었다. 그뿐만 아니라 퇴계 선생은 온 조선에 알려진 대학자요, 성균관 대사성(지금의 서울대 총장에 해당되는 직책)을 지낸 인물이었고, 고봉 선생은 막 과거에 합격해 관직을 제수받기 위해 대기 중이었다. 또한 퇴계 선생은 경상도 예안(지금의 안동) 사람이고, 고봉 선생은 전라도 광주 출신으로서 고향을 떠나온 서울에서 첫 만남이 이루어졌다.

첫 만남 이후 두 분은 한국 유학사상에서 유명한 '사단칠정'四端七情 논쟁을 전개한다. 사람의 감정 표현인 사단과 칠정의 유래와 상호 관계를 어떻게 볼 것인가에 관한 논쟁이다. 퇴계 선생은 젊은 고봉 선생의 주장에 대해 나이나 사회적 지위를 내세워 배척하지 않고 귀 기울였으며, 고봉 선생 역시 상대의 지위나 나이에 위축되지 않고 자신의 주장을 당당히 피력하며 논쟁에 임했다.

서신을 통해 8년간 이어진 논쟁은 완전한 합의에 이르지 못하고 각자의 주장을 조금씩 양보하는 것으로 끝이 났다. 두 분의 교유를 통한 학문적 논쟁의 성과는 이후 수많은 학자에게 이어져 한국 유학의 이론을 풍부하게 했고, 성리학설性理學說에서 중국을 능가하는 학술적 성취를 이루는 계기가 되었다.

논적論敵이었음에도 불구하고 논쟁 이후 그들은 서로를 더욱 존경하고 아끼는 관계를 유지했다. 예를 들면, 고봉 선생은 선조에게 퇴계 선생을 성현의 반열에 오를 인물이라고 극찬하면서 반드시 조정에 머물게 해야 한다고 건의했다. 그에 대해 아무 역할도 할 수 없는 노쇠한 사람을 추천했다며 매우 나무랐으나 퇴계 선생 역시 선조의 인재추천 요청에 주저 없이 고봉 선생을 천거했다.

퇴계 선생의 묘비. 퇴계 선생은 묘비문을 받지 말라고 부탁하였으나 조정과 제자들이 선생의 학덕을 기리기 위해 고봉 선생에게 묘비문을 부탁하였다.

    퇴계 선생은 죽음에 앞서 자신의 묘비문을 겸손한 표현으로 직접 적었는데, 이것이 96자의 그 유명한 자명自銘이다. 그것은 고봉 선생이 자신의 묘비문을 지을 가능성이 높고 그럴 경우 자신에 대한 과도한 존숭尊崇의 내용이 들어갈 것을 염려했기 때문이다. 소박한 장례를 당부한 퇴계 선생의 유언과 달리 조정에서는 나라에 끼친 공을 감안해 예장禮葬을 치르게 하면서 고봉 선생에게 묘비문을 쓰도록 했다.

    퇴계 선생 생전의 의도를 헤아려 묘비문에서 하고 싶은 말을 다

적지 못한 고봉 선생은 자신의 문집에서 퇴계 선생을 향한 지극한 존경의 마음을 담은 말을 남겼다.

　　산도 오래되면 무너져 내리고山可夷

　　돌도 삭아 부스러질 수 있지만石可朽

　　선생의 이름은 천지와 더불어 영원하리라는 것을 나는 안다.吾知先

　生之名, 與天地而並久

고봉 선생의 글귀는 그마저 세상을 떠난 30여 년 후 퇴계 선생의 묘 속에 지석문이 되어 묻힌다. 현격한 세대와 지역, 그리고 생각의 차이를 넘어 증자의 가르침대로 학문으로써 서로 사귀고以文會友, 그 사귐을 통해 인격을 도야해감으로써以友輔仁 평생의 동지가 될 수 있었던 향기로운 사귐의 본보기이다. 이익과 욕망의 사귐이 횡행하는 세태 앞에서 선인의 그런 사귐이 더욱 그리워진다.

호남 선비가
퇴계를 찾아 배운 것

필자가 머무는 경북 안동 도산서원 인근은 춘분쯤에도 아침저녁으로 쌀쌀한 기운이 남아 춘래불사춘春來不似春이란 문구가 절로 떠오른다. 봄기운을 먼저 맞이하는 데는 역시 남도가 제격이다. 그런데 운 좋게 봄기운 완연한 남도를 한 해 봄철에 잇달아 방문할 기회가 있었다.

첫 번째는 2013년 3월 10일 전남 장흥에서 열린 도운회陶雲會 정기총회 참석이었다. 도운회는 퇴계 선생의 제자, 후손이 선생을 기리기 위해 2001년 결성한 모임이다. 2013년 정기총회가 장흥에서 열린 것은 풍암楓庵 문위세文緯世(1534~1600) 선생을 추모하고자 하는 현지 유림의 바람 때문이었다.

풍암 선생은 13세에 퇴계 선생 문하에 입문하여 20여 년 동안 수학한 뛰어난 제자이다. 자형인 죽천竹川 박광전朴光前(1526~1597) 선생을 퇴계 선생의 문하로 이끌었을 뿐만 아니라 고향으로 돌아

1578년(선조 11년)에 유림의 공의로 고봉 선생의 학문과 덕행을 추모하기 위해
창건한 월봉서원. 현재는 광주광역시 광산구 광산동에 소재한다. 필자는 2013년 초부터
월봉서원의 원장으로 재임 중이다.

가서도 배운 바를 실천하는 데 게을리하지 않았다.

　두 번째는 나흘 뒤인 3월 14일 한국국학진흥원이 주관하는 제
48회 국학순회 교양강좌가 이웃 보성에서 열린 것이 계기였다. '보
성지역의 유학전통과 선비정신'이란 주제로 열린 이날 강좌는 죽
천 선생과 그 제자 은봉隱峯 안방준安邦俊(1573~1654) 선생 등 보성
지역 선현의 학덕을 조명하는 자리였다.

　죽천 선생은 손아래 처남인 풍암 선생의 소개로 멀리 영남의 도
산을 찾아 퇴계 선생의 문하에 들었다. 도산을 떠나올 때 퇴계 선생
이 자신의 역저인 《주자서절요》 한 질과 이별시 5수를 지어 건넸을

정도로 높이 평가받았다. 죽천 선생에 대한 퇴계 선생의 각별한 마음은 이별시에 '늙고 병들어 실수 많음을 몹시 부끄러워하였는데, 죽천 그대의 도움으로 다시 광명을 얻었다네'라는 구절이 있는 것만 봐도 잘 알 수 있다. 선생의 이런 격려에 어긋나지 않게 죽천 선생 또한 고향에 돌아와 풍암 선생과 함께 올곧은 삶을 위해 노력했다.

가장 대표적인 것이 임진왜란 때 두 분이 호남의병의 선봉에서 선공후사의 선비정신을 실천한 일이다. 당시 죽천 선생은 보성 일대에 격문을 돌려 의병 7백여 명을 모집해 적과 싸웠고, 정유재란 때도 의병장으로 활동하며 왜적을 격퇴했다. 풍암 선생 또한 죽천 선생을 도와 의병활동을 하면서 전라좌의병 결성에 주도적 역할을 했다.

바로 '아는 것은 반드시 실천해야 한다'는 퇴계 선생의 '지행일치'知行一致의 가르침을 실천한 결과이다.

호남의 선비가 멀리 영남까지 건너와 퇴계 선생의 문하에 들고 고향에 돌아가서도 이처럼 스승의 가르침을 열심히 실천할 수 있었던 이유는 무엇이었을까? 또한 이들이 5백 년 가까이 지난 오늘날에도 지역민으로부터 추앙받는 까닭은 무엇일까?

스승으로서 제자를 올바르게 인도하기 위해 늘 자신을 낮추고 상대를 공경했던 퇴계 선생의 인품이 지닌 감화력 때문이 아닐까?

퇴계 선생의 훌륭한 인품이 호남의 제자에게까지 영향을 미친 사례는 고봉 선생까지 올라간다. 사단칠정 논쟁과정에서 퇴계 선생이 젊은 고봉 선생에게 보인 겸손의 태도는 한국유학사의 아름다운 학연學緣으로 손꼽힌다.

그런 인연의 맥이 오늘날 도운회까지 이르는 것이다. 외람되게 필자도 그런 아름다운 만남의 후광으로 고봉 선생을 모신 광주의 월봉서원 원장으로 선임되는 영광을 누렸다. 이 때문에 2013년 4월 중순 월봉서원 춘향春享에 참석했다. 위대한 스승의 존재가 얼마나 오랫동안 영향을 미치는가에 대한 생각이 절로 들었다.

우리 아이들이 이런저런 이유로 어린 삶을 마감하는 등 안타까운 소식이 끊이지 않고 들려오는 현실이다. 이런 악순환을 끊어낼 방안은 무엇일까? 다양한 방안이 쏟아지지만 무엇보다도 중요한 것은 항상 자신을 낮추며 진실로 제자를 생각하는 참된 스승의 존재가 아닐까? 우리는 그것을 호남 선비와 퇴계 선생의 만남을 통해 지금도 확인한다.

퇴계 선생과 가깝게 사귄
호남의 하서 선생,
퇴계 선생의 벗과 제자 그리고
고봉 선생 등의 관계를 기술한 책
《퇴계생각》. 옛 선현의 지역을 초월한
아름다운 교류를 엿볼 수 있다.

시대와 지역도
뛰어넘은 사제의 정

유림단체인 도운회에 대해 더욱 자세히 설명하고자 한다. 많은 유림단체가 있지만 도운회는 그 성격이 특별하다. 2001년 퇴계 선생 탄신 5백 주년 때 퇴계 선생 제자의 후손이 결성한 사은師恩 모임이기 때문이다. '도운회'는 '도산급문제현운잉지회'陶山及門諸賢雲仍之會의 준말이다. '운잉'은 8세손과 7세손을 아우르는 말로, 먼 후손을 통칭하는 용어이다.

따라서 회의 명칭은 곧 '도산의 퇴계 선생 문하에서 배운 여러 선현의 후손 모임'이라는 뜻이 된다. 일설에는 퇴계 선생이 학문을 가르쳤던 도산서당과 제자의 기숙사였던 농운정사隴雲精舍에서 1자씩 따 스승과 제자를 상징하였다고도 한다.

공식명부에 실린 퇴계 선생 제자는 모두 309명이다. 여기에는 영남은 물론이고 서울, 경기, 호남 등 전국 각지 유림의 이름도 많이 올라 있다. 이런 전통은 도운회에도 이어져온다. 현재 모임을 이끄는 문재구 회장은 전남 장흥 출신인 풍암 선생의 후손이다. 광주의 고봉 선생, 보성의 죽천 선생 등 호남지역 선현의 후손과 남명학의 영향 아래에 있는 서부 경남지역의 후손도 많이 참가한다.

그뿐만 아니라 개별 후손 모임 간에도 교류가 활발하다. 고봉 선생 후손 모임인 백우회白友會와 죽천 선생 후손 모임인 청죽회靑竹會가 대구의 퇴계 선생 후손 모임인 청수회靑樹會와 함께 격년마다 번갈아 교류를 주관하며 우의를 다지는 것이 좋은 예이다. 시대는 물론 지역까지 뛰어넘는, 요즘 보기 드문 사은의 풍경이 아닐 수 없다.

해마다 스승의 날을 맞는다. 하지만 우리는 언제부터인가 스승의 날을 마음에서 우러나는 기념일로 맞이하지 못한다. 특히나 요즘에는 학교폭력 문제로 선생님의 처지가 더욱 어려워졌다. 스승의 날을 맞아 한국교원단체 총연합회가 실시한 설문조사에서 우리 선생님은 '스승의 날'하면 가장 먼저 떠오르는 말로 '부담'(33.7%)을 꼽은 반면, '제자'(32.5%)나 '보람·긍지'(19.7%)는 그다음이었다고 한다.

450년 전의 '스승과 제자'와 지금의 '선생과 학생' 사이는 어떤 차이가 있기에 이런 모습이 연출될까? 아마 가장 근본적인 차이는 사제師弟 간에 오가는 정의 차이가 아닐까 한다.

퇴계 선생은 과거급제나 지식이 많은 사람보다 '사람다운 사람'을 기르고자 노력하였다. 때문에 제자를 가르칠 때 늘 말보다는 실천을 앞세웠고, 손아래 사람이더라도 결코 함부로 대하지 않았다. 잘 알려진 고봉 선생과의 8년에 걸친 사단칠정 논쟁이 대표적이다.

농운정사. 퇴계의 제자는 이곳에서 머물렀다.
선생을 보고 배운 제자이기 때문일까? 제자가 기거하는 공간도 소박하고 단아하다.

퇴계 선생은 후배의 주장도 타당한 것은 기꺼이 받아들여 자신의 견해를 두 번이나 수정하였다. 끊임없이 자신을 낮추는 퇴계 선생의 이런 모습에 감읍하여 고봉 선생은 자발적으로 제자의 예로 모셨다. 후일 퇴계 선생의 제자 명부에 고봉 선생이 등재된 배경이다. 실천은 결코 쉽지 않지만 '낮출수록 존경 받는다'는 덕德의 본질이 오늘날 도운회의 바탕을 이루는 것이다.

앞의 설문에서 선생님이 제자로부터 가장 듣고 싶어 하는 말은 '존경합니다'였다고 한다. '존경'은 상하 관계에서 자동적으로 발생하는 덕목이 아니다. 윗사람이 제 역할을 할 때 아랫사람의 마음에서 자발적으로 우러나는 덕목이다.

450년 전 한 스승과 제자들의 연緣을 오늘도 소중히 이어오는 도운회의 존재가 이를 웅변한다. 어려운 환경에서 애쓰고 계시는 우리 선생님의 노고에 감사드리면서 조그마한 바람을 하나 더 보태본다.

다시 선비정신을
생각하며

2010년 스승의 날에 뜻밖의 선물을 받았다. '스승님의 가르침을 몸소 실천하며 살겠습니다'라는 메시지와 함께 배달된 꽃바구니였다. 필자가 이사장으로 있는 도산서원 부설 선비문화수련원의 선비문화체험 연수(2박 3일 과정)를 다녀간 코리안리 직원들이 보낸 것이었다.

코리안리는 재보험회사로서 외환위기 때 부실기업으로 전락한 상태에서 박종원朴鍾元 대표가 경영을 맡았다. 박 대표는 국내 전문경영인 최초로 5연임을 하며 코리안리를 아시아 1위, 세계 13위의 기업으로 도약시켰다. 코리안리는 세계 최고 재보험사로의 비상을 꿈꾸는 회사로 거듭났다.

세계화, 정보화 시대에 일류기업이 옛 선비정신을 배우라고 신입사원을 시골 도산서원으로 보내는 뜻은 무엇인가? 올바른 인성을 갖추고 부모에게 효도하는 사람이 직장과 사회에서 조화로운

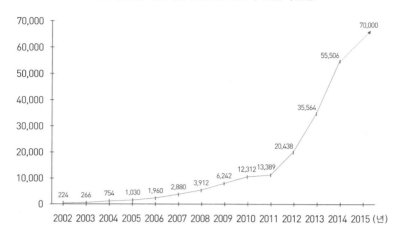

도산서원 선비문화수련원 연도별 수련실적현황

인간관계를 유지하며 책임의식을 갖고 자신의 일에 최선을 다하는 능력 있는 사람이 될 수 있다고 생각했기 때문이다. 삶의 경험에서 얻은 동양의 오랜 지혜이다. 일찍이 맹자가 말한바, '어버이에게 효도하는 마음親親으로 사람을 사랑하고仁民 만물을 사랑한다愛物'는 뜻과 다르지 않을 것 같다.

도산서원 선비문화수련원 참가자에게 가장 인상 깊은 시간은 종손과의 대화이다. 퇴계 종택에서 여든이 넘는 종손이 무릎을 꿇은 채 집안 자랑은 전혀 없이 세상의 기대에 부응하지 못하는 자신의 삶을 부끄럽게 여긴다고 말하고, 손수 쓴 글귀인 '예인조복'譽人造福 (남을 칭찬함으로써 복을 만든다)을 선물하며 함께 좋은 세상을 만들어가자고 한다.

도산서원 선비문화수련원에서는 수료 2~3개월 후 수련생을 찾아가 수련의 성과를 점검하는 추수지도를 시행하는데, 여기서 확인한 성과도 고무적이다. 작년 봄 수련 참여 신입사원을 만나 수련 이후의 일상에 대해 물어보았는데, 대부분의 사원이 수료 시에 밝힌 대로 실천하고 있었다.

직장 내 상사나 선배와의 관계에서 '올 신입사원은 다르다'는 칭찬을 받았고, 고객으로부터도 좋은 평판을 얻었다. 또한 늦은 귀가 때에는 부모님께 늦어지는 이유와 귀가시간을 알리고, 시골에 계신 부모님께 먼저 전화 드려 안부를 묻는 등 가정에서도 배운 대로 효를 실천하고 있었다.

또 세계적인 공항운영으로 국내외에 널리 알려진 인천국제공항공사의 팀장급 이상 전체 간부가 다녀가기도 했는데, 3개월 후에 찾아갔더니 98%의 수료자가 만족스러운 수련이었다며 반겨주기도 했다.

이러한 선비수련의 효과가 도산서원 선비문화수련원에서만 그친다는 것은 안타까운 일이다. 전국의 여러 서원과 향교 등으로 선비수련을 통한 바른 사람 만들기가 확산되어야 우리 사회를 밝게 만들려는 염원이 실현될 것이다.

때마침 정부에서는 체계적인 선비문화 체험을 위한 교재를 만든다고 하니 대단히 고무적인 일이다. 도산서원 선비문화수련원은 현재 실시 중인 선비수련에 진력하며 교재 제작에도 참여하고 관련 단체와의 협력관계를 강화하는 등 선비정신을 확산하기 위한

©선비문화수련원

퇴계 종손이 직접 쓴 글이다. 찾아오는 손님에게 이것밖에 드릴
것이 없다며 정성스럽게 써서 손님에게 드린다. 선비수련생 등
방문객이 부쩍 늘어나 한 해에 3만 장 넘게 쓴다.

노력에 매진할 작정이다. 이를 계기로 전통문화를 활용한 인성교
육이 활성화되어 선진 한국을 만드는 데 미력이나마 기여할 수 있
다면 얼마나 다행이겠는가?

그렇다면, 선비는 어떤 사람인가? 평생 배움과 실천 속에서, 큰 스
승 공자가 그랬듯 자신이 지닌 사람됨의 가능성을 온전히 실현하
고 타인을 배려하는 삶을 살았던 사람이 바로 선비이다.

이 시대에 왜 다시 선비정신인가? 수십 년간의 근대화와 산업화

를 향한 압축성장은 물질적 풍요와 동시에 적지 않은 부작용을 초래했다. 우리 모두가 바라는 선진사회로의 진입을 위해서는 이런 문제의 해결이 급선무이고 여기에 정신가치의 복원이 필수적이다.

주목할 대안 가운데 하나가 바로 선비정신이다. 선비수련 참가자들은 선비정신을 통해 개인이 공동체에서 살아가는 데 필요한 덕목인 겸손, 배려, 공동체, 효도의 중요성을 절감했고 수련 과정에서 배우고 깨달은 점을 일상 속에서 실천하겠다는 각오를 다졌다.

비록 지금은 잊어버렸을지도 모르나 시대의 요구에 실천으로 부응하려던 선비정신은 임진왜란의 의병활동과 구한말의 독립운동으로 이어졌고, 일제강점기에는 안중근 의사를 비롯한 수많은 의사와 열사를 배출하며 면면히 이어졌다.

많은 사람이 우리 사회의 위기를 말하고 대안을 찾아 나선다. 대안은 바로 우리 안에 있는지도 모른다. 종교와 세대, 그리고 계층을 넘어서 선비가 보여준 가치를 정신적 유전인자로 물려받아 공유하기 때문이다.

내면에 잠자는 선비정신을 깨워내 우리 사회의 위기를 해결할 시대적 가치로 만들고 실천하는 일이 우리에게 남은 과제이다.

21세기 한국사회와
선비정신

우리 세대는 그동안 눈부신 경제발전을 거듭하여 물질적으로 놀랄 만큼 풍요로워져 5천만 국민이 가난에서 벗어났다. 정치적으로는 민주화가 크게 진전되었다. 우리가 차례로 이룩한 산업화와 민주화에 대하여 세계가 격찬한다.

그러나 우리의 전통윤리와 도덕심은 붕괴되고 새로운 가치관과 질서의식은 정착되지 못했다. 이와 같은 정신적 피폐와 결함으로 말미암아 위기상황이 도처에서 빈번하게 발생한다. 가정과 학교, 이웃과 직장 등 어디서나 예전에 없던 불신과 갈등이 증폭된다. 인간이 행복해지고 사회가 안정되려면 물질적 풍요만으로는 불가능하다. 이는 물질문명과 정신문화의 적절한 조화가 이루어져야 가능하다.

지금 우리는 당면목표를 선진국 진입으로 정하고 추진 중이다. 선진국은 물질적 발전과 정치적 민주화만으로 도달할 수 없다. 선진국에 걸맞은 도덕과 윤리 등 국민의식이 구비되어야 한다.

선진국에 가보면 국민의식 수준이 여러 가지 면에서 우리와 다름을 느낄 수 있다. 물론 완벽한 나라는 없지만 선진국은 대개 개인의 능력과 경쟁을 추구하면서도 공동체를 유지하기 위한 질서와 권위가 있고 전통과 현대가 공존하고 게임의 룰을 지킬 줄 안다. 그리고 그 한가운데는 오랜 역사와 전통 속에서 형성된 사회지도층의 솔선수범과 도덕, 그리고 책임의식이 자리 잡았다.

우리 전통사회는 언제나 물질적으로 가난했지만 예의와 염치가 존중되었다. 그래서 이웃 나라는 우리나라를 동방예의지국이라고 칭송하였다. 그러한 나라를 만든 리더는 바로 선비였다.

우리와 이웃한 일본은 세계 2위 경제대국이며 국민의식 수준에서도 선진국으로 자리 잡았다. 이웃 나라로서 부럽기도 하다. 그런데 일본이 선진화의 길을 걷게 된 근원을 찾아 올라가면 조선의 선비정신과 맞닿게 된다. 이는 일본과 서양의 학자가 인정하는 사실이다. 임진왜란 전까지 무력을 제외하고는 우리보다 뒤처졌던 일본이 전쟁 중에 약탈과 포로로 우리의 문화와 학문을 가져갔다. 포로로 끌려간 도공이 일본을 세계적인 도자기 국가로 만든 것은 대체로 잘 아는 사실이다.

일본의 선진화와 관련하여 우리가 더욱 주목하여야 할 사실은 선비의 유학, 그중에서도 퇴계 선생의 경 사상이 일본으로 건너가 친절하고 매사에 정성을 다하는 일본인의 국민성에 큰 영향을 끼쳤다는 사실이다. 우리가 잊거나 혹은 버려 버린 것을 지키고 이어와 오늘날의 일본을 만든 것이다.

선비와 DNA가 같은 우리로서는 이제부터라도 퇴계 선생을 비롯한 선비정신을 잘 익혀서 이 시대에 맞는 올바른 가치관을 정립하여야 한다. 우리도 물질적 풍요와 올바른 가치관을 모두 갖춘 선진국으로 나아가야 하지 않겠는가?

●

한국사회의 현실과 선진화 조건

선진화는 한국사회의 당면한 시대적 과제로 제시된다. 중진국 상위권에 다가선 한국으로서는 당연히 추구해야 할 과제이다. 선진화라는 용어에 대해 정치하게 정의 내리기는 쉽지 않겠지만, 우리 사회가 안고 있는 여러 가지 불합리한 문제를 이치와 원칙에 맞게 합리화해나가는 과정이 그 요체라고 할 수 있을 것이다. 무엇을 합리화해야 하느냐는 오늘의 한국사회가 간직한 빛과 그늘에서 그 실마리를 찾을 수 있을 것이다.

우리나라는 그동안 산업화와 민주화를 급속히 이루어냈다. 1960년대까지 세계에서 가장 가난했던 나라에서 이제는 중진국을 넘어서 선진국으로 발돋움하려는 단계에까지 왔다. 개인생활도 몰라보게 향상되었다. 헐벗고 굶주렸던 우리가 이제는 옷을 사면서 브랜드를 따지고 넘치는 영양으로 인해 다이어트산업이 활개를 치는 시대가 되었다. 국제사회에서의 위상도 높아졌다. 이 눈부신 발전 과정에서 우리가 보여준 역동성을 세계가 격찬하였다.

그러나 압축성장의 과정에서 취약점이 나타났다. 전통윤리와 가치관은 붕괴되고 시대에 맞는 새로운 가치관은 정립되지 못했다. 이에 따라 사회전반에 걸쳐 합리성이 크게 결여되고 미흡하게 되었다.

먼저 지도층의 사회적 책임과 역할에 대한 문제이다. 사회지도층의 비리와 도덕적 해이를 꼬집는 기사가 매일같이 지면을 장식한다. 이러한 지도층의 행위는 사회구성원에게 부정적 사고와 시각을 가져다주었다. 성공에 대한 의심의 눈초리와 반기업적 정서가 나타나고 정치와 정치인에 대한 불신이 우려할 수준이다.

몇 해 전에 한국개발연구원(KDI)에서 조사 발표한 공공기관 신뢰도를 보면 10점 만점에 5점을 상회한 기관은 교육기관(5.4점)뿐이고 국회(2.9점)와 정당(3.3점)이 가장 불신받고 정부(3.4점)와 지방자치단체(3.9점)도 처음 대면하는 사람의 신뢰수준(4.0점)에도 미치지 못했다. 우리 사회 구성원 간의 이러한 낮은 신뢰도는 국제비교에서도 여실히 나타난다. 최근 세계가치관 조사에 나타난 사회구성원 간의 신뢰도를 살펴보면 스웨덴이 가장 높고(10점 만점에 6.6점), 일본(4.3점)도 우리나라(2.7점)보다는 훨씬 높은 수준이다.

합리성을 결여한 행위는 사회 구석구석에서 찾아볼 수 있다. 줄서기와 주정차와 같은 기초질서를 지키지 않는 시민, 직장 내에서 동료 간의 불공정한 경쟁, 불법과격 시위문화의 확산 등이 우리의 부끄러운 자화상이다. 이런 것을 보고 자란 청소년의 탈선과 비행은 우리를 더욱 걱정스럽게 한다. 청소년은 우리의 미래이다. 현재가 어렵다면 미래라도 희망이 있어야 하는데 말이다.

●
청소년 문제의 심각성

청소년 아동문제는 매우 심각한 지경이다. 학생이 선생을 구타하는 것은 더 이상 뉴스거리가 되지 못할 만큼 학교 폭력이 위험 수위에 와 있다. 고등학교 3학년 여학생은 성적을 비관해서 아파트 옥상에서 뛰어내려 이 세상을 등지기도 했다. 이런 교육 풍토가 싫다고 너나 할 것 없이 조기 유학을 떠나며 기러기 아빠가 양산된다. 미국 유학을 다녀왔다고 해결될 문제는 아니다. 유학을 다녀온 아들이 돈 때문에 직계존속을 살해했다는 기사를 보고 모두 망연자실하기도 했다.

최근 일본 청소년 조사연구소에서 실시한 한국과 일본, 중국, 미국의 고등학생의 부富에 관한 의식조사를 한 적이 있었다. 물질적으로 부를 쌓는 것이 성공한 인생이라고 답변한 학생이 다른 나라는 20~30% 수준인 데 비해 우리나라 학생은 50%가 넘었다. 우리나라 학생의 23%가 돈을 벌기 위해서는 어떤 수단도 무방하다고 답변하였다. 다른 나라 학생보다 2~3배나 높은 수치이다.

무엇을 하더라도 돈만 모으면 된다는 물질만능주의가 다른 나라 학생에 비해 훨씬 더한 것이다. 돈이 중요하다는 사실은 부인할 수 없다. 하지만 이 세상에는 돈보다 더 소중한 것도 많고, 돈을 벌기 위한 방법이 정당한 것이라야 한다. 옛 선비는 이로움보다 의로움을 더 중요하게 생각하고 행동하였다.

또 국가의 위기 앞에 개인의 안위만 생각하는 풍조가 만연하다. 한국청소년개발원이 최근 한·중·일 3개국 청소년을 대상으로 한 조사 결과를 보면 안타까움을 느끼게 한다. 전쟁이 나면 앞장서 싸우겠다는 청소년이 일본 41%, 중국 14.4%인 데 비해 우리 청소년들은 10.2%에 불과하고 외국으로 피하겠다는 답은 반대로 일본 1.7%, 중국 2.3%에 비해 우리는 10.4%나 나왔다. 참으로 걱정이 아닐 수 없다. 조선의 선비는 국가위기상황에서 분연히 의병을 일으켰다.

우리나라 청소년 아동의 도덕성과 가치관이 왜 이렇게 되었을까? 그것은 그동안 우리 자녀에 대한 교육이 사람답게 키우는 인성교육보다 남과의 경쟁에서 이겨야 한다는 일등주의 가치관을 강조한 결과라고 생각한다. 자식을 한둘만 낳아 왕자, 공주처럼 길렀다. 그렇게 자란 아이는 자기만 아는 이기적이고 예의 없는 아이가 되기 쉽다. 남을 앞서고 이기겠다는 생각뿐이다. 이 세상도 부모도 모두 자기를 위해 존재한다고 생각하기 쉽다.

최근 여성부가 실시한 조사는 우리 청소년의 부모에 대한 의존 정도가 얼마나 심각한 수준인가 보여준다. 대학학비를 부모가 부담하여야 한다고 응답한 청소년은 93%나 되었다. 결혼비용은 87%, 결혼 이후 집 마련은 74%, 생활비는 26%나 되는 청소년이 부모가 부담하여야 한다고 각각 응답하였다.

이런 기대를 충족시켜주지 못할 때 부모를 어떻게 대할 것인가? 우리 주변에는 자녀와의 경제적 문제로 어려운 처지에 놓인 노후 부모의 딱한 처지를 종종 볼 수 있다. 통계에 의하면 채무상환 연체 건수(연간 40만 건) 중 20%(8만 건)가 부모의 집을 담보로 한다.

일등주의 폐해는 참으로 위험하다. 가정을 망칠 뿐만 아니라 사회 가치의 전도를 초래한다. 앞서본 청소년 문제는 거의 일등주의에서 연유한다고 본다. 일등주의를 초래한 책임은 부모를 비롯한 기성세대의 몫이다. 부모세대는 경제 주역으로 뛰느라 정신적 측면에서 자녀의 가정교육에 소홀할 수밖에 없었다. 자신의 가난했던 어린 시절에 대한 보상심리가 자녀에게는 오히려 물질만능의 사고를 갖도록 일조한 측면도 있다. 또 지난 반세기 동안 우리 사회의 급속한 변화와도 무관하지 않다.

우리 국민 대다수가 농촌에서 농사짓고 살다가 산업화 과정을 거치면서 도시에서 일자리를 얻어 살게 되었다. 그때까지는 동족 부락에서 대가족이 함께 살면서 집집마다 마을마다 덕망 있는 어른으로부터 가르침을 받았다. 그러나 도시로 나온 부부와 자녀로 이루어진 핵가족 가정에서는 사정이 크게 달라졌다. 자녀를 가르치는 역할은 일터로 떠난 아버지를 대신해서 어머니가 맡게 되었다. 남을 배려하고 덕을 우선하는 인성교육이 밀려나고 그 자리는 학업성적을 높이기 위한 과외경쟁이 차지하게 되었다.

그 여파로 공교육이 위축되고 사교육이 팽창하여 가정경제를 짓누르며 곧 사회적 부담이 되었다. 그래도 위안이 되는 것은 교육기관이 아직도 우리 사회에서 신뢰도가 가장 높다고 하니 더 늦기 전에 중지를 모아나가야 하겠다.

●
한국사회의 선진화 방향

위에서 살펴본 문제를 하나하나 합리화해가는 것이 선진화 과정이다. 먼저 산업화와 민주화도 더욱 성숙하게 진행해나가야 한다. 지금까지 산업화는 요소투입에 의존하였으나 앞으로는 혁신이 주도되어야 가능할 것이다. 민주화도 지금까지 이룩한 절차적 민주화에서 실질적 민주화 단계로 나아가야 한다.

이를 위해서는 법, 제도와 관행 그리고 의식까지 합리성이 뒷받침되어야 한다. 국민 개개인의 정신적 선진화가 이루어져 선진국다운 도덕과 윤리를 갖추어야 한다. 그래야 믿음과 신뢰의 사회를 구현할 수 있다.

20세기 들어 새로이 선진국 반열에 오른 나라는 일본이나 아일랜드 정도를 제외하고는 없다고 한다. 오히려 남미의 아르헨티나 등 몇 나라는 선진국에서 탈락하였다. 산유국은 국민소득이 높지만 선진국이라 하지 않고 단지 부자나라로만 불린다.

역사적으로 살펴볼 때 그 많은 나라가 선진국 진입을 시도하지만 결코 쉽지 않은 과제인 듯하다. 왜 그럴까? 선진국 진입은 그 나

라 제도와 관행이 국민의식 전반에 걸쳐 선진국 수준으로 합리화
되어야 하기 때문이다.

선진국은 대체로 역사와 전통 속에서 형성된 가치관을 이어받아
가면서 살아간다. 그들은 자기 나라의 역사와 가치관을 매우 자랑
스럽게 생각한다. 지도층의 책임의식과 이에 대한 국민의 존경심
이 공동체 유지의 기반이 되었다.

역사적 배경과 전통이 강한 서구 선진국의 경우, 자신의 역사 속
에서 형성된 문화와 도덕성을 확보하고 있다. 봉건시대 지배계층
에서 생겨난 기사도 정신은 시민사회로 이행되면서 상류사회의 책
임의식으로 자리 잡았다.

미국은 서부개척자의 프론티어 정신을 독특한 가치관으로 삼는
다. 그들은 아무에게도 의지하지 않고 자신의 모험을 통해 자기 것
을 차지하였다. 이 정신이 현대에 와서는 벤처기업의 형태로 등장
한다. 실력 있는 자는 상대를 누르고 가능한 많이 획득하고 자기 이
익을 최대한 챙긴다. 개인이 중심이 되는 사회이므로 개인적인 인
생관이 바탕에 있다. 그러나 그들은 성취한 후 그 성취를 사회와 공
유한다. 미국의 갑부는 예외 없이 거액의 재산을 사회에 기부하고
떠난다. 록펠러와 카네기가 그랬고 빌 게이츠와 워렌 버핏이 같은
길을 간다.

이와 달리 일본은 철저한 공동체 우선의 사회이다. 그들은 사무라
이 정신을 바탕으로 한다. 봉건시대 주군에게 충성하고 명예롭게

죽는 것을 인생의 목표로 삼았다. 이러한 정신은 메이지유신 이후 근대화 과정에서도 단절되지 않고 계승되어 일본이 강국으로 발돋움하는 데 크게 기여하였다.

현대 사회에서는 이러한 정신이 회사에서 나타난다. 자기 개인의 욕망이나 이익보다는 회사의 이익과 발전을 먼저 생각하고 이를 보람으로 여기는 회사원을 흔히 볼 수 있다. 이러한 가치관을 가진 일본인이 오늘의 일본을 있게 한 주인공이다.

그런데 이와 같은 일본인의 가치관이 임진왜란 이후 우리나라에서 건너간 조선유학, 특히 퇴계 선생의 경 사상에서 유래되었다는 것이 다수 국내외 학자의 견해이다. 임진왜란 전까지 주군에 충성하고 공동체를 우선시하는 사무라이 정신이 형성되지 않았다. 오직 힘으로 쟁패하는 사무라이만 존재할 뿐이었다. 이런 일본사회에 임진왜란 이후 퇴계학이 전해지면서 일본인의 정신과 일본사회가 교화되었다고 한다. 그 과정을 좀더 자세히 살펴보자.

퇴계 선생 사후 30년이 흘러 1597년에 30세의 젊은 선비 수은睡隱 강항姜沆(1567~1618)은 포로가 되어 일본으로 끌려갔다. 그의 학문적 능력은 당시 일본 최고의 지식인이며 승려인 6년 연상의 후지하라 세이카를 감복케 했다. 강항이 퇴계 선생의 제자의 제자라는 이야기를 듣고 승복을 벗어던진 세이카는 퇴계 선생이 입었다는 유복(심의)을 지어 입고 퇴계학의 신봉자가 되었다. 그 후 새로 출범한 도쿠가와 막부幕府의 스승이 되어 막부가 문치文治로 흐르는 단초를 열어놓았다.

세이카의 뒤를 이어 하야시 라잔, 야마자키 안자이와 같은 학자에 의해 퇴계 선생에 관한 연구와 존숭은 더욱 굳어지면서 도쿠가와 시대 일본인의 일상생활 사소한 언행에까지 구석구석 스며들었다(더 자세한 내용은 《도쿠가와 이데올로기》를 읽어보시기 바란다). 메이지유신을 거치면서 이러한 정신은 '국민교육 칙어'에 반영되어 일본인의 의식과 생활에 더욱 확고히 자리 잡아 오늘에 이른다.

그러면 일본인이 생활화한 퇴계 선생의 언행을 구체적으로 살펴보자.

첫째, 경敬과 성誠의 일상화이다. 일본인의 친절과 예의 그리고 규율을 잘 지키고 헤어질 때 3번 이상 절하는 것 등은 경의 습관이고 체질화한 생활이다. 모든 일에 성실하고 처음부터 끝까지 최선을 다하는 것은 성의 생활화와 산업화이다.

둘째, 폐를 끼치지 않는다. 일본인은 남에게 폐 끼치지 않음을 가장 큰 도덕률로 삼는다. 가정교육에서 자녀에게 가장 중시하는 것이 집 밖에 나가 남에게 폐를 끼치지 않도록 가르치는 것이다. 퇴계 선생은 평생 폐 끼치지 않는 원칙을 사생활과 공직생활에서 지켰고 또 가르쳤다.

셋째, 자기 집을 방문한 사람과 초대한 사람은 반드시 차나 음식을 대접하고 초대한 사람의 식구를 위해 음식물을 들려 보낸다. 받은 만큼 갚는 것도 퇴계 선생의 사수법辭受法과 같다.

넷째, 일본의 학자는 일본인의 문장작법이 퇴계 선생으로부터 받은 영향이 크다고 증언한다.

다섯째, 정좌법靜坐法이 일본인의 생활습관이 되었다. 일본인은 꿇어앉아 손을 '팔'八자형으로 짚고 절한다. 안동과 퇴계학 영향권에서는 모두 이와 같이 절한다. 퇴계 선생의 예법원형이 일본에서 그대로 지켜져 잘 전해짐을 주목할 필요가 있다.

이처럼 일본인의 국민성과 생활문화를 정리해 보면 성, 경의 일상화, 공사 간 폐 끼치지 않기, 예절과 물품 사수, 심지어 문장작법까지 퇴계 선생의 실행유학을 그대로 답습함을 볼 수 있다. 우리가 잊고 잃어서 낭패한 것을 일본은 지키고 이어와 경제적 부와 윤리 도덕 생활을 함께 누리는 밑바탕이 되었다니 깊이 되돌아보아야 하지 않겠는가?

●

조선 선비 의병활동에 앞장서

우리나라는 예로부터 물질적으로 풍족한 나라는 아니었다. 그러나 예의와 염치를 소중히 여기며 살아왔다. 그래서 이웃 나라로부터 '동방예의지국', '군자의 나라'라고 칭송받기도 했다. 왕조도 세워지면 5백 년 이상 지속했다. 우리 시대와 가장 가까운 조선왕조도 5백 년 이상 지속된 세계에서 유례없는 장수 국가였다. 그 비결은 무엇일까? 조선은 문치국가이므로 무력이 센 나라는 아니었다. 그렇다고 공권력을 가진 관료가 힘으로 백성을 장악하고 통치하지도 못했다. 민란이 자주 일어난 것을 보면 알 수 있다.

조선은 유교 국가였다. 마을마다 고을마다 가르침을 주고 이끌어주는 존경받는 선비가 있었다. 그들은 스스로 몸을 닦고 솔선수범 하였기에 백성이 교화되어 따랐다. 나라 전체의 관점에서도 그러한 역할을 하는 큰 선비가 있었다. 그들은 사회적 책무를 다함으로서 지도층으로 추앙받았다. 조선은 이처럼 추앙받는 선비가 백성을 이끌어나가는 나라였다고 할 수 있다.

조선의 선비는 누구인가? 국어사전에 선비는 '학덕은 있으나 벼슬하지 않는 사람'으로 풀이되었으나 그렇게 좁은 의미로 쓸 일은 아니다. 벼슬길에 나아갔다고 해서 퇴계 선생이나 율곡 선생 같은 대 유학자를 선비의 반열에서 제외시킬 수는 없는 것과 같은 이치이다. 조선시대의 선비는 양반, 사대부 중에서 일생 도덕적 원칙을 추구하며 공부하며 살아가는 사람이었다. 그들은 학자 지식인이며 나아가면 관료 정치인이요, 교육자요, 언론인이었다.

조선의 선비는 그들의 나라 조선을 유교적 이상사회로 만들고자 하였다. 먼저 조선의 역사를 의리에 입각하여 재정리하였다. 정몽주·사육신·조광조는 역적으로 몰려 죽어간 현실정치의 패자였지만 선비는 의리를 위해 목숨을 바친 그들을 현실정치의 승자인 개국공신, 훈구대신보다 훨씬 높이 평가하며 사표로 추앙하였다.

한편 조선을 유교 국가로 분명히 하기 위해 최고 통치자인 국왕을 유교학인으로 만들고자 하였다. 하루 수차례나 열었던 경연은 신하가 국왕을 가르치는 자리였다. 세계에서 유례가 드문 일이 조선에서 일어났다. 또 그들의 꿈인 유교적 이상사회인 대동사회 건설을 위해 앞장서 권선징악을 내용으로 하는 향약을 실시했다. 자기뿐 아니라 이웃도 향약을 통해 교화시켜 대동사회 건설에 함께 하고자 했다.

그리고 국가가 위기에 부닥치면 분연이 일어나 맞서고 때로는 목숨까지 바쳤다. 임진왜란이 일어났을 때 도망치는 관군과는 달리 여기저기서 글 읽던 선비가 의병을 일으켜 나라를 구하려고 하였다. 곽재우·조헌·고경명 같은 의병장은 모두 뛰어난 선비였다.

이러한 선비정신은 조선 말기 외세침략과 국권상실 시기에도 변하지 않고 이어졌다. 외세가 밀려오던 초기에는 위정척사를 부르짖으며 우리의 전통을 고수하고 외국문물 도입을 반대하는 등 세상 돌아가는 큰 흐름에 어두운 면을 보이기도 하였다.

그러나 외세침략이 현실화되면서 그들은 의롭지 못한 현실을 타개하기 위해 용기 있게 나섰다. 의병활동을 치열하게 전개하였지만 국권을 상실하자 자결 순국하는 절개를 보여주거나 조국의 독립을 위해 중국 만주 등지로 고행의 길을 떠났다. 이처럼 선비는 나라가 가장 어려울 때 적극적인 자세를 보여주었다.

조선시대 유학이 발달하였던 안동은 전국 어느 지역보다 독립운동에 참여한 사람이 많다. 국가가 인정한 독립유공자가 360여 명이다. 우리나라 전체 독립자가 약 13,400명 정도 된다니 시·군별 평균은 40명 내외가 될 것이다. 안동의 국가독립유공자는 전국 평균보다 무려 10배가 된다. 그런데 안동의 독립유공자는 대부분이 유학자요, 선비라는 사실이다.

불과 1세기 전까지만 해도 우리의 선비는 배운 대로 나라를 위해서 그리고 정의를 위해서 이렇게 행동으로 보여주었다. 선비정신이 그들로 하여금 불의를 보고 못 본 체할 수 없게 하였다. 오늘날의 지식인이 보여주는 행동의 궤적과는 현격한 차이가 느껴진다.

●

선비는 어떻게 양성되는가?

그러면 조선의 선비들은 어떻게 양성될 수 있었을까? 먼저 지식을 공부시키기에 앞서 사람을 만들고자 인성人性 공부부터 가르쳤다. 어릴 때부터 기본적인 행동규범을 엄격하게 배웠다. 자고난 이부자리부터 스스로 개어 올리고 어른의 부르심에는 즉각 대답하고 좇아가 가르침받고 손님이 오면 나아가 공손히 맞이하여 자리에 모시는 등 일상생활에서의 예절부터 가르침을 받았다. 그리고 난 후에야 비로소 학문에 나아갈 수 있었다. 요즈음의 성적 우선의 자녀교육과는 출발부터 판이했다.

학문으로 나아간 선비의 공부는 위기지학爲己之學에 치중되었다. 자기 자신부터 치열하게 갈고 닦는 수기修己를 하고 다른 사람을 편안하게 하고 이웃과 백성을 감화시키는 치인治人의 단계로 나아갔다.

공부도 매우 폭넓게 하였다. 세상만물의 이치에 통달하기 위해 문·사·철을 공부하면서 메마르기 쉬운 학자생활에 윤기를 더하기 위해 시·서·화를 익혀 나갔다. 그들은 이성과 감성이 조화된 인간적인 참된 선비를 목표로 평생 치열하게 노력하였다. 이러한 과정을 거쳐 완전한 인격체를 지향하는 선비였기에 앞서 보여준 지도자로서의 사회적 책무를 수행할 수 있었던 것이다.

오늘날 우리는 우리의 역사와 전통문화에 대하여 높게 평가하려 하지 않으려는 경향이 짙다. 좀더 솔직히 표현한다면 꼭 배우고 간직할 만한 가치가 있다고 생각하는 이들이 적다고 본다. 그들은 우리 역사는 좌절과 치욕으로 얼룩진 역사이며 우리 전통문화는 선진국의 그것에 비해 보잘것없다고 여긴다. 그래서 잊고 싶은 역사요 버려야 할 고리타분한 전통이라고 여긴다.

최근 수세기 동안 우리 역사를 이끌어온 선비와 그들의 정신도 같은 맥락에서 인식되었다. 오늘 우리가 추구하는 선진화·세계화에 걸림돌이라면 모를까 결코 도움이 될 수 없다고 보는 국민이 지금도 많다.

왜 이렇게 우리 스스로 우리 역사와 전통문화를 비하하게 되었을까? 그 첫 출발은 1세기 전 일본제국주의의 국권침략 과정에서 그들이 굴레 씌운 식민사관의 영향이었다. 그들은 조선의 식민통치를 정당화하기 위해 조선과 조선 사람을 극단적으로 왜곡시켰다. 당쟁으로 날을 지새우고 중국을 상전처럼 사대주의로서 섬기면서 지배계층은 백성을 착취하니 나라가 망할 수밖에 없었다는 것이다.

그래서 일본은 조선을 이웃 나라로서 보호하지 않을 수 없어 합병하였다고 그럴듯하게 둘러대면서 조선 사람을 세뇌시켰다. 이 과정에서 선비도 예외는 아니었다. 공리공담과 사색당쟁으로 나라를 망친 무능하고 파렴치한 존재로 왜곡, 폄하시켜버렸다. 스스로 지도력을 상실한 당시 선비로서는 이를 바로잡기에 역부족이었다.

해방 후 물밀듯이 밀려온 외래문물에 대한 무분별한 수용은 우리 역사와 전통문화에 대한 인식을 더 악화시켰다. 나라 발전에 걸림돌로 여겨져 제거와 배척의 대상이 되었다. 나아가 최근의 급속한 경제발전과 도시로의 이동은 우리의 사조를 물질만능으로 바꾸었다. 이 과정에서 실리보다 의리와 명분을 중히 여기면서 청빈하게 살아간 선비정신은 세상 물정 어두운 고리타분한 정신으로 자리매김한 것이다.

끝으로 기록문자의 변화도 한몫을 톡톡히 한다. 선비의 삶과 사상은 한문으로 쓰였다. 못 읽게 되니 뜻도 모르고 알릴 수도 없게 되었다.

그렇다면 우리는 선진국에 걸맞은 도덕성과 윤리의식을 어디서 가져올 수 있을까? 우리 역사와 전통에서 실마리를 찾는다면 선비정신이 대안이 될 수 있지 않을까?

●

선비정신의 계승발전 방안

조선의 선비정신은 오늘날의 우리에게 어떤 의미를 주며 어떻게 기여할 수 있는가? 조선시대에 긍정적으로 받아들였던 선비정신은 부정적 측면도 있지만 오늘날에도 수용할 수 있는 긍정적 측면도 있다. 선비정신의 부정적 측면 중에는 조선의 선비가 공통적으로 가졌던 모순도 있겠고 선비의 탈을 썼던 속유俗儒와 부유腐儒의 부정한 행위가 마치 선비의 일반적 행위처럼 잘못 투영된 측면도 있다.

그러므로 오늘날의 안목으로 본 선비정신의 긍정적 측면과 부정적 측면을 구분해 보자. 그리고 나서 옳은 것은 이어받아 적극 활용하고 옳지 못한 것은 버리면 될 것이다. 먼저, 오늘날 본받아야 할 긍정적 측면을 정리해 보자.

첫째, 올바른 마음과 몸가짐이다. 선비는 의롭지 못한 부귀는 탐내지 않고 불의에는 목숨 걸고 항거하였다. 또한 예의 못지않게 염치를 소중히 여기고 청렴을 숭상하였다.

둘째, 공론을 주도한 선비의 기개이다. 벼슬에 나아가거나 물러나 초야에 있거나 옳고 그름을 분명히 밝히려는 자세를 보여주었다.

셋째, 고결한 인격자가 되고자 일생 학문을 익히고 세상을 위해 실천하는 것이다. 치열하게 공부한 다음 배운 것을 세상을 위해 이롭게 하려 했다. 그래서 벼슬도 감당할 수 있을 때 나아가고 감당할 수 없거나 뜻을 관철할 수 없으면 물러나는 것이 당연했다.

넷째, 국가가 어려울 때를 만나면 목숨 걸고 나가 싸우는 용기이다. 임진왜란 때나 구한말과 같이 나라가 위기에 처했을 때 의병을 일으켜 목숨 걸고 싸웠다.

그러나 부정적 측면도 있다.

첫째, 신분차별을 당연한 것으로 수용하려 했다. 조선시대는 유교의 치자, 피치자 구분의 영향으로 양인과 천인, 적서의 신분차별을 분명히 하였다.

둘째, 학문만을 중시하고 무를 낮추어보아 국력이 약화되었다.

셋째, 농·공·상을 천시하여 산업 능력을 저하시켰다.

넷째, 지나친 복고주의로 진취성을 결하게 된 사실 등이다.

이러한 사실은 당시의 시대적 한계성을 감안한다 하더라도 오늘날 결코 받아들일 수 없다. 이것이 속유나 부유 등의 비리 비행과 함께 조선시대 선비를 혹평하는 논거가 되었다. 이러한 부정적 선비문화로 인해 조선왕조의 경제력과 군사력은 제국주의 열강에 비해 약세를 면치 못하고 끝내는 국권을 잃게 되었다는 점도 부인할 수 없다.

그러나 뼈저리게 아픈 역사는 도리어 반성과 분발의 계기가 되어 세계 10위의 군사력 보유 국가, 세계 13위의 GDP 등 세계 어느 나라 못지않은 진취적이며 역동적인 모습으로 많은 성취를 이룩했다.

이처럼 부정적 측면은 이미 무너졌거나 지나간 과거에 불과한 것이 되어 모두 역사 속에 묻혀버렸고, 지금에 와서 되살릴 수도 없다. 이제 우리는 세상이 아무리 바뀌어도 반드시 지켜야 할 긍정적인 선비정신을 수용하고 발전시키는 일만 남았다.

사회전반에 걸쳐 선비정신을 계승·발전시켜야 하기 때문에 국가가 해야 할 몫이 가장 크다. 아울러 영향력 또한 가장 크기에 국가 정책에 반영되도록 뜻을 모아나가야 한다. 그러나 큰일일수록 시간이 걸리고 변수가 많다. 그때까지 기다릴 수 없다.

우리는 모두 지도층인사요, 지식인이요, 오늘날의 선비이다. 옛 선비는 가장 먼저 자기를 닦고 솔선수범을 하면서 주위를 교화시켜나갔다. 우리도 같은 길을 가면 된다. 적수성천滴水成川이라 하지 않는가? 그래서 나부터 시작해야 한다.

먼저 수신修身해야 한다. 자신의 인격을 함양하기 위해 책도 읽고 관련 모임에도 적극 참여해 배워야 한다. 또한 자신을 낮추고 상대를 공경하는 자세를 길러야 한다. 그러면 자신이 하는 일에 더 큰 보람과 긍지를 느끼고 가족이나 주위로부터 존경받게 될 것이다.

이렇게 되면 다음은 제가齊家이다. 가족에게 바람직한 인간의 도리와 자세를 몸소 보여주고 자녀의 지식교육에 앞서 인성교육을 해준다. 종친회와 향우회 등에 아들 손자도 데려가서 전통과 뿌리의식을 심어준다.

자신이 먼저 스스로를 가꾸고 주위의 가치를 인정하고 칭송한다면 자연히 주위에서 자신의 가치를 인정해줄 것이다. 그 길이 바로 수신에서 제가로 나아가는 길이다.

오늘날의 지도자에게 시대가 간절하게 요구하는 것은 우리의 빛나는 정신유산인 선비정신을 잘 다듬어 오늘날의 정신좌표로 정립해나가는 것이 아니겠는가?

군자의 사귐이 넘치는
세상을 바라며

유림단체인 담수회淡水會는 1960년대에 이미 우리 사회의 산업화가
초래할 병폐를 예견하고 전통윤리와 가치를 통한 사회의 교화를
위해 1963년 출범했다. 물질문화의 팽배 속에 우리 고유의 정신문
화와 가치관이 흔들리고 그로 인한 사회적 모순과 갈등이 심화되
는 오늘날의 사회상을 보노라면 일찍이 담수회를 창립한 선구자의
혜안에 깊은 존경심이 생긴다.

특히 담수회는 유교문화의 현대화, 즉 선비정신의 현대적 계승
발전과 젊은 세대에 대한 인성교육의 필요성을 절감하고 유교사상
속의 민주적 이념과 시대에 부응하는 사회적 규범 및 가치 개발에
힘쓰며 윤리도덕의 선양과 선진사회 실현을 위하여 많은 노력을
기울인다. 그러한 모든 일이 그 이후 발족된 도산서원 선비문화수
련원과 한국국학진흥원이 나아가려는 방향이다. 따라서 담수회는
우리와 뜻을 같이하는 믿음직한 동지라고 할 수 있을 것이다.

뜻을 같이하는 우리는 이 시대 공동체가 필요로 하는 역할을 해야 할 것이다. 그러한 역할 수행은 공동체 발전에 기여하는 계기가 될 뿐 아니라 개인적으로는 삶의 질을 높여주고 사회적으로 존경받게 함으로써 보람과 긍지를 가져다주는 일이 될 것이다.

그러면 이 시대 우리 공동체가 필요로 하는 일은 무엇일까? 그것은 오늘날 한국사회의 당면과제에서 찾아야 할 것이다. 우리나라는 1960년대까지 세계에서 가장 가난했던 나라에서 이제는 중진국을 넘어 선진국으로 발돋움하려는 단계에 가까이 왔고, 그 과정에서 물질적 풍요와 자유를 만끽했다.

그러나 우리가 자랑스러운 성취로 내세우는 이러한 압축성장은 동시에 많은 부작용을 초래하기도 했다. 산업화 과정에서 전통윤리와 가치관이 붕괴되었지만 새로운 시대의 가치관은 아직 세워지지 못했다. 따라서 이러한 가치관의 혼란과 사회적 합리성의 문제를 넘어 선진사회로 나아가는 것은 현재 한국사회가 당면한 시대적 과제이다.

오늘날 한국사회가 당면한 과제의 해결을 선도할 사람은 누가 되어야 할까? 이는 사회적 역할에 자신을 헌신했던 옛 선비의 길을 따르고자 하는 오늘날 선비의 사명이다. 우리가 누구인가? 그 시절 선비가 품었던 가치를 소중히 생각하고 선비의 뜻을 받들어 선비의 길을 걸어가려는 사람이 아닌가? 옛 선비가 그러했듯 위기지학의 자기수양을 통해 말과 행동 하나하나가 주위로부터 존경받을 때 우리의 주장과 실천이 사회적 파급효과를 가져올 수 있으리라.

따라서 우리가 할 일은 물질적 욕망이 횡행하는 사회를 향해 물질보다 정신적 가치의 중요성과 그러한 가치를 추구한 선비정신의 의의와 필요성을 널리 알리는 것이다. 이를 위해서는 체계적인 연구와 지속적인 수련을 실시하는 것이 무엇보다 시급하다. 만시지탄의 감은 있지만 다행스럽게도 우리는 각각 자신이 처한 자리에서 사회강연과 연수 그리고 예절교육 등을 통해 본격적으로 나섰고 이러한 노력이 밑거름이 되어 인성 회복과 전통가치의 복원에 서광이 비친다.

10여 년에 걸친 도산서원 선비문화수련원 운영을 통해 선비정신은 오늘날 우리 사회가 꼭 필요로 하는 정신이라는 확신을 가지게 되었다. 선비는 사대부 중에서 유학적 가르침을 자신의 일생의 지향으로 삼아 글과 도덕을 갖추고 의리와 범절에 따라 행동하는 사람을 말한다. 구체적으로 선비는 공자가 이른 인의 가르침을 마음에 담아 충서의 삶을 사는 사람이다.

충忠이란, 그 글자를 이루는 중中과 심心이 말하듯 마음을 시간과 공간에서 '지금', '여기'에 집중하는 것이다. 일이든 공부든 사랑이든 어떤 것에서도 마음을 다른 곳에 두지 않고 그것에 집중해 최선을 다하는 것이다.

서恕란, 그 글자를 이루는 여如와 심心이 말하듯 자신의 마음을 다른 사람의 마음과 함께하고 배려하는 것이다. 공자께서는 이와 관련해 '자신이 원치 않는 것은 남에게도 끼치지 말라'己所不欲, 勿施於人고 했다. 그러한 태도에서 자신이 하고 싶은 것은 양보하고 남들이

필자의 강연. 선비정신을 조금이라도 더 많은 분과 나눌 수 있다면 그것으로 족하다.

하기 싫어하는 것을 먼저 하는 '선우후락'先憂後樂의 실천이 가능해
진다.

옛 선비는 이러한 충서의 실천을 통해 당시 모든 사람이 추구하
며 존경하는 전통사회의 진정한 리더가 될 수 있었다. 그런데 이러
한 선비정신은 지나간 과거의 것이 아니라 우리 가까이에 있는 그
후손의 삶에서 그대로 이어져온다.

선진국은 개인의 능력과 경쟁을 중시하면서도 공동체 유지를 위
한 질서와 권위를 존중한다는 점에서 우리보다 뛰어난 정신문화를
지니고 오랜 역사 전통 속에서 형성된 지도층의 책임의식과 이에
대한 국민의 존경심이 공동체 유지의 기반을 이룬다.

오늘날 우리는 정작 자신의 역사와 전통문화에 대해 높게 평가하지 않으려는 경향이 있다. 혹자는 우리 역사는 좌절과 치욕으로 얼룩진 역사이며, 그래서 잊고 싶은 역사요, 버려야 할 고리타분한 전통이라고 생각한다. 최근 수세기 동안 우리 역사를 이끌어온 선비와 그들의 정신도 같은 맥락에서 인식되어 오늘 우리가 추구하는 선진화, 세계화에 걸림돌이 될 뿐 결코 도움이 될 수 없다고 생각하는 사람들도 적지 않다.

해방 후 물밀듯이 밀려온 외래문물에 대한 무분별한 수용은 우리 역사와 전통문화에 대한 인식을 더 악화시켰다. 전통문화가 나라 발전에 걸림돌로 여겨져 제거와 배척 대상이 되었고, 급속한 경제발전과 도시화는 물질만능의 사조로 바꾸었다. 그리고 이 과정에서 실리보다 의리와 명분을 중시하면서 청빈하게 살아간 선비의 정신은 세상 물정에 어두운 고리타분한 정신으로 간주되었다. 게다가 기록문자의 큰 변화도 선비정신의 가치에 대한 자각을 소홀하게 하는 데 한몫을 하였다. 선비의 삶과 사상은 한문으로 쓰여 못 읽게 되니 뜻도 모르고 알릴 수도 없게 되었던 것이다.

앞서 이른 바와 같이 선비정신 혹은 선비문화 가운데는 오늘날의 기준으로 볼 때 부정적으로 보일 수 있는 측면도 있고, 여전히 긍정적으로 수용할 수 있는 측면도 있다. 그렇다면, 이제 오늘날의 안목으로 선비정신의 긍정적 측면과 부정적 측면을 구분하고, 옳은 것은 이어받아 적극 활용하고 옳지 못한 것은 버려야 할 때이다.

일제의 폭압도 사라지고 근대화의 성과로 물질적 풍요에 더하여 선진국으로 나아가기 위한 정신가치 재건의 필요성이 절실해진 지금 우리에게 남은 과제는 선비정신에서 부정적 측면을 청산하고 긍정적 요소를 계승해 선진국에 걸맞은 도덕성과 윤리의식을 발굴하고 보급하는 일이다.

선비정신의 실천과 관련해, 자신과 가족을 대상으로 하는 수신·제가의 개인적 차원의 노력이나 지역사회 중심의 개별적 실천도 중요하다. 그러나 그러한 산발적 노력이 체계적이고 전문적인 방식으로 조직화되어 수행될 때 효과가 배가되고 사회에 미치는 파급력도 커질 것이다. 선비정신을 연구하고 보급할 전문 기관과 단체의 필요성은 여기서 생겨난다.

다행스러운 것은 선비정신의 현대적 의의와 필요성에 대한 공감이 확산되면서 전국적으로 그러한 기구와 단체의 설립 움직임이 많아진다는 점이다. 담수회는 그러한 움직임의 시작을 열었고 다른 어떤 단체보다 풍부한 성과와 노하우를 가졌다. 오랫동안 외로이 길을 개척해온 담수회 회원께 제안한다. 이제 전국의 서원과 국학관련 기관 그리고 단체와 뜻을 같이해 선비정신의 복원과 보급에 관한 지혜를 나누며 우리 사회를 맑고 따뜻한 사회로 만들어가는 길을 함께 걸어가시자고!

젊음이 선비에게 배워
멋지게 사는 길

●
어떻게 살아야 할까

사실 필자는 일생의 끝자리에 선 사람이다. 그래서 젊은이를 보면 아주 부럽다. 필자에게 남은 가능성은 적지만 젊은이는 이제 시작이고 무한한 가능성이 있다. 필자는 육체적으로 활력도 떨어지고 정신적으로 기억력도 떨어져 엊그제 한 일도 기억이 나지 않는 경우가 있다. 필자가 젊은이보다 컴퓨터를 잘하겠는가, 영어 발음이 더 좋겠는가?

그런데 얼추 계산해 보면 20대인 젊은이보다 50년 정도 더 살았다. 이는 젊은이가 경험하지 못한 30대, 40대, 50대, 60대, 70대를 모두 살아봤다는 의미이다. 만약 필자가 잘 살았노라 자신하는 삶이었다면 젊은이에게 해주고 싶은 이야기가 없었을지도 모른다.

돌이켜보니 후회되는 일이 이만저만이 아니다. 그래서 젊은이에게 필자처럼 살지 말고 선비처럼, 퇴계 선생처럼 잘 살라는 말을 하고 자 한다.

필자는 2008년 도산서원 선비문화수련원의 이사장직을 맡으면서 퇴계 선생의 삶과 사상에 느끼는 바가 많았다. 그리고 '아, 왜 나는 같은 사람인데 퇴계 선생처럼 훌륭한 삶을 못 살았을까?'하고 후회했다. 옛날로 돌아갈 수는 없으니 앞으로 살날이 많은 젊은이라도 선비처럼 멋지게 살아갔으면 하는 마음이다.

이 세상에서 가장 소중한 것은 바로 자신이다. 자신이 있기에 가족이 있고, 학교가 있고, 직장이 있다. 우리에게 주어진 삶은 단 한 번이다. 그래서 '이생', '삼생'이라 하지 않고 '일생'이라고 한다. 잘못 살았다고 다시 살 수 없다. 그럼 한 번밖에 못 사는 소중한 나의 삶, 과연 어떻게 살아야 할까? 멋지고 행복하게 살아야 한다. 아무리 많은 돈과 권력과 명예를 가져도 행복하지 못하다면 잘못된 삶을 사는 것이다.

●

멋지게 산다는 것

멋지고 행복한 삶을 살기 위해 어떤 목표를 가지고 인생을 살아가야 할까? 젊은이의 단기 목표는 대학 졸업과 동시에 취업일 것이다. 필자는 취업한 지 45년이 지났다. 취업 이후에도 이렇게 긴 인생을 살고 앞으로도 얼마쯤 더 살 것이다. 그러니까 취업이 인생의 최종 목표가 될 수 없다. 인생은 취업 이후에도 산 넘어 산이다. 그 산은 인생이 끝날 때까지 이어진다. 이제 우리는 현실적으로 100세까지 산다고 생각하고 여기에 맞춰서 중장기 목표를 세워야 한다.

그렇다면 우리가 가져야 할 목표는 무엇일까? 바로 평생 동안 몸담은 가정, 직장, 사회 등 모든 곳에서 '당신이 필요합니다'라는 말을 듣는 것이다. 가는 곳마다 필요로 하는 사람, 존경받는 사람이 되어야 한다. 그것이 바로 행복한 삶, 멋지게 사는 삶이다. 멋지게 사는 삶이란 외모를 근사하게 가꾸고 배를 채우는 삶이 아니다. 멋지게 산다는 것은 많은 사람과 더불어 존경받으며 살아가는 것이다. 내 배를 채워봤자 내 가족 누구도 배부르지 않다.

이런 삶을 살려면 지덕체智德體를 겸비해야 한다. 실력을 인정받고 훌륭한 사람으로 건강하게 사는 것이 멋진 삶, 행복한 삶을 살기 위한 전제 조건이다. 그런데 멋진 삶, 행복한 삶을 살기 위해서 지덕체 중에서 가장 중요한 덕목은 무엇일까? 이것을 알기 위해서는 우리의 삶을 잘 들여다봐야 한다. 길고 방대한 우리의 일생을 한 번에 들여다보기는 쉽지 않으니 이해의 편의상 우리의 삶을 공동체에서의 삶, 일상생활에서의 삶으로 나누어 살펴보자.

먼저 공동체에서 행복한 삶을 살기 위해서는 공동체가 오랫동안 필요로 하는 사람이 되어야 한다. 직장을 예로 들면, 부하 직원이 '아, 저분은 오래 계셔야 할 텐데'라고 생각하는 사람, 동료나 상사가 '저분 정년이 얼마 안 남았어. 안타깝다'라고 말하는 사람이 되어야 한다. 입사해서 신입사원 교육 후 부서에 배치될 때 '그 인사성 없고 성실하지 못한 사람, 우리는 안 받겠다'는 말을 듣는 사람이 되어서는 안 된다. 자신이 속한 크고 작은 곳에서 주위 사람이 아주 오래도록 같이 있고 싶어 하는 사람이 되어야 공동체에서의 삶이 행복할 수 있다.

그렇다면 공동체에서는 어떻게 해야 사랑받을까? 공동체에서 다른 사람에게 인정받고 존경받기 위해서 중요한 것은 태도와 자세이다. 미국의 한 통계에 따르면, 미국에서 소비자가 백화점이나 은행 등의 거래처를 다른 곳으로 옮기는 이유의 68%가 "상대방 태도가 기분 나빠서"였다. 그래서 기업에서는 사람을 뽑을 때 인성과 태도를 중시한다. 업무에 필요한 지식이나 기술은 입사 후 연수나 교육을 통해 가르칠 수 있지만 나쁜 태도와 자세는 교정이 쉽지 않기에 '우리는 지식이 부족하더라도 태도나 자세가 좋은 사람을 뽑으려 한다'는 기업이 많다.

●

상대는 그대로, 나를 바꿔라

그런데 직장 생활은 아무리 오래 하고 싶어도 정년이 되면 나올 수밖에 없다. 평균수명이 늘어서 직장을 그만두고 나와도 40~60년을 더 살게 되는데 이 시기를 우리는 어떻게 살아야 할까? 이런 장수 시대에 출세보다도, 돈보다도 필요한 것은 옆에서 돌봐줄 누군가이다. 많은 돈을 가져도 90세가 되면 은행 통장 비밀번호를 외우지 못하니 소용없고, 아무리 건강해도 100세가 되면 혼자 병원 가기가 힘들고, 몸에서 냄새가 나도 혼자 목욕탕에 갈 수 없다. 누군가 옆에서 돌봐주는 사람이 있으면 나이 들어서 행복한 삶을 살 수 있다. 하지만 아무도 찾아오지 않고 거들떠보지 않으면 비참한 삶을 살다 생을 마치게 된다.

태어나서 죽을 때까지 모든 것이 좋다면 더 바랄 나위가 없겠지만, 만약 인생의 세 시기를 30세까지의 청소년기, 60세까지의 중장년기, 60세 이후의 노년기로 나누고 그중에서 가장 행복하게 살 시기를 하나만 고르라고 한다면 어떤 시기를 고를까? 가장 행복하게 살아야 할 시기는 60살 이후의 은퇴기이다. 사회에서 아무리 높은 자리까지 올라가도 은퇴 후에 아무도 거들떠보지 않는 그런 비참한 삶을 100세 넘어서까지 산다고 생각해 보라. 야구도 마찬가지이다. 8회까지 이겨도 마지막 9회에서 뒤집히면 진 경기이다. 그렇기 때문에 내 인생의 성패를 가르는 것은 노년의 삶이고, 그 노년의 삶이 성공적이려면 가까운 사람과의 관계가 좋아야 한다. 노년에 가까운 사람과의 관계가 엉망진창이 되면 그 인생은 실패한 인생이다.

지금 우리나라는 OECD 국가 중 11년째 자살률이 1위이다. 그리고 자살률은 연령대가 높아질수록 더 높게 나타난다. 우리 사회가 살면 살수록 살고 싶지 않은 사회라는 것을 반증하는 예인 셈이다. 아마 특단의 대책이 없다면 앞으로 10년 후 노년층의 자살률은 더 높아질 것이고, 지금의 젊은이가 노년이 되는 40~50년 후의 상황은 더 악화될 것이다. 이 흐름을 막기 위해서는 노년층의 자살률이 높은 원인을 알고 대책을 강구해야 한다.

노년층 자살률의 가장 직접적인 원인은 가족으로부터의 학대이다. 그렇다면 가까운 사람과 사이가 좋아야 한다는 것인데, 가까운 사람과 사이가 좋아지려면 어떻게 해야 할까? 바로 그 사람이 아니라 내가 바뀌어야 한다. 지덕체 중에서 덕, 즉 가족을 대하는 나의 마음과 말과 행동, 나의 자세가 바뀌어야 한다. 가족에게 바라기보다는 내가 먼저 가족을 위하고, 가족 간에 갈등이 있을 때 가족에게 잘못을 돌릴 게 아니라 내 자신을 되돌아보고 내가 태도를 바꾸고 내가 변해야 한다. 이렇게 내가 변하면 가족과의 관계가 좋아지고, 행복한 삶을 살 수 있다.

다만 공동체가 필요로 하는 사람이 되려는 노력이 다른 사람의 필요에 맞춰서 자신을 바꾸려는 노력으로 변한다면 자신으로서의 삶은 없고 다른 사람의 시선이 자기를 채우게 될 것이다.

공동체가 필요로 하는 사람은 다른 사람의 요구에 맞춘 사람이 아니다. 자신의 삶을 살아야지 남의 요구에 맞춘 삶을 살아서는 안된다. 자신을 알고 무엇을 하는 것이 가장 가치 있는지 스스로 생각하며 살아가는 것이 중요하다. 예컨대, 공부를 열심히 하는 건 좋지만 밤늦게까지 공부하면서 소리를 크게 낸다면 먼저 가족이 싫어할 것이고 나아가서는 이웃들이 싫어할 것이다. 내가 나에게 충실하면서 남에게 피해를 끼치지 않고, 동시에 다른 사람에게도 필요한 사람이 되어야 한다.

●
인간, 사람과 사람 사이

우리나라가 지난 반세기 동안 이룬 눈부신 발전을 일컬어 '기적을 이뤘다'고 한다. 자원과 자본이 부족한 상태에서 이런 기적을 이룰 수 있었던 것은 높은 교육열과 가족주의 때문이다. 형제자매가 5~10명에 이르던 1950~1960년대에는 가난 때문에 모두가 공부할 수 없으니 대표로 한 명만 공부시키고 온 가족이 똘똘 뭉쳐서 그 학업을 뒷바라지하며 헌신했다.

그런데 오늘날 우리는 그 원동력을 상실했다. 신뢰와 헌신의 가치는 사라지고 서로를 잘 믿지 못하는 사회가 되었다. 열심히 일하기보다는 자기 몫을 챙기는 데 급급하고, 오직 경쟁에서 이기기 위한 지식 위주의 교육에만 혈안이 되었다. 그리고 가족애는 물질만능과 이기주의에 파묻혀버린 지 오래다.

이렇게 되면 경제성장도 멈출 수밖에 없다. 성장이라는 것은 자원과 자본만으로 가능한 것이 아니기 때문이다. 발전은 사람들이 서로 믿고 신뢰할 때 가능하다. 그런데 지금 우리 사회에서는 대기업과 중소기업이, 높은 사람과 낮은 사람이, 모든 주체가 서로를 믿기보다는 각자 자기주장만 앞세운다. 또한 우리 사회의 고질적 문제인 갑을 관계에서의 이른바 갑질이라 일컫는 갑의 횡포도 근래

들어 더 성행한다. 영원한 갑은 없다. 갑질 문화에서는 결국 모두가 피해자일 수밖에 없다. 이런 우리 사회의 폐단을 고치지 않으면 우리가 먹고사는 문제도 점점 힘들어지고 우리 모두가 지향하는 행복한 삶도 멀어질 것이다. 그럼 이런 폐단을 어떻게 고칠 수 있을까? 그 실마리를 우리 조상의 삶에서 찾을 수 있다.

우리 조상은 가난하게 살았지만 더불어 사는 것을 아주 중시했다. '인간'人間이라는 것은 '사람과 사람 사이'라는 뜻이고, 사람은 혼자서는 살아가는 의미가 없다. 우리 조상은 무엇보다도 인간관계를 중시했기 때문에 절대 남에게 함부로 행동하지 않고 스스로를 절제하고 남을 배려했다. 그렇기 때문에 작은 공동체인 가족은 화목했고, 큰 공동체인 사회는 안정되었다.

그런데 우리는 어떻게 사는가? 우리는 경제적으로 잘살지만 서로 자기 입장만 내세운다. 우리가 이렇게 자기 입장에서만 처신한다는 것은 짐승과 다를 바 없이 산다는 뜻이다. 각자가 자기 입장만 생각하고 자기 욕망을 채우는 데만 급급하다 보니 결국 서로가 서로를 불신하게 되고 각자가 고립되어 가족은 만나면 싸우고 사회에도 믿을 만한 사람이 없게 된다.

과거와 현재에 이런 차이가 생기게 된 원인은 교육에 있다. 과거에는 무엇보다도 먼저 인격을 닦아주는 공부를 시켰다. 돌이 지나면 아이는 엄마 품에서 할머니 무릎으로 옮겨져 조기교육을 받았다.

이때 가르친 것이 첫째, 옷 입고 밥 먹는 것과 같은 자기 할 일을 스스로 하는 법이다.

둘째, 더불어 살아가는 삶의 지혜이다. 아무리 배가 고파도 어른이 먼저 드시기 전에 수저를 들지 말고 형제와 사이좋게 나눠먹어야 다른 사람들에게 인정받고 사람들과 잘 어울려 살 수 있다고 가르쳤다.

셋째, 기본적인 삶의 자세와 태도이다. 〈흥부전〉 같은 이야기를 들려주며 '착하게 살아야 한다'고 가르쳤고, 손자에게는 할아버지가 《천자문》 같은 지식을 가르치기보다 마당쇠 교육을 시켰다. 밖에서 '이리 오너라' 하면 손자가 나가서 손님을 맞이하는 것이다. 왜 귀한 손자에게 이런 마당쇠 교육을 시켰을까? 손자가 나중에 커서 어떤 일이든지 다 할 줄 아는 훌륭한 사람이 되게 하기 위해서이다. 그래서 손자, 손녀는 할아버지, 할머니의 이불을 펴고 개고 요강을 비우는 일을 도맡아 하면서 불만을 가지기는커녕 할아버지, 할머니의 사랑을 느꼈다.

그런데 요즘 우리 사회는 어떤가? 아이에게 지식만 가르치고 아이가 원하는 것은 뭐든 다 해주려고 한다. 그러니 집집마다 있는 왕자, 공주가 모두 사회로 나오면 어떻게 될까? 이런 아이가 커서 자기 이익만 챙기려고 하니 다른 사람들과 좋은 관계를 맺을 수가 없는 것이다. 자기밖에 모르는 삶을 살기 때문에 결국은 모두가 다 불행한 삶을 살게 된다.

선비는 먼저 나서고 나중에 즐거워했다

지금의 부를 누리면서 행복하게 살기 위해서는 우리 조상이 살아갔던 것처럼 인간관계를 돌아보면서 자기를 절제하고 남을 배려해야 한다. 퇴계 선생이나 율곡 선생, 다산 선생처럼 솔선수범하고 학문과 처신이 일치한 훌륭한 선비의 삶을 본받아야 한다.

그럼 선비는 어떤 사람일까? '선비'는 순우리말이고, 한자로는 '선비 유儒' 자를 쓴다. 이 글자는 '사람 인人'과 '구할 수需' 자로 이루어졌다. 바로 '구하는 사람'이라는 뜻이다. 그럼 누가 구할까? 선비는 세상이 구하는 사람이다. 선비는 지식과 덕, 의리와 범절을 두루 갖춘 사람인 동시에 자기 이익을 위해서 날뛰지 않고 우리 모두가 가야 하는 방향으로 앞장서서 실천하는 사람이기 때문에 세상이 원하고, 필요로 하는 사람인 것이다. 앞서, 행복한 삶, 멋진 삶을 살기 위해서는 공동체가 오랫동안 필요로 하는 사람이 되어야 한다고 말했다. 선비가 바로 그런 사람이다. 그렇기 때문에 오늘의 젊은이는 선비정신을 배우고, 선비가 되어야 하는 것이다.

그럼 퇴계 선생을 통해서 우리가 배워야 할 선비정신은 구체적으로 무엇일까? 퇴계 선생은 어떻게 살았기에 그토록 많은 사람으로부터 존경받고 지금도 추앙받았을까? 퇴계 선생은 학식도 아주 높았지만 그 학식을 그대로 실천했다. 사람들이 여기에 감동받은 것이다. 퇴계 선생은 검소와 청렴을 실천했고, 무엇보다도 자신을 낮추고 상대방을 배려하고 섬겼다. 자기보다 높은 사람, 또는 자기와 비슷한 사람에게 낮추는 건 쉽지만 자기보다 낮은 사람에게 자신을 낮추고 상대를 섬기는 것은 결코 쉽지 않다. 우리는 퇴계 선생의 바로 이런 점을 배워야 한다.

당시에 여성은 남성보다 낮았고, 신분 사회였기 때문에 천민과 종은 항상 낮을 수밖에 없었다. 또한 장유유서에 따라 나이 적은 사람이 나이 많은 사람보다 낮았다. 그런데 퇴계 선생은 자신보다 낮은 이들 모두를 섬기고 늘 자신을 낮췄다. 낮은 사람 입장에서는 높은 사람이 자신을 예우해주면 기분이 좋다. 이처럼 나를 낮추고 남을 배려하는 삶을 살아갈 때 모든 사람이 나를 존경하고 추앙하게 된다.

선비정신에서 배울 점은 서恕의 자세를 실천하여 존경받는 사람이 되는 것이다. 선비는 '서'를 실천하기 위해 좋은 것과 즐거운 것은 남에게 양보하고 하기 싫은 것과 꺼리는 것은 자신이 솔선하는 자세, 즉 선우후락先憂後樂을 중요시했다. 가장 힘주어 강조하고 싶은 선비정신이 바로 이 선우후락이다. 선비는 남들이 하기 싫어하는 근심, 걱정을 먼저 나서서 하고 즐거워할 일은 남보다 나중에 즐거워했다. 이 선우후락을 실천한다면 누구에게나 존경받고 어느 분야에서든지 최고의 자리에 오를 것이다.

하지만 남들이 하기 싫어하는 일을 먼저 한다는 것은 현실적으로 정말 어렵다. 그럼에도 불구하고 선우후락을 강조하는 이유는 간단하다. 첫째, 나만 똑똑한 것이 아니라 다른 사람들도 나만큼 똑똑하다. 둘째, 나만 양심적인 것이 아니라 다른 사람들도 나 정도의 양심이 있다. 셋째, 인생은 길다. 인생이 짧다면 제멋대로 살아도 상관없겠지만 이 긴 인생에서 주변 사람에게 존경받고 행복한 삶을 살기 위해서는 선우후락을 실천하는 방법밖에 없다.

●
멋지게 사는 길

이제는 배운 것을 실천해야 한다. 공동체가 필요로 하는 것을 내가 앞장서서 실천해야 한다. 그렇다면 무엇을 어떻게 실천해야 할까? 그 첫걸음은 자신의 인격을 닦는 수신修身에서 시작한다. 행복해지고 리더십을 발휘하려면 존경받을 수 있는 인격을 먼저 갖춰야 한다. 이때 생각할 것이 퇴계 선생이 강조한 '경'이다. 경은 자신을 낮추어 남을 배려하는 자세이다. 이 경의 자세를 통해 비로소 자기중심적 자아에서 공동체지향적 자아로 거듭나게 되는 것이다.

그 다음은 '제가', 즉 가정을 잘 이끄는 것이다. 요즈음은 배우자와 자녀에게만 관심을 두는 경향이 두드러진다. 이것은 짐승에게도 있는 본능이다. 사람이 짐승과 달리 사람다우려면 부모에 대한 효와 형제간의 우애로 집안을 평안히 하는 것이다. 특히 진정으로 우러나는 효를 실천하면 존경은 저절로 온다.

《대학》大學의 실천덕목에 따르면 제가 다음은 치국治國이다. 요즘으로 말하면 직장생활에 해당된다. 직장생활에서는 직장을 운명공동체라 생각하고 직장에 요구하기에 앞서 공동체가 잘 되도록 내가 먼저 노력해야 한다. 특히, 직장에서 오래도록 필요한 사람이 되기 위해 앞서 말한 충과 서를 실천해야 한다. 직장생활에서 주의할 점은 내가 직장에 오래 있어야 된다고 주장하는 사람이 되어서는 안 된다.

또한 자신이 하는 일만 중요하고, 자신의 일만 힘든 것이 아니라 남이 하는 일도 존중할 줄 알아야 한다. 그리고 그 마음을 칭찬으로 나타내면 상대가 보람을 느끼고 더욱 열심히 할 것이다. 더 나아가서 공동체를 위해 봉사함으로써 실천할 수 있다. 익히 듣는 상부상조는 일방적인 베풂이 아니라 서로에게 오가는 나눔이다.

선비처럼 멋지게 사는 길은 결코 어렵지 않다. 우리가 이미 아는 것을 꾸준히 잘 실천하면 모두가 충분히 행복하게 살 수 있다. 아울러 앞서 말한 바를 잘 실천하여 오래도록 필요한 사람으로 존경받으며 행복하게 살 수 있다. 또 오늘의 젊은이가 잘 실천해준다면 우리 사회의 건강도 오래지 않아 곧 회복될 것이다.

●

선비처럼

부끄럽게도 필자는 20, 30대에 '이런 사람이 되어야겠다'는 생각이 없었다. 지금까지 살아보니 후회되는 일이다. 다만 20, 30대를 생각해 보면, 인생의 큰 계획은 없었지만 사람 간의 약속을 아주 중요하게 여겼다. 시원찮은 사람이든, 저보다 높은 사람이든 약속한 상대가 누구든지 무조건 먼저 한 약속을 우선시했다.

아울러 스스로 중요하게 생각하는 더 큰 가치를 지키려고 노력했다. 일례로 공무원으로 재직 당시 필자는 예산당국에서 예산지원 업무를 담당했고 필자의 친구는 다른 부처에서 공무원 보수를 담당했는데, 그 친구가 공무원 월급을 좀 높게 올리자고 요청했다. 대한민국 예산을 알뜰하게 쓰는 것이 필자에게 부과된 임무였기에 어느 정도 선에서 더 이상 양보하지 않았다. 친한 친구의 입장도 있었거니와 공무원 월급이 오르면 필자의 월급도 오르니 그야말로 누이 좋고 매부 좋은 일이 아니겠는가? 그러나 필자가 중시하는 가치에 위배되는 일이었기에 어느 선 이상은 물러서지 않았다.

길게 보고 멀리 본다는 것이 사람 간의 관계에서는 먼저 한 약속을 중시하고, 일을 함에서는 누가 뭐래도 나에게 부여된 일에 책임감을 가지는 것이라 생각한다.

선비정신은 멀리 있지 않다고 생각한다. 옳고 그름을 가릴 줄 아는 나이라면 흔들리지 않고 실천하며 살아가는 것, 선비처럼 살아가는 길이 아닐까?

공자의 삶

공자孔子는 이름이 구됴이고, 자는 중니仲尼이다. 기원전 551년 중국 춘추
시대 노魯나라에서 아버지 숙량흘과 어머니 안징재 사이에서 태어났다고
전한다. 공자는 성장한 후 조국인 노나라에서 아주 짧은 기간 공직에 종사
하였을 뿐, 대부분의 생애를 중국 각지를 떠돌며 제후에게 자신의 사상을
설파했다. 그러나 이런 노력이 수포로 돌아가자 말년에 조국으로 되돌아와
서책을 정리하고 제자를 기르는 일에 마지막 정열을 불태우다 기원전 479
년 73세의 나이로 세상을 떠났다.

공자는 가족주의를 바탕으로 사람 사이에 신뢰와 사랑이 충만한 대동大同
사회를 꿈꾸었다. 공자의 이런 소망은 '인'仁과 '예'禮로 구체화되었다. 이
같은 가르침은 중국 한나라 이후 동아시아 문화권을 관통하는 정신적 좌표
로 구실을 했다.

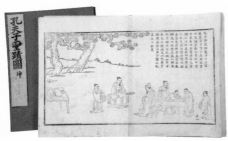

ⓒ한국국학진흥원(복제)

〈공부자성적도〉(孔夫子聖蹟圖)
공자의 생애를 104편의 그림과 해설로 나타낸 그림이다. 이 그림은
〈행단예악도〉(杏壇禮樂圖)로 공자가 은행나무 아래에서 제자들에게
'예'(禮)와 '악'(樂)을 가르치는 모습을 담았다.

한국 유교의 발자취

유교의 전래와 정착

우리나라의 유교는 삼국시대를 전후하여 중국 문화의 영향을 받으면서 한자와 함께 유입되기 시작하였다. 통일신라를 거쳐 고려시대로 들어오면 유교가 정치적 운영원리로 중시되며 제도적 측면에서 뿌리내리기 시작한다. 과거를 통해 관료를 충원하면서 유학은 관료가 되기 위한 지식이 되었고 사회의 중요한 이념으로 확고하게 자리 잡았다.

ⓒ한국국학진흥원(독계)

장량수급제패지(張良守及第牌旨)
고려 희종 원년(1205)에 치러진 진사시에서 병과로 합격한 장량수(張良守)에게
내렸던 급제 패지이다. 과거 합격을 증명하는 교지이며 행서(行書)와 초서(草書)로 썼다.
지금까지 남은 패지 가운데 가장 오래된 것이다.

성리학의 도입과 이론적 심화

고려 말 중국으로부터 주자학을 근간으로 하는 성리학이 도입되었다. 이후 조선 건국과 함께 국가 이념으로 표방되었다. 이후 성리학을 중심으로 한 유교는 정치이념뿐 아니라 사회생활 전반에 영향을 미치는 사상으로 자리 잡았다. 조선시대에 들어와 사회 각 방면에 뿌리내리기 시작한 유교는 중기로 넘어오며 이론연구의 수준도 심화되어 부분적으로 중국을 능가하는 독보적 경지를 이루었다. 사단칠정 논쟁 등을 통하여 이론적 성숙을 경험한 조선 유교는 임진왜란壬辰倭亂과 병자호란丙子胡亂을 거치면서 성리학적 가치의 실천성을 문제 삼는 예학의 전성시대로 접어든다.

《주자대전》(朱子大全)

17세기 조선에서 을해자(乙亥字)로 간행한 주희의 문집이다. 중국 남송(南宋)대 주희의 문인들이 그가 저술한 성리설(性理說), 시(詩), 서간문 등을 모두 모아 1265년(함순 원년)에 처음 편찬하였다.

ⓒ한국국학진흥원(도산서원 운영위원회 기탁)

《사례편람》(四禮便覽)

이재(李縡)(1680~1746)가 관(冠), 혼(婚), 상(喪), 제(祭)의 순서에 따라 사례(四禮)를 알기 쉽게 간추려 편찬한 책이다.

ⓒ한국국학진흥원(진주 강씨 기헌 고택 기탁)

성리학의 변화

병자호란 후 중국을 통해 서양문물이 들어오자 조선 유교는 천주교로 대표되는 서학과 운명적으로 조우함으로써 새로운 도전에 직면하였다. 아울러 조선후기로 접어들면서 주자학의 현실 경영 능력이 약화되고 서학을 통해 새로운 문물에 눈을 뜨게 되자 이에 대한 대응으로 실학이 태동하였다.

19세기 들어서는 서세동점西勢東漸의 파고가 더욱 거세어지고 그 결과 국권상실의 위기에 봉착하자 조선 유교는 성리학적 명분론에 입각한 의병운동을 통하여 시대적 소임을 수행하였다.

한국국학진흥원 (편), 2006, 《유교문화박물관》, 인동: 한국국학진흥원.
한국국학진흥원 http://www.koreastudy.or.kr/main/main.action
유교문화박물관 http://www.confuseum.org/

其三
古人도 날 몯 보고 나도 古人 몯 뵈
古人을 몯 봐도 녀던 길 알 픠 잇 니 녀던
길 알 픠 잇 거든 아니 녀고 엇덜고

도산십이곡陶山十二曲

도산육곡지이陶山六曲之二 기삼其三
옛 훌륭한 어른이 나를 못 보고 나도 고인을 못 뵈어.
고인을 못 뵈어도 고인이 가던 길이 앞에 있네.
가던 길이 앞에 있거든 아니 가고 어찌할꼬?

제 4부

전통에서
배우는
지혜

일상 속 자신에 대한 점검과 자아의 성찰을 통해 도덕적 인격을 실현하고 그것을 이상적인 사회의 실현으로 확장하고자 한 유교문화권에서 과거를 기록하는 것은 미래를 대비하는 필수적 행위였다. 유교적 가치를 이 땅에 구현하는 데 투철했던 만큼 선조는 우리에게 남다른 기록유산을 남겼던 것이다.

오래 멀리 퍼져나가는
꽃향기

'화향천리행 인덕만년훈'花香千里行 人德萬年薰이라는 말의 뜻을 살펴보자. '꽃향기는 천 리를 퍼져나가고 사람의 덕은 만 년 동안 향기롭다'는 뜻이다. 따라서 '사람의 향기'란 곧 '사람의 덕이 내뿜는 향기'이고 '만 년을 간다'는 것은 그 덕의 향기가 '만 년 동안 오래오래 지속된다'는 뜻을 비유적으로 표현한 것임을 알 수 있다.

그렇다면 새로운 궁금증이 생긴다. 어떻게 해야 덕의 향기가 만년을 퍼져나갈 수 있을까. 인위적으로 피우는 향기가 오래가지 못할 것임은 분명한 일이다. 이 대목에서 퇴계 선생의 가르침은 의미깊게 다가온다.

제자들이 평소에 들은 스승의 가르침을 기록한 언행록에서 선생은 "군자의 학문은 다만 자기를 위할 따름"이라고 간명하게 정의한다. 자기를 위한다는 것은 의도함이 없는 것이다. 그러면서 마치 깊은 숲 속에 있는 난초가 온종일 향기를 피우지만 스스로는 그 향기

2013 종가포럼.
'불천위'를 주제로 열린 종가포럼.
'인덕만년훈'의 의미를 되새기는 의미 있는 자리였다.

로움을 모르는 것과 같은 이치라고 덧붙였다.

유학에서는 '자기를 위한 학문'을 '위기지학'爲己之學이라고 부른
다. '남을 위한 학문'인 '위인지학'爲人之學에 상대되는 말이다. 자기
를 위한 학문보다 남을 위하는 학문이 더 바람직하다고 생각하기
쉽다. 그러나 이는 현대인이 이 말들의 뜻을 글자 그대로 해석하려
는 데에서 비롯된 오해이다.

위인지학은 '남을 의식하는 학문'이라는 뜻이다. 이에 반하여 위
기지학은 남을 의식하지 않고 자신의 인격 도야에만 열과 성을 쏟
는 공부를 이른다. 따라서 '군자의 학문은 자기를 위할 따름'이라는
것은 허명虛名에 신경 쓰지 않고 오직 내적인 심성함양을 통한 인격

의 구현에만 힘쓴다는 것이다.

퇴계 선생은 이를 우거진 숲 속에 홀로 핀, 그렇지만 그 향은 숲을 하루 종일 가득 채우는 난초에 비유하였다. 난초는 숲을 가득 채우기 위한 목적에서 향기를 머금지 않는다. 다만 타고난 자신의 본성에 충실하여 비와 햇살과 바람과 함께하며 꽃을 피웠고, 그 결과로 숲에 난향이 가득 퍼졌을 뿐이다. 하지만 난초는 자신의 향이 그렇게 숲을 가득 채운다는 사실을 모른다. 그것은 자신이 의도한 결과가 아닌 까닭이다.

사람의 덕이 만 년을 간다는 것도 아마 이런 것이 아닐까. 남에게 인정받고 좋은 소리를 듣기 위해서가 아니라 오직 '사람다운 사람'이 되기 위해 항상 스스로를 낮추며 묵묵히 인격을 닦는 사이에 자신도 모르게 밤새 내리는 눈처럼 소복이 쌓이는 것이 덕이다. 그런 덕이라야 만 년을 간다.

이처럼 덕의 향기가 만 년을 가는 분을 오래도록 기리기 위해 조선시대 때는 국가와 사림에서 돌아가신 지 4대가 지나도 집안에서 계속 제사를 받들도록 했다. 고조까지만 제사를 지내는 이른바 4대봉사奉祀의 제례예법에서 예외를 인정한 것이다. 4대가 지나도 위패를 옮기지 않는다고 하여 불천위不遷位라고 부른다.

현재까지 이어온 불천위 문중은 경북에만 해도 백 개가 넘는다. 가히 덕의 향기가 온 천하를 채운다고 해도 좋을 정도이다. 이를 기려 한국국학진흥원에서는 '2013 종가포럼'의 주제를 불천위로 정하였다. 그리고 포럼 제목도 '인덕만년훈'의 의미를 살려 '불천위,

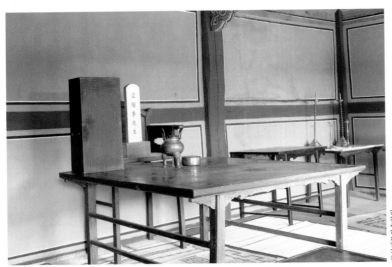

퇴계 선생의 위패. 퇴계 선생의 위패 또한 불천위이기에 지금도 제사를 지낸다.

만 리를 가는 사람의 향기'라고 붙였다.

　인문학이 많이 강조되는 세상이다. 인문이라는 것도 궁극에는 인덕人德으로 귀결될 수밖에 없다. 자연질서天文 속에 새겨지는 사람의 결人文 가운데 가장 고결하고 향기로운 것은 결국 덕이기 때문이다.

청렴보다
중요한 것이 있을까

그러지 않아도 고르지 않은 장마로 불쾌지수가 높은 터에 불편한 소식이 들려왔다. 그중 하나는 홍콩의 정치경제 리스크 자문회사 한 곳이 최근 발표한 보고서에서 우리나라가 아시아 선진국 중 최악의 부패국가로 지목되었다는 것이다. 아시아 각국과 미국·호주 등지에서 사업을 하는 외국인을 대상으로 기업 활동을 하는 국가의 부패지수를 묻는 설문조사에서 우리나라는 선진국 그룹 가운데 가장 부패한 것으로 나타났다. 우리의 부패지수는 6.98점으로 싱가포르(0.74)와 일본(2.35), 호주(2.35), 홍콩(3.77) 등 주요 경쟁국들에 비해 훨씬 높다. 우리보다 더 높은 나라는 캄보디아나 미얀마, 베트남 등 상대적 후진국 정도라니 우려스러울 따름이다.

더 큰 문제는 우리 부패문화의 뿌리가 정치·경제 피라미드의 최상층까지 뻗었을 뿐 아니라, 기업의 해외 진출로 외국에까지 전파하는 상황이라는 게 분석내용이다. 관행에 젖은 동안 부지불식간

퇴계 고신(退溪 告身). 1566년 퇴계 선생을 공조판서 겸 홍문관 및 예문관 대제학 등에 임명한다는 고신이다. 퇴계 선생은 수많은 벼슬을 받았으나 말년이 되어 물러나야 할 때를 알아야 한다며 극구 사양하였다.

에 부패 수출국이 되어버린 꼴이다. 하긴 몇 년 전 여름을 후텁지근하게 보냈던 가장 큰 이유가 원전 관계자의 광범위한 비리로 촉발된 전력난 때문이었고, 국가 최고정보기관 수장을 지낸 이가 개인 비리로 수사를 받았다. 게다가 전직 대통령의 미납추징금 집행을 위해 본인과 자녀, 친인척의 집까지 압수수색하는 모습도 목도目睹하는 형국이니 딱히 항변할 말도 없다.

청렴은 사私와 공公 어느 측면에서 봐도 매우 중요한 가치이다. 먼저, 개개인의 삶의 질, 즉 사적 관점이다. 자신에게 엄격하고 청렴한 삶은 그렇지 않은 삶보다 도덕적으로 훨씬 더 우위에 있다. 스스로는 떳떳하고 주위로부터는 존경을 받는다. 이는 사랑하는 가족과 자녀에게 물려줄 가장 값어치 있는 유산이다.

다음은 공동체의 경쟁력, 즉 공적 측면이다. 도덕적으로 건강한 국가나 기업이 그렇지 않은 곳보다 우월한 경쟁력을 지닌다는 것은 인류의 장구한 역사가 분명하게 가르쳐준다.

국가든 기업이든 최고의 가치는 '영속 발전'이다. 인류사에 명멸했던 국가 중 장수한 나라로는 로마제국이 대표적이다. 동로마제국까지 계산하면 근 2천 년을 지속했다. 다음으로는 6백여 년을 지속한 오스만튀르크이고, 그다음이 5백여 년을 이어간 조선왕조가 아닐까 싶다. 그런데 이 국가들이 장수할 수 있었던 비결은 과연 무엇이었을까?

세 나라 모두 사회적으로 튼실한 도덕적 견제 장치를 마련했다는 점이다. 로마제국은 시민존중문화와 기독교문명이 결합된 윤리 체계가 작동했고, 오스만튀르크는 금욕과 관용의 이슬람 율법으로 통치했으며, 조선은 자신에게 엄격하고 남에게 관대한 '박기후인'의 정신으로 무장한 선비의 나라였다. 특히 조선은 청백리 제도를 시행해 청렴을 지도층의 제일 덕목으로 삼았다.

조선시대 청백리는 의정부와 육조의 2품 이상 당상관과 사헌부 및 사간원의 수장 등 최고위관료가 천거하고 최종적으로 임금의 재가를 얻어야 비로소 선정될 정도로 절차가 엄격하였다. 이는 국가적으로 이 제도에 그만큼 비중을 뒀다는 것을 의미한다. 황희와 맹사성, 이황, 류성룡, 이항복, 이원익, 김상헌 등 우리가 잘 아는 조선시대의 명망 있는 학자·관료가 청백리 명단에 이름을 올린 것만 봐도 이를 잘 알 수 있다. 청백리 제도가 이렇게 고위층부터 뿌리내림으로써 중하위직까지 청렴기풍이 퍼졌고, 그 결과 조선은 몇 번의 국가적 위기에도 불구하고 5백여 년을 지탱할 수 있었다. 청백리 선정이 중단된 18세기 중반 이후 조선이 급격히 기울기 시작했다는 사실도 이를 방증한다.

이제 우리가 시급히 갖추어야 할 자산은 경제적 부나 군사적 힘, 문화적 격보다도 바로 '청렴'이다. 청렴은 이 모든 경쟁력의 궁극적 원천이기 때문이다. 우리도 조선의 청백리 제도와 같은 '위로부터의 청렴'을 개개인의 가치관과 사회적 기풍으로 다시금 새롭게 세우고 확산시켜야 한다.

'우리 것'에 대한
현장의 지대한 관심

우리는 '이야기'가 화두인 시대를 살고 있다. 문화의 시대인 21세기에는 공감을 불러일으키는 능력이 매우 중요하다. 바로 이야기가 공감을 불러일으키는 데 가장 적합한 소재이기 때문이다. 해리포터 시리즈를 들먹이지 않더라도 '이야기'는 한 공동체의 정체성은 물론 경제성까지 담보해주는 황금알을 낳는 거위로 인식된 지 오래다. 문화체육관광부가 추진하는 '한류 3.0' 정책도 이런 흐름과 멀지 않다. 이 정책의 핵심은 전통문화의 스토리텔링적 요소를 가미시켜 우리 문화 전체를 세계화시켜보고자 하는 것이다.

그런데 이와 같은 정책이 소기의 성과를 거두기 위해서는 일선 현장의 반응이 매우 중요하다. 과거 정부에서 일해 본 필자의 경험에 비추어보면 정책 당국의 의도보다도 그 밑바탕을 흐르는 현장의 정서가 훨씬 더 중요하다.

그 가능성을 확인할 수 있는 소중한 기회를 가졌다. 2012년 11

월 29일 서울 상암동의 한국콘텐츠진흥원에서 열린 전통문화 콘텐츠 콘퍼런스를 통해서이다.

한국국학진흥원과 한국문화콘텐츠진흥원이 문화부의 지원으로 공동개최한 이 자리에는 우리 문화산업을 짊어진 콘텐츠 현장의 많은 일꾼이 모였다. 이름만 들어도 젊은 층이 환호하는 유명 만화 작가를 비롯하여 영화감독, 출판전문가 등이 참석한 이날의 화두는 한결같이 '우리 이야기'에 대한 높은 관심과 활용 가능성이었다.

특히 한국국학진흥원이 2011년부터 추진하는 조선시대 선비의 일기를 활용한 스토리텔링 발굴 사업에 대한 평가는 상당히 뜨거웠다. 선비의 일기는 민간의 이야기라는 측면에서 지금까지와는 다른 스토리텔링적 성격을 가졌다. 거기에는 역사 속 평범한 개인의 감동적인 삶의 이야기가 그대로 생생하게 녹아, 중앙의 왕조실록이나 일정한 편집과정을 거치는 문집류에서는 거의 찾아볼 수 없는 이야기 소재가 무궁하다.

예를 들면, 도망친 노비를 몇 년간 추적하다가 결혼하여 잘 살고 있는 것을 알고는 가정을 보호해주기 위해 손해배상만 청구하고 노비소유권을 포기한 사례라든가, 말을 훔친 도둑을 잡아 호송하는 과정에서 부주의로 범인이 죽자 관청에서 죽은 범인의 절도보다 살인사건에 초점을 맞추어 엄중조사에 착수한 일화가 그런 것들이다. 이를 통해 엄격한 신분사회였음에도 불구하고 신분보다 '사람'에 더 관심을 기울였던 선현의 가치관을 다시 생각하게 되었다는 것이다.

한국콘텐츠진흥원에서 열린 전통문화 콘텐츠 콘퍼런스에 많은 분이 찾아주셨다.
그만큼 우리 것에 목말랐음을 나타낸 행사였으며 우리 또한 열심히 해야겠다고
다짐하게 된 계기이기도 했다.

    결국은 거대 담론보다 우리 정서에 닿는 이런 소소한 이야기가
당일 콘퍼런스에 참석한 2백여 명의 젊은 콘텐츠 전문가를 끝까지
자리 지키게 만든 원동력이었던 셈이다.

    콘퍼런스를 지켜본 소감은 한마디로 콘텐츠 제작 현장에서 감지
되는 '우리 것'에 대한 목마름이었다. 많은 참석자가 전통기록에서
콘텐츠 소재를 발굴하는 작업에 대해 높은 기대감을 나타냈다. 그
뿐만 아니라 일기류 스토리텔링 현장 투어의 일환으로 안동을 방
문한 적이 있는 일부 참석자는 그때의 경험을 가히 '충격'이었다고
까지 표현하여 한 번 더 놀라게 하였다.

당시 문화적 체험의 내용은 무엇이었을까? 참석자의 소감을 종합하면, 우리도 어느 나라 못지않은 스토리텔링의 광맥을 가졌고 나아가 그 현장이 후손의 삶 속에 아직도 진행형으로 이어진다는 것이었다.

이번 경험을 통해 우리 것에 대한 욕구가 문화정책과 학자의 연구에만 머물지 않고 대중과 무시로 호흡하는 문화현장 일선까지 폭넓은 공감대를 형성한다는 점을 새삼 느꼈다. 문화가 삶의 질을 고양시키는 첫째 요소이자 국가경쟁력의 새로운 첨병으로 인식되는 시대에 이 같은 분위기는 확실히 고무적이다. 이런 움직임이 더 확산되어 우리 전통을 바라보는 주류적 시선이 되었으면 하는 바람이다.

문화로 부강한 나라를 염원했던 백범白凡 김구金九(1876~1949) 선생의 소원처럼, 이것이 새로운 한 해를 기약하면서 우리 모두가 품어봄 직한 희망 가운데 하나가 되어야 하지 않을까 싶다.

21세기
문화강국으로 가는 길

21세기는 문화의 시대라는 말이 더 이상 낯설지 않다. 19세기는 제국주의 시대였다. 이른바 '약육강식'의 원리가 인간사회에도 적용되었고 물리력을 국가의 최고 가치로 만들었다. 20세기는 산업경쟁력의 시대였다. 이 시기 국가경영의 화두는 물리력을 넘어 좀더 상위의 개념인 경제력으로 모아졌다. 19세기가 무기나 기계·설비 등 하드웨어가 중시되던 시대라면, 20세기는 이 하드웨어를 보다더 효율적으로 운영하기 위한 지식정보와 같은 소프트웨어에 대한 관심이 중심이 된 시대라고 할 수 있다.

　21세기로 접어든 지금, 새로운 국가경영의 화두는 무엇인가? 21세기의 가치 역시 그 이전 세기인 20세기의 경제력이라는 가치를 한층 더 성숙시키는 것이어야 한다. 문화가 21세기의 새로운 국가경영의 가치로 떠오르는 것은 바로 이런 맥락에서이다. 한 국가의 경제력이 일정한 수준 이상으로 발전하면 필연적으로 대두되는 것은 삶의 질 문제이다. 양적 확충에 대한 관심이 질적 성숙에 대한 관심으로 이행하는 것이다. 문화는 삶에 대한 이러한 관심축의 이동을 충족시켜 줄 수 있는 유일한 요소이다. 문화상품이 산업생산품보다 고부가가치의 재화라는 것은 이제 상식에 속한다. '힘'과 '돈'보다 '문화'가 국가경쟁력의 새로운 척도가 된다. 우리는 이제 문화의 시대를 맞아 문화강국이 되어야 한다.

그렇다면 우리는 무엇으로 문화강국이 될 수 있을까? 세계에 통할 수 있는 '보편성'을 갖춘, 우리만이 가진 '고유성'이다.

서양의 것으로 우리가 최고가 될 수 있을까? 이에 대해서는 필자가 근무했던 한국국학진흥원과 서울 예술의 전당이 전시 분야 교류협약을 맺는 자리에서 오간 이야기 가운데 하나를 소개해 보려 한다. 예술의 전당 관계자들이 그들의 기관보다 훨씬 오지에 있는 기관과 교류협약을 맺으러 안동까지 내려온 이유는 무엇이었을까? 그들은 서양 것만으로는 세계적인 공연·전시 기관으로 성장하는 데 어려움이 있기 때문이라고 했다.

한국국학진흥원이 보유한 수많은 선현의 기록문화에 담긴 우리 고유의 스토리텔링적 요소가 공연이나 전시에 녹아들어야 세계일류가 될 수 있다는 것이다. 선현의 참된 가치를 더 많은 이들이 향유할 수 있기에 우리 기관이 진정으로 바라는 바이기도 하다.

한류 열풍이 거세다. 한류 열풍의 1세대인 드라마가 해외로 뻗어갈 수 있었던 바탕은 무엇일까? 거기에는 한국적 정서와 문화가 배경으로 깔렸다. 드라마 〈대장금〉이 수많은 세계인의 이목과 흥미를 집중시킬 수 있었던 것은 역경 극복을 통한 자아실현이라는, 동서고금의 이야기가 지닌 공통적인 플롯 때문만은 결코 아니다. 그것은 한국인의 정성을 다하는 음식문화가 첨가되었기에 가능한 일이었다. K-Pop의 해외 열기도 지속적으로 확산되어야 한다. 그러나 세계 젊은이와 중년여성의 열광과 심금을 자아내는 지금의 한류바람을 한 단계 더 업그레이드시켜야 한다. 거기에 좀더 고품격의 한국적인 무엇이 담겨야 한다.

그러면 좀더 고품격의 '한국적인 무엇'은 과연 어떠한 것일까? 그것은 이 땅에서 살아온 사람들의 향기가 누대에 걸쳐 스민 '전통문화'에서 찾을 수밖에 없다. 긴 안목으로 보았을 때 전통은 계승·발전시킬 가치가 있는 것만 이어진다. 전통이 담긴 문화는 이래서 소중한 것이다. 겸손과 배려, 공경과 헌신의 정신이 물씬 풍기는 고품격의 전통문화가 전국 방방곡곡에 수없이 묻혔다.

이러한 문화는 결국 사람이 만드는 것이다. 따라서 세계에 내놓을 수 있는 우리 고유문화에 대한 관심은 곧 다른 나라에서는 흔히 볼 수 없는 고품격으로 살아간 선현의 삶의 향기에 숨결을 불어넣는 작업과 상통한다.

요컨대 문화는 곧 '사람'에 대한 재발견인 것이다. 이런 점에서 역사는 바야흐로 하드웨어와 소프트웨어의 시대를 넘어 휴먼웨어 시대로 진입한다. 이 흐름을 제대로 간파하는 것이 우리가 21세기 문화강국으로 가는 길이다.

일본의 태평성대와
을미사변

예로부터 동양에서는 위정자가 통치를 잘하여 백성이 태평성대를 누리는 시기를 치세라 했고, 그렇지 않은 때를 난세라고 불렀다. 치세는 군주의 목표였고 학자의 이상이었다. 《시경》에서는 치세를 '솔개는 하늘 높이 날고 물고기는 연못에서 뛰어 오르네'鳶飛戾天 魚躍 于淵고 묘사한다. 태평한 광경이 눈에 보이는 듯하다.

조선 최고의 성리학자인 퇴계 선생도 치세를 염원했다. 안동의 도산서원 앞을 흐르는 낙동강변에는 원래 있던 언덕에 대를 쌓아서 만든 암벽이 하나 있다. 이름이 '천연대'天淵臺이다.

이 암벽은 퇴계 선생이 도산서당을 마련하면서 독서와 사색의 공간으로 활용하기 위해 축조한 것이다. 이름은 《시경》 구절에 나오는 '솔개는 하늘 높이 날고 물고기는 연못에서 뛰어오르네'에서 천天과 연淵을 딴 것이다. 유유히 흐르는 강물을 바라보면서 백성의 편안한 삶과 평화로운 세상을 희구했던 현자의 모습이 떠오른다.

그러나 이처럼 좋은 뜻을 지닌 치세를 정반대로 악용한 사례도 있음을 우연히 알게 되었다. 언젠가 메이지유신의 주역이 많이 배출된 것으로 유명한 일본의 야마구치현으로 역사 탐방을 갔다. 탐방 코스 중에 사이고테이菜香亭라는 옛 요정이 들어있었다. 그런데 그 집 2층 방 벽에 '우오오 도루'魚躍라는 글이 쓰인 액자가 있는 것이 아닌가! 역시 《시경》에 나오는 바로 그 글귀를 따온 것이었다.

액자 속의 글을 쓴 인물이 바로 1895년(을미년) 가을 주한 일본 공사로 있으면서 명성황후 시해 사건을 주도한 미우라 고로三浦梧樓라는 자였다. 시해 2년 전인 1893년 말에 이 액자의 글씨를 썼다고 되어있었다. 그 요정에는 주한 일본공사를 여러 차례 지냈고 이 요정의 이름을 지었다던 이노우에 가오루井上馨를 비롯해서 이토 히로부미伊藤博文, 야마가타 아리모토山縣有朋와 같은 제국주의자가 제집 드나들 듯 자주 왕래했다고 한다. 이곳에서 그들은 무엇을 했고 미우라 고로는 왜 이 글귀를 썼을까?

우리 역사학계에 따르면 갑오경장이 있던 1894년에 1차 황후시해 시도가 있었지만 여의치 못해 그로부터 1년 후인 1895년에 결행되었다고 한다. 즉, 미우라가 '우오오 도루'라는 글을 쓴 지 불과 몇 달 후에 시해를 시도했던 것이다. 미우라는 거사를 앞두고 충성 서약으로 그 글귀를 상관들에게 바치고 격려와 찬사를 듣지 않았을까? 치세를 노래한 《시경》의 글귀가 이렇게도 쓰이는구나 싶어 너무나 어처구니가 없었다.

어떻게 그럴 수가 있었을까 생각해 보았다. 일본의 역사학자에 따르면 과거 일본은 무사의 전쟁터였다. 싸움과 침략이 끊이지 않았고 하극상이 다반사였다. 왜구의 노략질과 임진왜란도 무사의 이러한 침략성의 발로였다. 그런데 도요토미 히데요시에 이어 등장한 도쿠가와 이에야스의 에도江戸 막부 이후로는 270년 동안이나 평화가 지탱되었다. 그 계기는 임진왜란과 정유재란 때 일본으로 납치된 강항과 같은 조선의 유학자가 마련해주었다. 하극상의 칼부림을 종식시켜야 했던 에도 막부는 조선의 선비로부터 전달된 성리학, 특히 퇴계 선생의 경의 가르침을 배워 무사에게 주군을 섬기라고 가르쳤다. 부모에 대한 효도도 강조했다. 이웃 조선과도 평화를 유지하였다. 12차례나 왕래했던 조선 통신사는 문화 선진국 조선이 일본을 깨우쳐준 문화의 사절단이었다.

그러나 19세기 중반 이후 메이지유신을 거치면서 일본은 다시 침략주의로 돌아갔다. 왜 그랬을까? 그들은 조선으로부터 도덕과 윤리를 강조하는 성리학을 배워 변화되는 듯했다. 그러나 결정적으로 다른 점은 조선의 선비는 붓을 지녔지만 일본의 무사는 항상 칼을 찼다. 유교를 통치 이념으로 받아들이기는 했지만 그 속에 내재한 호전적 기질이 근본적으로 사라지지는 않았던 것이다. 그리고 그것이 마침내 구한말의 침략으로 다시 나타났던 것이다.

과거는 얽매여서도 안 되지만 잊어버려서도 안 된다. 우리에게 일본은 무엇일까? 진정한 극일을 위해서 무엇을 어떻게 해야 할지 다시 한 번 깊이 생각해 볼 일이다.

독도 억지 주장은
왜구 침입과 한통속

아베 신조安倍晋三(1954~) 내각 출범 이후 일본의 역사 왜곡이 점입가경이다. 해묵은 독도 점유권에 대한 억지 주장을 계속하면서 야스쿠니 신사 참배를 강행하고, 대표적인 반인권 전쟁범죄인 위안부 강제동원마저 부인한다. 역대 일본 우익 정권이 되풀이해온 역사 부정 망동妄動을 총망라하는 셈이다.

도저히 이해할 수 없는 행태이다. 아베 내각의 이러한 반역사적이며 반인륜적인 모습을 보노라면 인기리에 방영된 대하사극 〈정도전〉의 내용이 자꾸 겹쳤다.

일본의 침탈은 삼국시대부터일 정도로 그 역사가 오래되었다. 특히 이 드라마의 배경이 되는 고려 말에 이르면 국운의 쇠약과 함께 왜구의 준동이 극에 달했다. 해안은 물론 내륙 깊숙이 침략의 손길을 뻗어 그러지 않아도 쇠락하던 고려의 멸망을 더욱 재촉하였다. 이러한 풍전등화의 위기 속에서 황산대첩 등을 통해 나라를 구한 인물이 바로 이성계李成桂(1335~1408)이고, 이 과정에서 축적된 이성계의 무력武力과 신진사대부의 문력文力이 조선 개국의 원동력이 되었음은 익히 알려진 사실이다.

조선 건국 후에도 왜구의 침략은 계속 이어졌다. 그러다가 세종 대왕 때 응징 차원에서 단행된 대마도 정벌(1419)을 계기로 한동안 소강상태에 머물렀다. 하지만 그것도 잠시, 170여 년 뒤인 1592년 다시 임진왜란을 일으켜 우리 전 국토를 분탕질하다 이순신 장군의 활약과 선현의 의병활동에 의해 패퇴하였다. 이후 다시 평화를 애걸하며 조선통신사를 통해 온갖 문화적 혜택을 받아오다가 서세동점의 제국주의시대 조류에 편승하여 끝내는 국권을 35년간 강탈하는 만행을 저질렀다.

이렇게 본다면 일본 집권세력의 행태는 그야말로 우리가 만만하게 보일 때마다 도지는 '제 버릇 남 못 주는' 것이 아닐 수 없다.

하지만 일본에는 이런 침략적 측면만 있는 것이 아니다. 2차 대전 패전 이후 일본은 한동안 세계인으로부터 칭송받았다. 패전을 딛고 아시아의 선진국으로 우뚝 섰고, 경제발전에 걸맞게 문화적 의식 수준도 높아 국제사회에서 '질서, 친절, 정직'이 일본을 상징하는 정신문화 브랜드로 받아들이기도 하였다. 최근 불편해진 한일 관계로 급락하기는 했지만 3, 4년 전만 해도 일본인의 한국인에 대한 호감도 또한 60%를 상회하여 미국 다음에 이를 정도였다.

그렇다면 일본은 왜 그런 이중성을 보일까? 이를 이해하기 위해서는 일본 정신문화의 상징으로 받아들이는 무사도(사무라이 정신)

에 대해 알아야 한다. 잘 알려진 것처럼, 일본 역사에서 무사 계급은 봉건영주를 위해 봉사하는 무력 집단이다. 따라서 무사도는 기본적으로 상명하복의 문화이며, 칼의 문화이다. 이것이 왜구 이래 지속되는 침략성의 문화적 DNA이다.

'조선 선비와 일본 사무라이'를 쓴 귀화 지식인 호사카 유지 교수는 이 점에 주목하여 붓을 잡은 선비와 칼을 찬 사무라이의 차이만 있을 뿐 우리 선비정신과 일본의 무사도는 기본 가치관에서 닮은 측면이 있다고 말한다. 칼에만 의지했던 무사도가 한 차원 높은 정신문화로 나아가는 데 조선통신사 등 우리 선비의 역할이 컸다.

최근 다시 발호하는 일본의 극단적인 우경화 흐름에 슬기롭게 대응하려면 그들의 이와 같은 두 얼굴의 역사문화적 배경을 제대로 알아야 한다. 왜구의 침략 근성과 독도에 대한 억지 주장은 하나로 연결된 한통속이다. 일본의 '칼'(무력)이 숨을 죽였을 때는 우리의 '붓'(문화)이 칼을 이끌었다.

그렇다면 진정한 극일克日의 길은 자명하다. 우리의 선비정신을 이어받아 인류의 보편적 도덕성에 기반을 둔 문화적 선진국으로 다시 자리 잡는 것이다. 계속되는 일본의 도발에 어떻게 대응할 것인가? 그 현명한 답은 이미 역사가 실증한다. 우리로서는 늘 되새겨야 하는 교훈이 아닐 수 없다.

젊은 공자 종손이
과학보다 강조한 것은

도산서원에 귀한 손님이 찾아왔다. 공자의 79대 종손 쿵추이창孔垂長과 맹자의 76대 종손 멍링지孟令繼가 그들이다. 한국 유학의 태두인 퇴계 선생을 모신 서원에 그분이 공부했던 유학의 개창자인 공자와 맹자의 제사를 받드는 직계 후손이 방문한 것이다.

공자 종손의 도산서원 방문이 처음은 아니다. 지금 종손의 할아버지인 타이완의 쿵더청孔德成 박사가 1980년 첫 방문한 이후 몇 차례 찾았고, 2001년에는 베이징에 사는 쿵 박사의 누이 쿵더마오孔德懋 여사도 방문한 바 있다. 그럼에도 79대 종손의 이번 방문은 여러 면에서 유교문화를 다시 한 번 생각하게 하였다.

쿵더청 박사는 방문 당시 이미 60을 넘긴 나이였기 때문에 외모상으로도 '유교'의 이미지와 여러모로 어울렸다. 이에 반하여 손자인 지금 종손은 호주에서 유학한 30대 사업가여서 '공자 종손'이라는 말이 풍기는 이미지와 어떻게 조화될지 자못 궁금하였다. 그러

공자의 종손이 강연하는 모습.
젊은이답지 않게 생각이 깊고 넓어 공자의 후손임을 실감케 했다.

나 결론부터 말하면 이는 기우였다. 겉모습은 동년배와 별반 다를
바 없었지만, 사람다움의 본질을 타인을 배려하는 '인'仁으로 파악
했던 대철학자의 후손답게 그의 생각 속에는 조상의 가르침을 시
대에 맞게 해석하고자 하는 의지가 엿보였다.

방문 둘째 날 선비수련을 위해 도산서원 선비문화수련원에 입소
해있던 대학생을 대상으로 한 특강에서 공자 종손은 '과학의 시대'
를 살면서 현대인이 범하는 가장 큰 과오는 인간의 가치를 외부에
두는 것이라 역설했다. 가치중립적인 과학을 신앙으로 떠받든 결
과 현대인은 내면적 가치라는 자신의 고유한 존재 이유를 망각하
고 살아간다는 것이다.

그는 이러한 위기를 극복할 수 있는 대안으로 인간다움의 조건

공자 종손의 방문을 기념해 찍은 망산정 개막 사진. 맨 앞줄 왼쪽에서부터 3번째가 맹자 종손, 4, 5번째가 공자 종손 내외, 6번째가 퇴계 종손, 7번째가 필자이다.

을 자신에게 묻는 유학의 '반구저기'反求諸己 정신을 강조하였다. 자신부터 되돌아보는 이 자세가 2천5백여 년 전 그의 먼 할아버지가 강조했던 '인'의 근간임은 두말할 나위가 없다.

공자 종손의 이런 모습을 보며 그 조상에 그 후손이라는 생각과 함께 명문가의 전통이라는 것이 그냥 만들어지는 것이 아니라는 생각이 들었다. 자신을 낮추며 날로 새로워지고자 하는 '일신우일신'日新又日新의 정신이 이어지기 때문에 비로소 명문가인 것이다. 한국과 중국을 대표하는 두 명문가가 대를 이어 우의를 쌓아가는 데에는 이처럼 지향하는 바가 같기 때문이 아닐까 싶다. 여기서 우리는 공자와 퇴계라는 이 두 명문가 개창자의 역할을 떠올리지 않을 수 없다. 두 선현이 뿌린 덕성의 씨앗이 많은 세월이 흐른 지금도 밑거름이 되니 말이다.

사람이 한평생 살아가면서 해야 하는 일 가운데 가장 중요한 것은 역시 덕성의 향기를 피우는 일이라 해야 할 것이다. 동양에서 만대가 흘러도 없어지지 않을 사람의 세 가지 업적, 즉 삼불후三不朽로 입덕立德(덕성을 세우는 일)과 입공立功(공훈을 세우는 일), 입언立言(학설을 세우는 일)을 말하면서 그 가운데 입덕을 제일로 꼽은 것도 아마 이 때문이리라.

오늘 우리 앞에 얽힌 문제를 푸는 열쇠도 결국 사람의 덕성이다. 사회문제가 된 학교폭력만 해도 그렇다. 부모와 교사 그리고 이웃 어른이 평소 우리 아이에게 절제하고 배려하는 덕성의 향기를 맡으며 자랄 수 있는 환경을 제공했다면 발생하지 않았을 문제이다. 전통 있는 명문가는 '온고' 못지않게 '지신'에 의해 계승되는 측면도 크다. 역사가 일천한 현대의 명문가일수록 특히 그렇다. 지금부터라도 스스로 덕성의 씨를 뿌려 우리 모두 새로운 명문가의 개창자가 되어보자.

유네스코도
눈여겨본 기록 유산

2009년 9월 유네스코 세계문화유산 실사단이 한국국학진흥원을 방문하였다. 직접적인 방문 목적은 세계문화유산 지정 신청 작업이 진행 중인 민속마을 경주 양동마을과 안동 하회마을을 돌아보는 것이었다. 이들은 옛 사람의 생활 터전이었던 마을이 고스란히 남은 현장을 확인하고 싶었던 것이다.

그렇지만 이 두 마을에 보관되었던 기록유산 가운데 꽤 많은 수량을 한국국학진흥원의 장판각과 수장고 그리고 전시실로 옮겼다. 그렇기 때문에 유네스코 실사단은 옛 사람의 기록 유산을 눈으로 확인하고자 하였다. 여기에서 우리는 이 마을에 살았던 분의 삶과 정신이 담긴 고서와 고문서 그리고 목판까지 보고자 했던 실사단의 수준 높은 식견과 통찰력을 엿볼 수 있었다.

유네스코 실사단은 당시 한국국학진흥원에 소장된 고서와 고문서 그리고 목판 등 귀중한 기록문화재가 소장된 현장을 돌아보고

유교문화박물관의 외부.

유교문화박물관의 내부. 유네스코실사단은 가운데 놓인 축소 모형을 보고 가벼운 탄성을
내질렀다. 축소 모형 뒤로 기탁자의 이름이 보인다. 소중한 자료이기에 기탁자의 이름
또한 가장 잘 보이는 곳에 걸어둬 감사한 마음을 대신 표시했다.

과학적인 관리 방법에 찬사를 보냈다. 그러면서 양동마을과 하회 마을에서 아직까지 이곳에 기탁되지 않은 자료의 현황이 파악되었 느냐고 물었다. 그의 질문은 민간에 보관된 자료가 이처럼 과학적 으로 관리되는 곳으로 수습되지 않으면 멀지 않은 시점에 소멸될 것이라는 걱정이 담겨 있었다.

수장고의 내부. 기탁자가 맡긴 많은 자료가 이곳에서 과학적으로 관리된다.
이런 체계적 관리에 실사단도 높은 점수를 주었다.

장판각 외부. 이곳에 장판이 소장되었다.

그리고 자신들이 엊그제 식사 대접을 받았던 건물의 축소 모형이 한국유교문화박물관 전시실에 있는 것을 보고 가벼운 탄성을 발하였다. 바로 어제 자신들이 잠을 잤던 건물에 걸려 있던 현판이 복제본이며, 그 원본이 한국국학진흥원 장판각 현판실에 보관된 것을 보고는 놀라움을 금치 못하였다.

유네스코 실사단은 개별 유물의 저자 이력보다는 그것이 가지는 사회적 의미를 더 중요하게 보았다. 3박 4일의 일정 동안 세밀하게 정성을 들여서 진행한 실사의 결과를 바탕으로 유서 깊은 두 마을이 유네스코 세계문화유산으로 등재되었다.

이를 계기로 한국국학진흥원이 전개하는 기록유산 수집 사업에서 느끼는 어려움을 짚어보고 반성의 계기가 될 수 있었으면 한다. 선조의 기록유산에는 우리 조상의 삶의 흔적이 고스란히 남았으며 그 체취를 물씬 느낄 수 있다. 문집 속에는 자연의 아름다움을 노래하는 시와 국왕의 실정을 탄핵하는 상소문과 현실의 문제를 타개할 수 있는 방안 등 다양한 내용이 수록되었다. 그 가운데는 조선 중기 이후 정치권력으로부터 멀어진 지역 선비가 세상을 보는 시각과 철학이 담겼다.

그들은 도의와 절의를 숭상하면서 자연을 벗하고 정신적으로 풍요로운 생활을 실천하고자 하였다. 그런 까닭에 불의를 보면 참지 못하고 상소를 올렸고, 국가가 위기에 처하면 의병으로 의로운 깃발을 높이 들고 분연히 일어나 외적에 맞섰다. 그 과정에 함께 참여하였던 사람이 겪었던 고초와 아픔이 상소문의 초안으로, 또 전쟁

ⓒ한국국학진흥원

수많은 목판이 안전하게 관리된다. 목판의 변형을 막는 것은 물론
도난 혹은 사고 등에도 만전을 기했다. 그래도 사람의 일은 모르는 것이기에
만전에 또 만전을 기하며 관리 중이다.

현관 전시실이다. 현관을 전시해뒀다.

모든 현관을 전시할 수 없기에 전시된 현관 외의 현관은 모두 현관수장고에 따로 보관 중이다.

일기로 남았다.

　이러한 기록이 양반만의 전유물은 아니었다. 민초 사이에서도 기록물이 전해져온다. 흉년에 양식을 구하러 객지로 떠난 아버지가 집으로 돌아오지 못하고 세상을 떠나자 장례비용을 마련하기 위하여 자신을 노비로 팔아서 아버지의 장례를 치르고 부잣집의 노비가 되는 문서가 있다. 먼저 세상을 떠난 남편을 그리워하면서 애틋한 감정을 표현한 간찰이라는 옛 편지도 있다.

　이러한 기록은 제대로 된 임자를 만나서 잘 각색된다면 1천만 명의 관람객을 모을 수 있는 영화의 주제가 될 수도 있고, 시청률 40%를 기록할 수 있는 드라마의 주제가 될 수도 있다. 사람을 감동시킬 수 있는 원 자료는 수없이 많지만 이를 가공해낼 눈 밝은 사람에게 미처 소개되지 못했을 따름이다.

　한국국학진흥원은 이렇듯 의미 있고 세상에 알려질 필요가 있는 자료를 발굴하고 보급하고자 하며 모든 과정을 무상으로 진행한다. 소유권은 소장자가 가지고 한국국학진흥원은 단지 관리만을 대행한다. 그렇기 때문에 집안이나 문중에서 자료를 필요로 할 때면 언제든지 찾아갈 수 있다.

2008년 2월 10일 밤, 숭례문이 불에 타는 모습을 보면서 많은 사람이 발을 구르면서 안타까워하였다. 그런데도 왜 주변에서 버려지는 또 다른 숭례문을 수없이 보면서도 안타까워할 줄 모를까. 아직도 고서와 고문서가 다락 속에서 곰팡이에 삭아가고 목판이 제대로 관리되지 못하는 현장을 목격할 때면 안타까움을 느낀다.

선조가 남긴 문화유산을 후손에게 제대로 남겨줘야 하는 의무를 성실히 하지 못해 훼손시키거나 망실시켰을 때 우리는 다음 세대에 죄를 짓게 되는 것이다. 우리 선조가 살아온 삶의 여정을 알 수 있는 문화유산의 보존 중요성은 아무리 강조하여도 지나치지 않다. 문화행사가 많은 가을이 오면 항상 옛것이 좀더 많이, 체계적으로 보관되길 바라는 바람이 생긴다.

이처럼 가치 있는 유교책판이 우리 국민뿐만 아니라 세계 인류에게도 공유할 만하다고 인정받기에 이르렀다. 305개 문중과 서원에서 기탁한 718종 6만4,226장의 유교책판이 2014년 2월에는 국내 후보로 선정된 뒤 2015년 10월 11일에는 드디어 유네스코 세계기록유산으로 등재되었다. 글과 기록, 문명을 최고의 가치로 삼고 살아간 우리 조상의 거룩한 삶이 만천하에 공인되는 순간이 아닌가.

온고지신,
국역자의 손에 달렸다

오랫동안 우리는 우리의 역사와 전통을 무시하고 소홀히 했다. 구미 선진국처럼 스스로의 힘으로 근대화 과정을 이루지 못했을 뿐 아니라 한때는 주권마저도 빼앗겨야 했던 쓰라린 경험을 우리 역사와 전통의 탓으로 돌렸기 때문이다. 광복 이후 급격한 외래문물의 유입과 경제발전 과정에서 전통문화는 또다시 걸림돌로 인식되어 우리 것은 점점 멀어지고 버려지게 되었다.

그런데 최근 우리의 역사와 전통에 대한 관심이 고조된다. 그것은 우리 사회가 직면한 문제에 대한 반성과 대안 모색의 필요성에서 출발한다.

선인은 우리 곁을 떠나고 없지만, 선인의 삶과 생각은 방대한 문헌 기록을 통해 전해온다. 그런 점에서 선인이 남긴 기록 자료는 보석보다 값진 유산이다. 문제는 선인의 지혜가 담긴 자료가 오늘날 우리가 사용하는 문자와 다른 것으로 쓰였다는 점이다. 고전은 대

한국국학진흥원의 수장고. 번역해야 할 자료가 가득하다.

한국국학진흥원의 한문교육원에서 교육을 받는 이들이다.
이들은 한문 번역을 위해 체계적이며 전문적인 교육을 받아 전문가로 거듭난다.

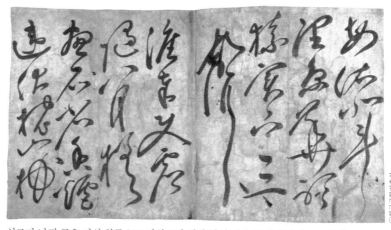

선조가 남긴 글은 거의 한문으로 되었으며 위와 같이 많은 글이 초서체로 쓰였다.
여기서 탈초를 거쳐야만 우리가 익히 아는 한문이 된다.
이 한문도 번역의 과정을 거쳐야 우리가 읽을 수 있는 글이 된다.

부분 한문인지라 국역하지 않으면 이해하기 어렵다. 특히 고문서
는 초서草書가 대부분이어서 탈초脫草 과정을 거치지 않고는 아예 해
독 자체가 불가능하다.

세계 어떤 나라도 겪지 않는 우리만의 고충이다. 영국인과 독일
인은 현재 그들이 쓰는 문자로 셰익스피어의 작품과 칸트의 저작
을 읽을 수 있고, 중국인과 일본인도 지금의 문자로 그리 힘들이지
않고 그들 조상의 기록과 만날 수 있다. 유독 우리만 우리 조상이
남긴 기록을 오늘의 현실적 문제를 해결할 귀감으로 삼는 데 탈초
와 국역이 필수불가결한 관건이라고 할 수 있다.

사정이 이럼에도 전통적인 교육을 충실하게 익힌 한학 원로는

빠르게 사라져가고 이를 이어갈 세대의 배출은 더디기만 하다. 그래서 뜻있는 이들은 산처럼 쌓인 보물을 포클레인이 아닌 숟가락으로 퍼내는 지금의 상황을 걱정하는 것이다. 한문 후속 세대의 양성은 더 이상 미룰 수 없는 시급한 시대적 과제다. 이런 가운데 2012년 새봄을 맞아 지방에서 한문 후속 세대 양성을 위한 교육기관 개원 소식이 이어진다. 한국고전번역원에서는 몇 년 전 개원한 전주분원에 이어 밀양분원을 세우고, 한국국학진흥원은 한문교육원 대구강원을 열었다. 그동안 한문 교육기관은 서울을 비롯한 수도권에 집중되었다.

이제 지방 한문 교육기관의 등장으로 선현의 지혜를 되살리고 활용할 제도적 기반이 구축되고 전국적으로 확산되는 계기가 마련되었다. 국역 전문가 양성은 인성 함양, 화목한 가정의 회복, 예의와 염치가 통하는 사회의 구현 등 오늘 우리 사회의 필요에 부응하고, 옛 기록 속 이야기 소재의 발굴을 통해 문화산업 발전에도 크게 기여할 것이다. 이것이 바로 옛 사람이 말한 온고지신의 길이다. 그 중심에 새롭게 길러질 국역자가 있다. 국역 관련 인재 양성의 노력이 큰 결실을 맺을 수 있도록 국민적 지원과 관심을 간절히 기대해 본다.

선현의 삶에
스토리텔링을

우리나라 사람처럼 드라마를 많이 보는 사람도 드물 것이다. 많은 시청자가 사랑하기 때문에 황금시간대는 대부분 드라마로 채워진다. 방송사에서 드라마를 제작하는 사람이 시청자의 흥미를 얼마나 잘 이끌어내는지 알 수 있다. 이러한 능력은 국내뿐 아니라 일본이나 중국, 동남아 사람 가릴 것 없이 수많은 지구촌 가족을 우리 드라마에 빠져들게 만든다.

그러나 그 가운데 많은 드라마는 흥미 중심으로 제작된다는 비판에서 자유롭지 못하다. 복잡한 가족관계와 비정상적 남녀관계, 선정적이고 폭력적인 요소가 시청자의 눈을 사로잡는다. 드라마 내용이 이래서는 안 되겠다고 생각하는 기성세대도 이를 비판하면서도 눈길을 쉽게 떼지 못할 때가 많다. 그러니 보는 대로 흉내 내면서 배워가는 시기에 있는 우리 청소년이 이런 드라마를 통해 어떤 영향을 받을지 생각하면 걱정스럽다.

세종대왕의 한글 창제와 반포 과정을 다루었던 드라마 〈뿌리 깊은 나무〉만 봐도 그렇다. 드라마의 흥미를 높이기 위해 한글창제 반대 세력을 커다랗게 부각시켰다. 그러니 한글창제의 위대함이나 고마움보다 그 반대 세력의 실존 여부와 척결 과정에서의 폭력적인 장면이 자연스럽게 주목받았다. 세종대왕의 넘쳐나는 아이디어, 추진력 있는 리더십, 백성에 대한 지극한 사랑 등 현대를 사는 우리가 반드시 본받아야 할 훌륭한 덕목은 전달되기 어려웠다.

드라마가 우리의 삶에 미치는 영향이 매우 크다. 우리 역사에 대한 공부가 소홀한 요즈음은 사극의 역할이 더욱 중요하다. 사극이 흥미와 재미도 있어야겠으나 그것을 보고 더 나은 삶을 꿈꿀 수 있게 해야 하지 않겠는가? 한류의 한 축을 담당하면서 지구촌의 인기몰이에 성공한 〈대장금〉을 비롯한 드라마에는 단순 흥미를 넘어선 감동적인 이야기가 담겼다.

그렇다면 왜 사극마저 흥미 위주로 흐르는가? 이렇게 된 책임의 일부는 우리의 역사와 전통이 담긴 기록자료를 다루는 사람에게도 있지 않을까? 창작자나 일반 국민은 한문이라는 언어적 장벽에 부딪혀 전통에 쉽게 접근할 수 없다. 이 때문에 기록자료를 다루는 사람이 흥미도 있으면서 교훈적인 이야기 소재를 발굴해주어야 한다. 하지만 지금까지 우리 한국국학진흥원을 포함한 관련 기관이 이러한 일에 충실하였는지 되묻지 않을 수 없다.

도망간 노비를 추적하는 이야기를 담은 드라마 〈추노〉에서도 폭력과 갈등이 부각되었다. 과연 조선은 그렇게 잔인한 사회였을까?

대한민국역사박물관에서 전통의 현대적 해석과 사용에 관한 콘퍼런스가 열렸다.
전통에 대한 관심이 다양한 분야에서 급증한 만큼 다양한 기관과 협력하여
우리 전통을 더 많은 분께 알릴 수 있도록 노력한다.

여기서 관련 기록 하나를 소개한다.

경상도 예안에 살던 노비 주인 김택룡(1547~1627)은 어느 날
(1617년 12월 19일) 도망간 노비를 잡았다. 그러나 노비를 무지막
지하게 때리고 인두질하는 것이 아니라, 얼마 동안 노비 구실을 하
지 않은 데 대한 일정 금액의 손해배상만 받고 그 가정을 보호하는
쪽으로 해결했다. 재산으로서의 '노비'가 아닌, 한 '인간'으로서 대
했던 것으로 보인다.

이 이야기는 선현이 남긴 많은 기록자료 속의 한 예이다. 우리는
실제 이러한 문화전통 속에서 살았다. 그리하여 조선은 가난하고
힘든 세월을 5백 년 넘게 지속하면서도 '동방예의지국'이라는 도덕
사회를 구현할 수 있었다. 이와 같은 힘의 원천이 한국국학진흥원
에만 해도 40만 점이 넘는 고서와 고문서와 같은 기록자료 속에서

숨 쉰다. 한시라도 빨리 드라마나 영화의 내용을 창작하는 분들이 역사나 전통 기록자료에 쉽게 다가설 수 있도록 만들어 드라마나 영화 속에서 선현의 아름다운 삶이 드러나도록 해야 한다.

한국국학진흥원은 해마다 국립중앙박물관, 한국콘텐츠진흥원, 대한민국역사박물관에서 옛 자료의 스토리텔링화 사업설명회의 자리를 가져왔다. 이러한 자리가 계기가 되어 선현의 아름다운 삶이 스토리를 입고 현대인의 삶 속으로 다시 돌아오기를 기대해 본다. 그리하여 예의 바르고 남을 배려하는 사람이 훨씬 더 늘어나길 소망한다.

선인이 남긴
기록유산의 의의

2013년 6월 18일 광주에서 열린 제 11차 유네스코 세계기록유산 국제자문위원회(IAC)에서 《난중일기》亂中日記가 '새마을 운동 기록물'과 함께 세계기록유산에 등재되었다. 이로써 우리나라는 11종의 세계기록유산을 보유한 기록유산의 강국이라는 자부심을 가지게 되었다. 당시 세계인의 부러움과 우리가 느낀 자부심은 전적으로 선인의 철저한 기록문화에 힘입은 것이다.

일상 속 자신에 대한 점검과 자아의 성찰을 통해 도덕적 인격을 실현하고 그것을 이상적인 사회의 실현으로 확장하고자 한 유교문화권에서 과거를 기록하는 것은 미래를 대비하는 필수적 행위였다. 유교적 가치를 이 땅에 구현하는 데 투철했던 만큼 선조는 우리에게 남다른 기록유산을 남겼던 것이다.

그러한 문화적 배경에서 선인은 머나먼 사행使行 길의 괴로움 가운데서도 보고 듣고 느낀 것을 기록해 사행일기使行日記로 남겼고,

벗들과의 유산遊山이라는 자연 속의 즐거움 속에서도 자연에 대한 관찰과 더불어 내면의 관찰을 게을리하지 않아 유산기遊山記라는 기록을 남겼다. 한 인물이 살아온 일생의 자취에 관한 기록을 집대성한 문집은 또 어떠하며, 일상의 관계 속 모든 행위를 기록한 고문서는 또 얼마나 많은가!

안동은 조선시대 재지사족이 일군 전형적인 유교공동체 지역이며 지금도 당시 삶의 흔적이 온존되었다. 더불어 퇴계학파의 근거지로서 혈연과 혼맥 그리고 학맥의 중첩적인 인간관계, 유교문화를 체현하는 과정에서 생산된 문집과 전문 저작 등의 유학적 지식체계, 유학 이념을 토대로 한 삶 전체의 모습을 담은 고문서 등 기록유산이 가장 많이 남아있다. 이런 까닭에 한국국학진흥원은 안동에 자리 잡았다.

한국국학진흥원의 수장고를 채운 44만 점에 이르는 고서·고문서·일기류를 포함하는 전적과 목판 등의 기록유산은 선현이 남긴 기록문화의 정수이자, 그 후예인 우리에게 일상 속 점검과 기록의 문화를 이어갈 것을 강조하는 무언의 가르침이다.

●

기록문화의 정수, 목판

선현이 남긴 기록유산은 어느 하나 소중하지 않은 것이 없지만, 그 가운데서 특히 주목할 만한 것으로 유교 관련 목판이다. 목판은 넓은 의미로는 나무로 만든 판에 문자나 그림을 새긴 것을 말하며, 좁은 의미로는 글이나 그림을 반대로 새겨 인출을 목적으로 만든 판을 뜻한다. 해인사 팔만대장경을 모르는 사람은 없지만, 유교문화의 정수인 목판이 그 이상의 숫자로 남아 전해온다는 사실을 아는 사람은 드물다. 한국국학진흥원이 민간의 문중과 서원 등에서 기탁받아 소장한 유교 목판은 그 수량만도 6만5천 장에 이르는데, 이들 목판은 유학 관련 지식정보의 원천이자 고려시대의 팔만대장경과 더불어 우리 출판문화의 우수성을 알려주는 중요한 자료이다.

한국국학진흥원 소장 목판은 문집·예학서·성리서·아동 교육서·족보 등 비록 그 유형은 다양해도 한결같이 유교적 이념을 배경으로 한 저술이라는 공통점을 지녔다. 또한 가장 완비된 유교 국가를 지향한 조선사회에서 유교를 지속적으로 확산 발전시키기 위해 국가가 아닌 민간에서 제작하고 보존해온 유산이기도 하다. 그러므로 이 목판은 이상적 유교 국가의 건설을 위한 방법의 하나로 도덕적으로 완성된 인간상의 추구, 이상적 인간 모델인 성인聖人에 대한 추모와 기억, 그 주된 방법론으로서의 학문 등에 관한 내용을 담았다.

따라서 목판에는 특정한 지역이나 특정한 시대에 국한된 사상과 학문체계가 아니라 '자아의 완성'이라는 인류가 추구한 보편적 가치의 결정체가 담겼다. 퇴계학파의 경우만 보더라도 이러한 목판의 판각과 서적 간행은 특정한 시대 한 개인에 의해 주도된 것이 아니라 약 5백 년의 시간 동안 지속적으로 동일한 목적을 공유하며 학맥의 계승을 통해 추구해온 집단지성에 의한 활동 성과이다.

이러한 문화적 배경으로 인해 목판의 제작은 신중하고 정제된 방법이 적용되었다. 목판에 수록될 내용은 엄격한 기준과 절차가 적용되어 간행이 결정되었다. 그 기준은 바로 지역의 지식인 집단인 유림의 공론으로, 이러한 기준은 조선시대는 물론 일제강점기를 거쳐 목판이 마지막으로 판각된 20세기 중반까지도 지켜졌다.

●

목판인쇄의 특징

금속활자나 목활자 등 여타의 인쇄 매체에 비해 목판이 지닌 장점은 많다. 우선 목판은 선현이 남긴 말씀과 선현에 대한 기억을 영구적으로 보존하기에 적합하다. 1573년에 선조가 '이황의 저서는 한 마디 한 글자도 다 후세에 전할 만한 것인데 혹 흩어져 없어지기라도 하면 반드시 후회가 있을 것이니, 교서관校書館을 시켜 인출하도록 예조 등에 전교하라'고 한 지시에서 보듯이, 목판은 기억이 흩어져 사라지는 것을 예방하는 데 유리하다.

또한 목판은 기억을 동일하게 재현하고 확산하는 데도 유리하다. 목판의 수명은 반영구적이므로 판각이 완료된 후에는 종이와 먹만 준비되면 언제라도 대량 인쇄가 가능하고, 필요할 때마다 수시로 인쇄할 수 있다. 그러므로 목판에 담긴 지식과 정보의 확산 범위는 공간과 시간의 제약이 적었던 만큼 그 영향력이 매우 컸다.

성학십도는 퇴계
선생이 17세의 어린
선조에게 성군이 되기를
바라는 뜻을 담아
1568년(선조 1년)에
올린 상소문(進箚)이다.
이해하기 쉽도록 10개의
도표와 해설로 기술했다.

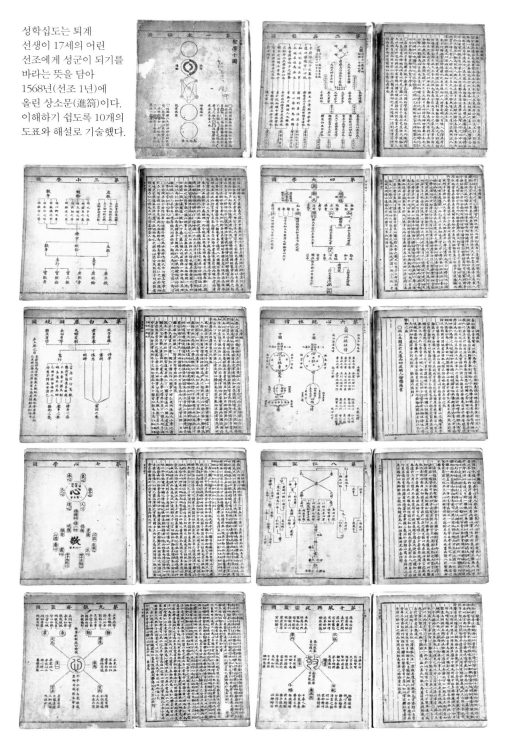

이와 관련해, 1878년 도산서원을 방문했던 33살의 면우俛宇 곽
종석郭鍾錫은 도산서원의 책판을 보관하던 장판각 앞에서 지은 칠언
절구의 시에서 '붓 들어 번거롭게 쓰지 않고도 하루에 천 장을 찍을
수 있으니不煩揮寫日千張, 이 책판은 유가의 무진장이네此是吾家無盡藏'라
고 하였다. 목판을 아무리 써도 다함이 없는 창고인 무진장無盡藏에
비유한 것이다.

또한 목판은 이미지圖象를 재현하고 확산하는 데도 적합하다. 그
림이나 지도 등 이미지를 그대로 복제하거나 재현하는 것은 활자
인쇄로는 불가능하고 나무에 그림을 그려 새긴 목판을 통한 인쇄
가 최상의 복제 수단이라고 할 수 있다. 따라서 그림이 중요한 기능
을 담당한《삼강행실도》,《성학십도》등의 서적은 물론이고 지도가
들어간 지방의 읍지나 조상의 묘소 위치를 그린 분산도墳山圖 등 이
미지 중심의 간행물이 모두 목판으로 간행되었다.

목판은 선현의 필적을 원형 그대로 보존하고 확산하는 데도 필
수적이다. 목판본은 사본과 같이 필사자의 필체가 보존되기 때문
에 글씨의 아름다움뿐 아니라 그 글씨를 쓴 사람의 개성이나 인격
을 후대에 보여주고 널리 알리는 데 유리하다.

한국국학진흥원이 소장한 목판자료 중에서 선조가 농암 종택에
내린 '적선'積善이라는 글자의 어필과 퇴계 선생이 옮겨 적은《대보
잠》을 판각한 서판, 퇴계 선생이 제자인 학봉 김성일에게 써준 4언
20구로 된 '병명'屛銘 서판 등은 모두 당사자의 필적을 그대로 반영
해 후대 사람으로 하여금 그 글씨를 쓴 선인을 직접 대면하는 느낌

을 부여함으로써 선인과의 인격적 만남의 통로 역할을 했다.

한편, 목판을 이용한 서적의 간행은 동아시아에서 공통적으로 발달하였지만 우리의 목판은 중국이나 일본과도 다르다. 우선, 목판에 의한 간행의 주된 목적에서 중국과 일본이 이익추구를 위한 상업출판이 주류를 이루는 반면 우리의 목판은 선현의 유업을 추모하고 동일한 혈연과 학맥을 결집하는 데 주목적이 있었다. 따라서 목판 제작의 주체도 중국이나 일본이 서적상 연합 등 상업적 목적을 지닌 집단이었던 반면, 우리의 경우는 서원이나 문중이 중심이 되었다.

또한 중국과 일본은 서적의 간행이 저자의 생존 시기에 간행되는 경우가 많아 상업자본과 저자 그리고 저자 주변 인물의 의견이 강하게 반영되는 반면, 우리의 경우는 문집을 중심으로 한 간행이 대부분 저자 사후의 공론에 의한 심의 절차를 거쳐 간행되는 차이를 보인다.

●

목판을 새기고 남긴 뜻

조선시대의 경우 목판을 활용한 인쇄는 16세기 이후 사림파가 중앙 정계로 진출하면서 자신의 학문적 정통성과 혈연적 정체성을 확고히 하기 위한 방안의 하나로 문집과 족보 간행에 힘을 쏟음으로써 시작되었다. 18세기 이후 서원이나 문중을 중심으로 문집과 족보의 출간이 경쟁적으로 이루어지면서 목판이 인쇄문화의 주류로 자리 잡는다. 민간에서 간행한 이른바 사가본私家本 목판 인쇄물이 급증하는 경향은 18세기 말 이후 더욱 강화되어 19세기 말에서 20세기 초에 이르는 시기에 절정을 이루었다.

중앙의 지원에 의존하지 않고 지역의 서원과 문중 등이 간행 주체가 되며 일정한 이윤이 보장된 상업출판이 아니라 민간의 자발적인 노력으로 이루어진 목판의 판각과 간행은 엄청난 경비 부담으로 인해 결코 간단치 않은 대역사였다. 그런 만큼 민간 주체가 겪는 어려움도 적지 않았다.

3년간의 판각과 간행과정을 거쳐 1891년에 완성된 허전許傳의 《성재선생문집》性齋先生文集의 제작과정에 관한 연구에 따르면 17책 632장의 판목이 들어가는 문집 간행에 총 8천5백여 량兩이 사용되었다고 한다. 당시 소 1마리의 가격이 51량이었음을 감안하면 거의 소 170마리에 해당하는 비용이 소요되었던 것이다.

조선후기 사회는 경제적으로 그렇게 풍요로운 사회가 아니었다. 따라서 목판본 간행에 들어가는 그 엄청난 경비를 개인이나 가문이 부담하는 것은 선현에 대한 깊은 존경의 마음과 헌신적 노력이 아니면 불가능했을 것이다. 기록을 보면, 실제로 경비 문제 때문에 목판의 제작이 수차례나 중단되었다 이어지기도 하고, 심지어 만석의 재산을 가진 후손이 목판을 제작하고 온 재산을 소진하는 일도 있었다.

우리 선조는 왜 경제적 곤란과 과정의 번거로움에도 불구하고

선현의 문집을 목판으로 판각해 간행하고 배포하려 했을까? 이와
관련해서는 다음과 같은 말이 선인의 마음을 헤아릴 하나의 단서
가 될 법하다.

> (조상에게) 아름다운 점이 없는데도 찬양하면 이는 세상을 속이
> 는 것誣이고, 선행善行이 있는데도 이를 알지 못하는 것은 자손이
> 밝지 못한 것不明이며, 알면서도 전하지 않는 것은 어질지 못한 것
> 不仁이다. 이 3가지는 군자가 부끄럽게 여기는 행동이다.
>
> 《이존록 · 서》彝尊錄 · 序

근거 없는 조상 자랑도 문제지만 조상의 아름다운 행적을 알지 못
하는 것이나 알면서도 세상에 전하지 못하는 것을 후손된 이의 '불
명불인'不明不仁의 큰 잘못으로 여긴 것이다. 이러한 문화 속에서 부형
이나 스승의 덕과 업적을 수집하고 학습하며 널리 전하기 위해 부
단히 노력하는 것은 후손이나 제자가 된 사람의 마땅한 도리였다.

따라서 문집과 족보의 간행, 그리고 각종 선인의 행적에 관한 자
료의 편찬, 초상화의 제작 등 모든 위선爲先사업에 속하는 일의 배경
에는 어려운 생활형편 속에서도 선대의 아름다운 뜻과 행적을 발
굴해 세상에 알리고 후대에 전하려는 후손과 제자의 눈물겨운 노
력이 있었다. 조선사회의 수준 높은 문화적 역량은 그러한 노력의
결과였고, 세계기록유산 강국으로서 우리가 느끼는 자부심은 선인
이 우리에게 전해준 선물인 것이다.

목판으로 간행된 문집을 비롯해 선인이 손으로 써서 남긴 일기나 고문서 등 전통기록유산이야말로 오늘날 우리가 가진 무진장의 보고이다. 그 속에는 국가와 위기에서 목숨을 초개처럼 여기며 의로움을 실천한 숭고한 헌신이 있고, 불우한 환경 속에서 자신의 운명을 개척해 마침내 일가를 이룬 성공담도 있다.

또 그 속에는 찢어지게 가난한 가정형편으로 부잣집에 자신을 팔아 마련한 경비로 아버지 장례를 치른 후 노비가 된 효자의 눈물겨운 효심이 있고, 자신이 가진 절대권력에도 불구하고 몸을 낮추어 이치에 따르고 공론에 귀 기울여 백성의 힘든 삶을 보듬고자 했던 어진 군주의 이야기도 있다.

기록유산 속에 담긴 이러한 숭고한 선인의 정신적 가치는 오늘날 우리가 살아가는 데 좌표가 되고, 우리 사회가 직면한 문제를 해결하는 데 열쇠가 될 수 있다. 그리고 그 속의 다양한 사건과 삶의 기록은 문화산업에서 화두가 된 지 오래인 스토리텔링을 위한 무진장의 이야기 창고가 될 수 있다.

●

기록유산의 보존과 활용

우리는 지역과 민족의 경계를 넘어서는 통합과 보편이 지배하는 세계화라는 거스를 수 없는 흐름 속에 깊숙이 들어왔다. 그런 가운데 유독 문화의 영역에서는 오히려 특정 지역이나 민족이 지닌 고유성과 특수성의 가치가 갈수록 중시된다. 보편성에 침식되지 않은 문화의 고유성은 해당 국가나 민족의 정체성을 담보하는 핵심 근거가 될 뿐 아니라, 산업적 경쟁력을 가진 차별적 문화콘텐츠 생산을 가능하게 하는 원천이기도 하기 때문이다.

우리는 고유한 문화의 가치를 피부로 느낀다. 많은 전문가가 근 10년 이래 우리 문화를 세계로 전파하는 한류 현상을 반만년 역사에서 처음으로 목격하는 문화적 쾌거라고 이야기한다. 그리고 한류의 중심에 선 한국 드라마의 성공 비결을 그 속에 담은 우리만의 고유한 문화와 가치에서 찾는다.

한류의 지속을 통해 '문화한국'으로서의 브랜드 가치를 높이는 한편, 오늘 우리 사회의 문제를 해결하는 열쇠를 찾고 나아가 문화산업에서의 경제적 부를 창출하고자 한다면, 무엇보다 우리가 지닌 전통 기록유산에 주목해야 한다. 그 속에 깃든 기록을 남긴 분과 그러한 기록을 간행하고 보존해 오늘에 물려준 선현의 뜻을 세계인에게 널리 알리고 한 단계 높은 수준의 한류를 지속시키는 것은 우리의 의무이다.

한국국학진흥원에서는 이러한 기록유산의 가치에 주목해 이를 잘 보존해 후손에게 불후의 유산으로 남기는 한편, 시대의 필요에 부응해 다양한 방식으로 활용되도록 노력한다. 문집과 일기 및 문서 등 고문헌의 경우 데이터베이스로 가공하거나 국역 사업을 통해 우리말로 옮김으로써 연구자의 국학 연구에 도움을 주면서 일반인의 전통문화에 대한 이해를 높이는 데도 힘을 쏟는다. 또한 여기서 더 나아가 국역된 일기자료에 담긴 풍부한 이야기 자원을 발굴한 뒤 가공해 영화, 드라마 등 문화산업 분야의 창작자에게 공급하는 온라인상의 '스토리테마파크'를 구축해 운영한다.

특히, 한국국학진흥원은 우리 기록문화의 정수精髓임에도 불구하고 여타의 고전적古典籍에 비해 열악한 보존환경에 처한 목판의 보존과 활용에 힘을 기울인다. 우선 기탁자가 오랜 시간 보존해온 목판을 기탁받아 항구적으로 보존하고 연구하기 위해 책판 보존에 최적화된 장판각을 지어 관리에 온 힘을 쏟았다. 또한 국내에서 최초로 목판연구소를 설립해 목판의 조사와 연구 관련 학술대회의 개최 등을 추진함으로써 목판에 대한 본격적인 연구의 시작을 열었다.

사람의 마음

유교는 '사람은 누구나 도덕적 인간이 될 수 있는 가능성을 처음부터 지녔다'고 상정한다. 이 같은 유교적 인간관을 대표하는 학설이 맹자의 성선설性善說이다. 맹자의 주장에 따르면, 사람은 4가지 착한 마음을 씨앗의 형태로 간직한 채 태어난다. 바로 측은지심惻隱之心(다른 사람의 어려운 처지를 불쌍히 여기는 마음), 수오지심羞惡之心(정의롭지 못한 행위를 미워하고 부끄러워하는 마음), 사양지심辭讓之心(양보할 줄 아는 마음), 시비지심是非之心(옳고 그름을 분별해낼 줄 아는 마음)이다. 유학자가 한평생 공부하는 목적은 궁극적으로 이 4가지 착한 마음의 씨앗을 싹 틔우고 잘 키워서 온 마음이 그 향기로 가득 차게 하려는 것이다. 그러할 때 이 4가지 착한 마음의 씨앗은 각각 인仁·의義·예禮·지智라는 도덕으로 열매를 맺는다.

마음 다스리기

유교에서는 맹자가 말한 4가지 착한 마음의 씨앗을 도덕적 인격을 갖추는데 반드시 필요한 실마리로 여겨 이를 '사단'四端(4가지 단서)이라 부른다. 유교의 수양이란 곧 자신의 마음속에 간직된 이 사단을 확인하고 그것을 잘 길러나가는 것이다. 이렇게 도덕적 인격을 이루기 위해 기울이는 실천적 노력을 유교에서는 '공부'工夫라고 한다.

조선의 대표적인 유학자 퇴계 이황은 온 마음을 하나로 모아 흐트러지지 않도록 하는 '경'敬 공부를 중시하였고 율곡 이이李珥는 대자연의 쉼 없는 성실성과 완전히 일치하여 아무런 거짓도 없이 진실한 마음의 상태를 유지해나가는 '성'誠 공부를 강조하였다.

ⓒ한국국학진흥원(도산서원 운영위원회 기탁)

《심경》(心經)
중국 송나라의 학자 진덕수(陳德秀, 1178~1235)가 마음공부에 관한 경전의 구절과 성현의 주석을 편집하여 쓴 책이다. 이황이 젊은 시절 이 책을 보고 매우 감탄하여 임종 전까지 제자들과 강학하였다고 기록되었을 정도이며 조선후기까지 성리학자의 끊임없는 관심을 받았다.

중과 화

유교의 수양은 감정을 억누르는 것이 아니라 감정을 상황에 알맞게 드러내
는 일을 중시한다. 유교에서는 마음속의 감정이 아직 밖으로 드러나지 않
은 상태를 '중'中이라고 부른다. 감정이 아직 어느 쪽으로도 치우치지 않은
상태이기 때문이다. 그리고 이런 마음속 감정이 겉으로 드러나되 지나치지
도, 모자라지도 않게 마주한 상황에 딱 어울리도록 표현된 상태를 '화'和라
고 부른다.

유교에서 도덕적 인격의 수양과 관련하여 중시하는 '중·화'는 이처럼 마주
하는 상황에 적절하게 정서적으로 반응하는 상태를 가리킨다. 이런 까닭에
유교에서는 '시중'時中, 즉 '상황에 항상 맞아 들어가는 중'을 최고의 경지
로 여겼다.

《고경중마방》(古鏡重磨方)
퇴계 이황이 예로부터 내려오던
명(銘)과 잠(箴), 찬(贊) 중에서 수양에
도움이 될 만한 것을 가려 뽑아 엮은
책이다. '옛 거울을 거듭 갈고 닦는
방책'이라는 의미로, 본래 밝고 빛나는
거울과 같은 마음을 갈고 닦는 데도
방법이 있음을 말한다. 1607년 이황의
문인인 정구(鄭逑)가 간행하였고
1744년 세자시강원(世子侍講院)에서
간행하여 왕세자 교육의 교재로 썼다.

ⓒ한국국학진흥원(진성 이씨 향산 고택 기탁)

《활인심방》(活人心方)
이황이 심신의 건강을 위하여 《구선활인심법》(臞僊活人心法)이라는
중국 수련서의 내용을 요약, 정리한 책이다. 이황의 친필 글씨와
그림으로 쓰였다. 서체로 필사된 시기를 추정하면 대략 30대에서
40대 전후로 추정한다. 34세에 문과에 급제하였던 이황은
46세까지 주로 서울에 거주하면서 벼슬을 하였다.

ⓒ한국국학진흥원
(진성 이씨 상계 종택 기탁)

화이부동

'중·화'의 이치를 체득한 사람은 남과 맹목적으로 어울리려는 것이 아니라 자신의 도덕적 원칙을 지키며 화합해간다. 이 점을 가리켜 공자는 "군자는 자신의 도덕적 원칙을 지키면서 주변과 조화되기를 추구하지만, 소인은 자신의 원칙을 내팽개치고 남과 같아지는 데만 급급해 한다"고 말하였다. 요컨대, 어디까지나 자기 자신을 지키면서 다른 사람과 조화를 이루어가는 사람이 참다운 유학자, 즉 '선비'인 것이다.

육예

육예六藝는 예禮(생활 의례), 악樂(음악), 사射(활쏘기), 어御(수레 몰기), 서書(글쓰기), 수數(셈하기) 6가지 기예를 가리킨다. 이 6가지는 선비가 몸과 마음을 기르기 위해 꾸준히 익히고 활용하던 실용적 기예이다. 공자가 제자를 가르칠 때 활용했던 구체적인 교육 내용이 육예였다고 전해질 만큼 역사가 깊다. 이런 점에서 육예는 선비의 가장 오래된 종합 교육이며 유학 공부를 위한 기본적 소양이다.

《창랑보》(滄浪譜)
유홍원(柳弘源, 1716~1781)이 쓴 거문고 악보이다. 그 내용은 조선 숙종(肅宗)과 영조(英祖) 때 거문고 명인으로 알려진 어은(漁隱) 김성기(金聖基)가 편찬한 《낭옹신보》(浪翁新譜)를 바탕으로 하였다.

ⓒ한국국학진흥원(전주 류씨 함벽당 종택 기탁)

건강한 사람 되기

유교의 수양에서는 마음공부와 함께 몸 공부도 중요한 의미를 지닌다. 마음공부의 결실이 결국 몸을 통해 드러날 수밖에 없기 때문이다. 이런 까닭에 유교에서는 몸과 마음을 떼어놓고 생각하지 않았으며 몸을 다스리는 일도 마음을 다스리는 일 못지않게 중요한 수양 공부로 여겼다.

출처

한국국학진흥원 (편), 2006, 《유교문화박물관》, 안동: 한국국학진흥원.
한국국학진흥원 http://www.koreastudy.or.kr/main/main.action
유교문화박물관 http://www.confuseum.org/

其五
青山는 엇뎨흐야 萬古애 프르르며
流水는 엇뎨흐야 晝夜애 긋디 아니
노고 우리도 그치디마라 萬古常靑
호리라

도산십이곡陶山十二曲

도산육곡지이陶山六曲之二 기오其五
청산은 어찌하여 오랜 세월 동안 푸르며,
흐르는 물은 어찌하여 밤낮으로 그치지 아니한가?
우리도 그치지 말아 오래도록 푸르게 살리라.

제 5부

사람
향기는
만 리를
간다

그들이 평생 추구한 겸손, 배려, 헌신 등의 가치가 오랫동안 향기를 피우기 때문이리라. 그리고 이러한 향기가 그대로 후손에게 이어져 이 시대를 아름답게 하기 때문이리라.

겸손과 헌신이
사람을 움직인다

요즘 우리는 바쁘게 살아간다. 모두 자기와 관련된 일을 하느라고 바쁘다. 자신과 가족, 회사 그리고 자기가 속한 집단을 위해 바쁘다. 물질적, 금전적으로 이득이 있을 때 더욱 그러하다. 이렇게 지내다 보니 남을 돌볼 겨를이 적어지고 나의 이익을 위해서 남의 것을 아랑곳하지 않고, 심지어는 짓밟는 경우도 비일비재하다. 당연히 이러한 곳에서는 행복한 삶을 살기 어렵고 사회도 불신과 갈등이 증폭될 수밖에 없다.

우리 사회가 개인이 더 행복해지고 서로 신뢰하는 선진사회가 되기 위해서는 스스로 낮추고 남을 공경하는 사람이 늘어나야 한다. 이렇게 되려면 이미 그런 삶을 사는 분의 향기가 널리 퍼지도록 하여야 하지 않을까?

현재 필자가 만나는 사람 가운데에도 그런 분이 있다. 퇴계 선생의 16대 종손 이근필李根必(1932~) 옹과 이육사李陸史 선생의 유일한

혈육인 이옥비李沃非(1941~) 여사이다. 도산서원 선비문화수련원의 수련과정에서 빠지지 않는 것이 이 두 분과의 대화 시간이다.

이근필 옹은 현재 양쪽 귀가 들리지 않는 상태이다. 그럼에도 두루마기 차림으로 꿇어앉은 채 수련생을 맞이하는 자세는 어느 강사보다 진지하다. 선조인 퇴계 선생의 행적을 직접 입에 올리지 않는다. 대신 다른 사람을 칭찬하는 것이 자기의 복을 짓는다는 뜻의 '예인조복' 글귀를 강조하면서 다른 집안 선현의 미담을 곁들인다.

2009년 101세로 작고한 부친 이동은李東恩 옹이 100세 때 쓰셨다는 '수신십훈'修身十訓을 나눠주면서, 이는 복사된 인쇄물이기 때문에 멀리서 오신 손님에게 이것만 드릴 수 없다며 정성스레 손수 쓴 '예인조복' 글귀를 같이 선물한다. '시원찮은 글씨를 드려서 죄송하다'는 말과 더불어 '나를 낮추고 다른 사람을 배려하십시오. 누구나 성현이 될 수 있다는 것을 잊지 마십시오'라는 당부도 함께한다. 한 해 동안 무려 3만 장을 쓰는데도 할 일이 있어 행복하다고 한다.

퇴계 종택을 나와 인근에 자리한 이육사문학관을 방문하면 단정한 한복 차림의 이옥비 여사를 만날 수 있다. 그녀는 문학관을 찾는 사람에게 갓 시집온 새색시가 시어른께 여쭙듯 겸손하게 아버지 육사 선생에 대한 일화를 들려준다. 그녀는 처음 만나는 사람에게 자신을 이렇게 소개한다.

"비옥할 옥沃자에 아닐 비非자를 쓰지요. 제 이름이 왜 옥비沃非인

이옥비 여사의 강연

줄 아세요? 욕심을 부리지 말고 소박하게 살라는 뜻으로 아버지가
지어주신 평생의 선물이에요. 그런데 저는 아버지 기대에 훨씬 못
미치는 삶을 살아 부끄럽습니다."

그러면서 그녀는 '어렸을 때엔 독립운동가로서 시인으로서 아버
지가 제게 안겨준 무게가 힘겹기도 했지만, 문학관을 찾는 분들이
저를 아껴주시기 때문에 요즘처럼 아버지의 사랑을 가까이 느낀
적이 없다'고 덧붙인다.

한 시대를 풍미했던 인물의 후손답지 않은 모습으로 살고 있는
그들을 볼 때마다 겸손과 헌신이라는 두 단어를 떠올린다. 이근필
옹은 남의 말을 들을 수 없고, 이옥비 여사는 얼마 전 큰 수술을 받
았다. 온전한 몸도 아닌 상태에서도 항상 바르고 겸손한 자세로 상

이근필 옹은 항상 같은 자리에서 같은 자세로 흐트러짐 없이 손님을 맞는다.

이근필 옹이 손수 쓴 글씨를 받아들고 고개를 갸웃거리는 어린아이.

대를 배려하고 도움을 주려는 모습을 보고 이곳을 찾는 수련생은 자신도 이렇게 살아가야겠다고 다짐한다. 겸손과 헌신이 사람을 움직인 것이다.

퇴계 선생과 이육사 선생은 분명 역사적으로 훌륭한 인물이다. 하지만 이들이 훌륭한 것은 학문적으로 뛰어났거나 역사적으로 중요한 업적을 남겼기 때문만은 아니다. 그것은 그들이 평생 추구한 겸손, 배려, 헌신 등의 가치가 오랫동안 향기를 피우기 때문이리라. 그리고 이러한 향기가 그대로 후손에게 이어져 이 시대를 아름답게 하기 때문이리라. 이런 겸손과 헌신이야말로 현대를 살아가는 우리 모두가 갖추어야 할 기본적인 덕목이 아닐까 싶다. 그럴 때 대한민국은 아름다운 향기로 가득하게 될 것이다.

꽃향기는 천 리를,
사람 향기는 만 리를 간다

인간은 말은 쉽게 한다. 그러나 말한 대로 행동하긴 쉽지 않다. 언행일치言行一致나 지행일치知行一致는 옛말이 되고 있다. 이런 까닭에 개인 간에는 믿음이 사라지고 사회는 이기심으로 가득 채워지고 있다. 개인이 더 행복해지고 신뢰사회로 한 걸음 더 나아가기 위해서는 우리 모두 '말한 대로', '배운 대로' 꼭 실천하는 사람이 되어야 한다. 우리 아이 또한 그렇게 길러야 한다. 교육 효과는 백 번 말로 일러 주는 것보다 느낄 수 있는 곳에 데려가 한 번 보게 하는 것이 더 높다.

휴가 때나 주말에 가족 친지와 함께하는 여행의 형태가 점차 바뀐다. 둘레길 걷기, 템플스테이, 고택古宅 체험 등을 통해 자연과 전통문화를 벗하면서 자기와 주변을 되돌아보는 체험형 여행 문화가 늘어난다. 필자가 있는 안동에서도 고택 체험 여행객을 자주 접한다. 고택 체험에는 한옥의 고풍스러움 못지않게 그곳에 살던 분이

노름꾼으로 위장해 전답을 팔아 독립운동자금으로 보냈던
김용환 선생의 정신이 고스란히 담긴 학봉 종택.

배운 대로 실천한 삶의 향기가 곳곳에 배어 특히 의미 있다.

향산고택도 그중 하나이다. '향산'은 구한말 순국지사인 이만도
선생의 호이다. 선생은 퇴계 선생의 11대손으로 1910년 경술국치
를 당하자 치욕을 견디지 못해 24일간 단식 순국한 분이다. 나라
잃은 치욕의 삶보다 의롭게 죽는 것이 차라리 낫다는, 평소 배운 선
비의 삶을 그대로 실천에 옮긴 것이다. 선생의 이러한 행동은 주위
사람에게 영향을 미쳐 조카도 단식 순국으로 뒤를 이었고 아들들
과 손자 역시 독립운동에 헌신했다.

특히 며느리인 김락 여사는 남편과 아들들의 독립운동을 정성을 다해 뒷바라지했다. 그리고 뒷날에는 자신도 직접 3·1 만세운동에 참여했다가 일제의 시뻘건 인두 고문으로 실명하는 고난을 겪었다. 김락 여사의 그러한 삶은 〈락, 너희가 나라를 아느냐〉라는 제목의 뮤지컬로 제작되어 매년 여름밤 안동에서 공연된다.

조선 중기의 거유巨儒인 학봉鶴峯 김성일金誠一(1538~1593) 선생의 13대 종손이었던 김용환金龍煥(1887~1946) 선생의 이야기도 감동적이다. 선생은 일제강점기 안동에서 종택의 전답 18만 평을 노름으로 탕진한 파락호로 소문났던 인물이다. 그러나 이는 아무도 모르게 독립운동에 자금을 대기 위한 방편이었다.

노름꾼으로 위장함으로써 독립자금을 좀더 용이하게 마련하고 감시를 피하고자 했던 것이다. 독립자금 조달을 위해 외동딸이 결혼할 때 사돈댁에서 혼수 장롱 구입비로 보내준 돈까지 처분하는 바람에 딸이 할머니가 쓰던 헌 장롱을 가지고 울면서 시집갈 수밖에 없었다는 이야기는 유명하다.

그러나 선생은 자신의 그런 행적을 결코 입에 올리지 않았다. 심지어 해방된 다음해 죽는 순간까지도 김구 선생과의 면담 등 독립운동과 관련된 자신의 모든 행적을 비밀에 부쳤다. 남을 의식하고 자기를 내세우기보다 웃어른으로부터 배워 아는 대로 묵묵히 실천하는 참된 선비의 전형이다.

우리는 지금 김락 여사나 김용환 선생이 살던 시대와는 비교도 안

학봉 종택 내부에서 진행되는 강연.

될 정도로 풍요로운 삶을 산다. 그런데도 우리 시대의 삶의 향기는 왜 그 시절보다 못할까. 가난하고 어려웠던 때보다 무엇이 부족해서 그럴까. 당장의 이익보다 옳다고 생각하면 꼭 실천하는 솔선수범자가 드물기 때문이 아닐까. 그리하여 이웃과 공동체는 아랑곳하지 않고 자기나 자기 집단의 이익을 위해 행동하는 사람이 더 많아졌기 때문이 아닐까.

한 사회의 건강성을 담보하고 지속 가능한 발전을 보장하는 것은 물질보다 정신이다. 따라서 지도층부터 이러한 정신을 솔선해 실천하여야 한다. '꽃향기는 천 리를 가고, 사람 향기는 만 리를 간다'는 말이 있다. 여기서 말하는 '만 리'는 단순히 공간적 거리만을

가리키는 표현은 아닐 것이다. 그것은 한 사람의 올곧은 정신이 후
대에 미치는 영향의 지속성을 가리키는 시간적 은유이기도 하다.

　마치 누가 더 천박해지는가를 경쟁이라도 하는 듯한 오늘의 세
태에서 서로 앞다투어 옛 선현의 향기를 맡으며 자신의 수신부터
시작해 보자.

임시정부 초대국무령
이상룡 선생처럼

2014년 10월 17일 경북 안동 낙동강변에 있는 고성 이씨固城李氏 종가인 임청각에서 임시정부 초대 국무령(내각수반)을 지낸 석주 이상룡 선생을 기리는 기념사업회가 발족했다. 석주 선생 기념사업회의 발족이 즐거움을 더하는 까닭이 무엇일까. 석주 선생이 어떻게 살아간 분인가를 살펴보자.

선생이야말로 공동체의 안녕을 위해 명문가 종손으로서의 개인적 기득권을 과감하게 포기한, 우리 근대사에서 선공후사를 솔선하여 실천한 대표적 인물이다. 안동의 5백 년 전통 명문가인 고성이씨 문중의 17대 종손으로 태어난 선생은 나라가 일제의 침략으로 위기에 직면하자 의병운동과 계몽운동에 차례로 헌신했다.

그러다가 마침내 국권이 강탈당하자 조상의 신주를 땅에 묻고전 재산을 팔아 독립운동자금을 마련한 후, 일가를 이끌고 1911년만주 서간도로 망명해 무장투쟁을 주도하며 조국의 광복을 위해

임청각. '군자당'이라는 현판이 눈에 띈다.　　　　　　　©선비문화수련원

여생을 바쳤다.

선생 당대까지 고성 이씨 임청각파는 대표적인 '삼불차'三不借 종
가로 꼽힐 정도로 명성과 자부심이 대단했던 문중이었다. '삼불차'
란 대대로 '돈'과 '글'과 '후손'(양자) 3가지를 남에게 신세지지 않은
종가를 가리킬 때 쓰는 말이다.

이처럼 유서 깊은 종가의 종손 신분으로 이유가 어디에 있든 조

임청각에 걸린 항일투사
석주 이상룡 선생의 사진.

©전세문화유산지원(임청각 소장)

상의 신주를 땅에 묻고 망명한다는 것은 당시는 물론 지금도 상상하기 어려운 일이다. 그럼에도 선생은 과감히 결행했다. 가문은 개인보다 큰 가치이지만 국가라는 더 큰 공적 가치를 위해 결연히 가문을 던졌다. 그야말로 선공후사의 귀감이 아닐 수 없다.

이 때문에 선생의 삶은 당대에도 많은 이를 감동시켰다. 독립운동 동지들이 임시정부의 초대 국무령으로 선생을 합심하여 추대한 것만 보아도 알 수 있다.

석주 선생의 선각자로서의 생애를 생각할 때, 이번에 창립된 기념사업회의 활동은 무엇보다도 선생의 그런 삶의 향기를 널리 전파하는 일에 초점이 모아져야 할 것이다. 이를 위해서는 먼저 임청각을 하루속히 원상태로 복원해야 한다. 독립운동가의 집이라는

석주 선생에게 내려진 훈장이 그의 사진과 함께 걸렸다.

이유로 헐어버리고 그 앞으로 철길을 낸 일제의 만행을 떠올린다
면, 이는 민족의 자존감을 살리는 일이기도 하다.

　다음으로는 복원된 임청각을 선생의 선공후사의 정신을 확산시
키는 교육의 장으로 삼아야 한다. 이를 통해 늘 소아小我보다 대아大我
를 앞세웠던 선생의 삶의 향기가 자신의 이익추구에만 골몰하는 이
시대 많은 사람을 감동시키는 새로운 정신문화의 불씨가 되었으면
하는 바람이다.

이육사처럼

이육사李陸史(1904~1944) 시인이 돌아가신 지도 70년이 넘었다. 2014년 1월 16일 안동시 도산면 원촌동 생가 마을에 자리한 '이육사문학관'에서는 70주기를 기리는 추도회가 있었다.

육사 선생은 1904년 4월 4일 이곳에서 태어나 1944년 1월 16일 만 40세의 나이로 중국 베이징 주재 일본영사관 감옥에서 순국하였다. 이육사문학관은 탄신 100주년을 기념하여 2004년에 문을 열었으니 개관 10주년이 넘었다.

필자가 추도회에 참석해 보니 장내를 가득 메운 많은 분들이 70년 전 우리 곁을 떠난 임을 매우 숙연한 자세로 추모했다. 오래전에 떠난 육사 선생을 이토록 기리는 까닭은 무엇일까? 중학생 이상이라면 육사 선생을 모르는 사람은 없을 것이다. 그의 대표작인 〈청포도〉, 〈광야〉, 〈절정〉 등의 시가 교과서에 실렸기 때문이다. 그렇다면 추도회의 열기는 이처럼 유명한 시인이기 때문일까?

육사 선생의 평생은 말 그대로 조국 독립을 위한 투쟁으로 일관된 삶이었다. 그는 일제에 의해 모두 17차례 투옥되었고, 죽음도 차디찬 이국異國의 옥중에서 맞았다. 본명 '원록'源祿 대신 '육사'를 필명으로 삼은 것도 1차 투옥 때의 수인 번호였던 '264'에서 음을 딴 것이라는 점은 널리 알려진 사실이다.

일설에는 '육'陸이 중국 자전에 '찢을 육'戮과 의미가 통하는 점에 착안하여 일제강점의 치욕스러운 역사를 갈가리 찢어버리겠다는 뜻에서 '육사'라 하였다고도 하니, 조국의 독립을 향한 선생의 강고한 뜻은 충분히 짐작하고도 남는다. 주옥같은 시작詩作 활동 또한 독립운동의 일환이었다고 스스로 술회한 바 있다.

그런데 일제에 대한 저항의지가 이처럼 강하다 보니 선생에 대한 이미지가 이른바 '투사'鬪士로만 각인되는 듯하여 아쉬움이 든다. 선생은 분명히 '백마 타고 오는 초인'(〈광야〉)을 목 놓아 부른 저항의 시인이며, 조국의 광복을 위해 북방으로까지 휩쓸려가 '하늘도 그만 지쳐 끝난 고원 서릿발 칼날'(〈절정〉) 위에 기꺼이 섰던 지조의 시인이다. 하지만 우리는 육사 선생의 이런 투사적 기질의 바탕을 이루는 따뜻한 인간애를 결코 놓쳐서는 안 된다.

육사 선생은 평생 늘 무거운 짐을 자각하며 살았으니, 언제 어디서나 사람다움의 도리를 실천하며 사는 것이 그것이다. 퇴계 선생 14대손이기도 한 육사 선생은 어려서부터 집안에서 사람다움의 도리를 배우며 자랐다. 평생을 자기를 낮추고 타인을 배려했던 퇴계 선생의 가르침이 빛을 잃지 않고 가학家學으로 이어져온 결과이다.

이육사문학관에 걸린
이육사 시인(왼쪽 위)과
어머니 허길 여사(오른쪽 위),
6형제(아래)의 사진이다.

ⓒ이육사문학관

　육사 선생은 6형제 가운데 둘째였는데, 형제간의 우애가 남달랐다. 첫 번째 투옥의 계기가 된 조선은행 대구지점 폭탄투척 사건(1927) 때 형과 바로 아래 동생이 함께 투옥되었는데, 서로 자기가 주모자이고 다른 형제는 관련이 없다고 주장하였다. 또 형님이 먼저 돌아가시자 남겨진 조카들과 형수를 동생들과 함께 극진히 보살폈다. 부모에 대한 효성도 각별하였다. 마지막으로 체포되어 베이징으로 압송된 후 그곳에서 순국하게 된 것도 모친의 소상小喪을 치르러 귀국한 것이 직접적 빌미였다.

　결코 길지 않았던, 그러나 분명한 울림이 있었던 육사 선생의 삶은 어떻게 살아가야 하는지, 어떤 가치를 추구해야 하는지를 여실히 보여준 본보기이다. 비록 쉽지는 않겠지만 우리 함께 앞으로 '육사처럼' 살아가는 첫걸음을 내딛기를 기원해 본다.

오늘날 리더에게
가장 필요한 것

요즘 리더십이 점점 강조된다. 그래서 국가지도자를 비롯한 지도자들의 리더십에 대해 관심이 높다. 또 자신의 리더십을 키우기 위해 관련 서적을 읽고 유명 강사의 강연도 열심히 찾아듣는다. 왜 리더십에 대한 관심이 점점 커질까? 과거와 달리 세상이 아주 빠르게 변해 리더의 자질과 결단이 그만큼 중요해지기 때문이다.

전통사회에서는 반상과 적서, 남녀 등의 차별이 있어 태어날 때부터 리더가 될 사람과 그렇지 못한 사람이 정해졌다. 그러나 오늘날에는 누구나 리더가 될 수 있다. 국가나 대기업 같은 큰 조직의 리더냐 가정과 친목모임 등 작은 조직의 리더냐, 아니면 이미 활동하는 리더인가 앞으로 장래의 리더인가 하는 차이만 있을 뿐이다.

그렇다면 리더에게 가장 필요한 것이 무엇일까? 모두의 관심사가 아닐 수 없다. 정직, 성실, 배려, 추진력 등 일일이 열거하자면 끝이 없다. 그러나 이 모든 것을 포괄하는 가장 필요한 덕목 하나만

들라면 그것은 아무래도 리더십(지도력)이다. 리더십이 있다면 존경받으며 할 맛이 나겠지만 이것이 없다면 지시나 명령 자체가 먹혀들지 않을 터이니 리더가 되지 않느니만 못할 것이다.

그러면 리더는 어떤 리더십을 가져야 할까? 가장 유치한 물리력(주먹)과 그보다 좀 상위인 금력(돈)으로는 오래도록 리더십을 발휘할 수 없다. 생명력이 오래가는 리더십은 구성원으로부터 존경받는 리더십이다.

존경받는 리더십은 어디서 나올까? 세계적 리더십 연구자인 스티븐 코비를 비롯하여 21세기에 크게 성공한 33인의 리더는 자신의 리더십을 서번트 리더십(*Servant Leadership*), 즉 '섬김의 리더십'이라고 말한다. 이들은 높은 수준에서 사람을 이끌기 위해서는 부리는 리더십으로는 결코 존경받을 수도 없고 오래 지속할 수도 없다고 《리더십》이란 책에서 한 목소리를 낸다.

그런데 이러한 섬김의 리더십을 외국에서만 찾을 수 있을까? 아니다. 우리 선조의 삶을 되돌아보면 그곳에 답이 있다. 우리 역사 속에서 지도자로 나아간 분은 일상 속에서 거의 예외 없이 자신을 낮추고 타인을 섬기는 자세로 평생을 일관하며 살아갔다. 존경을 많이 받는 분일수록 더욱 그러하다.

잘 알다시피 퇴계 선생은 학문과 사상이 드높은 대유학자이다. 그러나 오늘날 우리에게까지 널리 존경받게 된 것은 높은 학문보다도 그가 70평생을 살면서 일상생활에서 몸소 실천했던 겸손과 배려 그리고 희생정신에 힘입은 바가 더 크다. 퇴계 선생은 모든 사람을 당시의 일반적인 사회적 관습과 사뭇 다르게 대하였다. 여자와 어린아이, 하층민 등 사회적 약자에게도 항상 자신을 낮추고 상대를 공경하는 삶을 살았다. 그가 오랫동안 조선 최고의 존숭을 받아온 바탕은 바로 이러한 섬김의 자세였다.

요즘도 도산서원을 찾는 많은 분이 그 옛날 퇴계 선생의 자취와 일화가 남은 현장을 보고 듣고 느끼며 감동받는다. 특히 도산서원 선비문화수련원에서 선비체험을 하고 돌아가는 수련생은 하나같이 일상으로 돌아가면 주위의 가족과 고객에게 '퇴계처럼' 낮춤과 섬김을 실천하며 살아가겠다고 다짐한다. 부디 평생토록 실천해서 가정과 직장, 주위 사람까지 변화시키기를 기대해 본다. 그렇게 된다면 시작은 한 사람에 불과하지만 그 끝은 창대하지 않겠는가? 오늘날 리더에게 가장 필요한 덕목은 바로 이런 것이 아닐까 싶다.

늘어나는 장수시대
어르신의 리더십

언제부터인가 '구구팔팔이삼사'(9988234)가 중장년의 공통 구호가 되어버렸다. 말인즉 '99세까지 팔팔(88)하게 살고, 2~3일 앓다가 죽자死(4)'라는 뜻이다. 이 구호가 현실로 다가왔다. 2014년 한국인 평균수명이 82세(남자 78.5세, 여자 85세)라고 한다. 최근 40년 동안 20세가 늘어났으니, 100세 시대도 그리 멀지 않은 듯하다.

그렇다면 100세 시대의 도래가 과연 축복이기만 할까? 마냥 그렇지만은 않다. 그 이면에 '우리나라 노인자살률 OECD 국가 가운데 1위'라는 매우 불명예스러운 기록이 자리하기 때문이다.

2013년 6월 한국보건사회연구원이 발표한 연령별 남성자살률을 보면 10만 명당 50대 25.9명, 60대 37.7명, 70대 81.3명, 그리고 80세 이상은 120.9명으로, 50대에 비해 80대 노인의 자살률이 무려 5배나 높은 수치다. 과연 이런 현상이 지금 노인만의 문제일까? 그렇지 않다. 언젠가는 우리 모두가 겪게 될 공통의 문제다. 노인 자살문제는 연령과 상관없이 누구나 심각하게 고민하고 관심을 가질 필요가 있다.

왜 이렇게 '자살하는 노인'이 늘어나는 걸까? 전문가의 견해로는 '노인 우울증' 때문이다. 노인 우울증의 원인으로는 경제적 빈곤, 건강(질병)과 아울러 고독감이 지적된다.

노인의 고독감은 어디서 비롯되었을까? 그건 바로 관계의 부재, 특히 가까운 사람과의 관계에서 느끼는 소외감이다. 그런데 '관계' 란 둘 이상의 대상이 만들어내는 연결고리로, 어느 한쪽의 노력만 으로는 성립되지 않는다. 그렇다면 누가 먼저 바뀌어야 할까? 《맹자》에 '반구저기'反求諸己라는 말이 있다. '모든 원인을 다른 데서 구하기보다 자신에게서 찾는다'는 뜻이다. 그렇다. 소외감의 원인을 타인에게서 찾으려 하지 말고 노인이 스스로에게 '과연 나는 가족을 비롯하여 주변과 좋은 관계를 갖기 위해 어떤 노력을 기울였는 가?'라는 질문을 던져보자.

정보통신이 발달하지 않았던 시절에는 노인의 축적된 경험지식이 삶의 지혜나 다름없었다. 건넌방 할머니 곁에는 어린아이가 옛날이야기를 듣기 위해 옹기종기 모여들었고, 사랑채 할아버지 방에는 진지한 모습으로 글공부를 하는 남자아이로 늘 북적거렸다. 그러다 보니 도무지 외로움이나 고독감을 느낄 겨를이 없었다.

그러나 세상이 달라졌다. 이젠 인터넷만 연결하면 각 분야의 고급정보가 넘쳐나고, 스마트폰 하나면 시공간을 초월한 엄청난 양의 지식정보를 손쉽게 얻을 수 있다. 특히 핵가족화가 급속히 진행되면서 자녀와 떨어져 사는 경우가 크게 증가하였다. 그러니 노인이 예전 같은 몫을 하기에 더욱 힘들어졌다. 그렇다고 세태 탓만 할 것인가? 그보다는 '반구저기'의 자세로 스스로 개척해 보도록 하자. 우선 건강하고 활기찬 노년을 보내기 위해서는 주변사람, 특히 젊은이와 어울리면서 존경받을 수 있는 삶의 가치를 찾아야 한다.

그것이 무엇일까? 바로 '낮춤'(겸손)과 '섬김'(배려)의 태도가 아닐까? 역사상 이를 가장 잘 실천한 이가 퇴계 선생이다. 퇴계 선생은 신분이 미천하고 어린 사람이라도 소홀히 대하지 않았으며 제자를 친구 대하듯 했다. 벼슬길에 올라 한양에서 생활할 때 바늘이나 분 등을 손수 구해서 시골에 있는 며느리에게 보내는가 하면, 아들과 손자, 며느리와 손부가 선물을 보내오면 반드시 답례했다. 그러다 보니 그의 곁에는 늘 사람이 모였다.

이처럼 노년이 되어서도 존경을 받았던 이들은 한결같이 자신을 낮추고 주변을 보살피는 섬김의 삶을 살았던 것이다. 그러지 않고 '내가 옛날에는 이래저래 했는데…'라는 권위의식만을 내세운다면, 고독한 삶을 보낼 수밖에 없다.

따라서 '한 수 가르치기보다는 한 수 배우려는 낮춤의 자세'를 즐기고 '보살핌을 구하기보다는 보살펴 주는 섬김의 자세'를 갖춰야 한다. 이것이야말로 세상의 발 빠른 변화에 뒤처지지 않고 더불어 살아가는 '장수시대 어르신 리더십'이 아닐까?

효자 효녀라야
진정으로 고객감동을
이끈다

현대사회의 가장 큰 특징은 변화의 가속화이다. 점점 빠르게 변화하는 환경에 대처하기 위한 우리 사회의 경쟁, 그 가운데에서도 기업의 경쟁은 갈수록 치열해진다. 경쟁에서 앞서기 위해 품질향상과 서비스의 질적 제고에 그야말로 사운社運을 건 노력을 쏟지 않을 수 없다. 은행이나 백화점처럼 고객의 선택에 크게 영향을 받는 기업일수록 더 그렇다. 고객만족을 넘어 이제는 고객감동으로까지 나가는 상황이다.

그러면 과연 어떻게 해야 고객이 감동하는 수준까지 나아갈 수 있을까? 이 문제와 관련하여 시사점을 주는 통계가 있다. 미국 품질관리학회(ASQC)의 조사에 따르면, 떠나는 고객의 68%는 거래처 '직원의 태도' 때문에 그랬다는 것이다. 이는 품질보다 고객을 대하는 직원의 태도가 더욱 중요함을 일깨운다. 의사결정 과정에서 미국인보다 우리나라 사람이 상대방의 태도를 더욱 중요시하지 않은가? 그래서인지 직원에 대한 친절교육과 예절교육이 강화되고 신규채용 때도 이 점이 한층 중시된다.

예전과 사뭇 달라진 기업체 직원의 태도를 접하면서 몇 가지 상념이 떠오른다. 분명 고객을 응대하는 태도는 이전보다 좋아졌다. 어느 한두 기업만이 아니라 거의 모든 기업이 전반적으로 개선되었다는 느낌이다. 그러니 새로운 고민에 부딪친다. 상향평준화된 친절과 서비스에 어느새 익숙해져버린 고객에게 어떻게 하면 새로운 감동을 선사할 수 있을까? 그것은 바로 고객이 느끼는 '진정성'이다. 이제부터는 어떻게 '진정으로 고객을 감동시킬 수 있느냐'가 관건이다. 앞으로 중요한 것은 고객을 외견상으로 친절하게 대했느냐의 여부가 아니다. 그보다는 얼마나 가식이 없는 친절을 베풀었느냐가 새로운 차원의 고객감동 경쟁에서 승패를 좌우할 것이다. 그러려면 친절이 몸에 배어야 한다.

친절이 몸에 배어 가식 없게 베풀려면 어떻게 해야 할까? 이는 당연히 의식한다고 저절로 갖추어지지 않는다. 그것은 평소 고객보다 더 가까운 사람을 어떻게 대하느냐에 달렸다. 직장에서, 더 가까이는 친한 친구 사이에서, 또 좀더 가까이는 가정에서 매일 마주 대하는 사람에게 어떤 태도를 보이느냐가 중요하다. 특히 부모에 대한 태도는 이 모든 연쇄고리의 시발점이다.

부모에 대한 사랑은 배우자나 자식에 대한 사랑과 질적으로 다르다. 배우자나 자식에 대한 내리사랑은 동물도 한다. 그러나 부모에 대한 치사랑은 인간만이 가능한 품성이다. 내리사랑은 본능의 영역이지만 치사랑은 끊임없이 자신을 다잡고 인격을 수양해야 하는 수신이 필요한 영역이다. 따라서 자신을 낮추고 타인을 배려하는 자질은 내리사랑이 아니라 치사랑을 얼마나 진심으로 실천하느냐에 달렸다. 이 점에서 효는 가장 큰 은혜에 보답하고자 하는 인간 고유의 아름다운 행위이다.

부모에 대한 사랑이 일상화된 사람이라면 그 배려의 마음을 형제와 친척, 친구, 동료 그리고 고객에게까지 물 흐르듯 베풀어나갈 수 있을 것이다. '수신-제가-치국-평천하'는 그냥 만들어진 말이 아니다. 그것은 바람직한 공동체에 대한 오랜 경험을 축적해온 선현의 지혜가 밴 실천윤리이다. 효자와 효녀라야 진정으로 타인을 감동으로 이끈다. 예나 지금이나 변하지 않는 인간경영의 화두이다. 이제 우리의 모든 역량을 효자, 효녀 기르는 데 쏟아야 한다.

사회적 관계의 출발점,
형제애를 되살리자

인간은 사회적 존재이다. 이 말은 인간은 다른 사람과 더불어 살아가는 존재임을 뜻한다. 이 점에서 사회는 무수히 많은 삶이 씨줄과 날줄로 짜인 인간관계의 총화라고 말할 수 있다. 그런데 이를 개인의 입장에서 들여다보면 그 중심에는 부모자식으로 이어지는 종적 관계와 형제 관계를 출발점으로 하는 횡적 관계가 자리 잡았다.

그러면 이 둘 가운데 더 '인간적인', 다시 말해서 동물과 구분되는 인간만의 특성을 더 잘 보여주는 것은 무엇일까? 일견 종적 관계라고 생각하기 쉽지만 답은 횡적 관계이다. 부모자식 관계는 동물의 세계에도 존재한다. 다만 동물은 어미의 자식 사랑, 다시 말하면 내리사랑만 있는 데 반하여, 인간은 동물과 달리 자신을 낳은 부모를 친애하는 역방향의 사랑, 즉 효孝라는 치사랑을 인성교육을 통해 가르친다는 차이가 있을 뿐이다.

그러나 이러한 부모자식 간의 종적 관계의 폭은 극히 제한적이다. 그것은 깊이는 있지만 폭은 부모에서 자식으로만 이어지는 외줄기이기 때문이다. 그것은 위로 부모와 조부모, 아래로 자신 및 배우자, 자녀와 손자녀 등 기껏해야 10여 명 남짓밖에 되지 않는다. 따라서 사회적 관계를 구성하는 훨씬 넓은 추동력은 종적 관계가 아니라 형제 관계에서 비롯되는 횡적 관계에서 온다. 큰 인물일수록 종적 관계에서 출발하되 이를 횡적으로 부단히 확장해간 삶을 살았다는 것이 이를 증명한다.

사회적 관계 형성에서 이렇듯 중요한 역할을 하는 횡적 관계의 중심요소인 형제애가 갈수록 희박해져 간다. 형제애는 모든 유형의 횡적 관계의 출발점이다. 형제간에 우애가 있어야 사촌, 육촌 등 일가친척이 화목할 수 있고 친구나 친지와도 잘 사귈 수 있으며, 나아가 더 넓은 사회적 유대를 이룩할 수 있다. 이런 까닭에 우리 조상은 언제나 효 못지않게 형제애를 중시하였고, 또 어렸을 때부터 이를 실천하도록 가르쳤다.

퇴계 선생만 하더라도 여덟 살 때 형이 칼에 손을 베어 피가 흐르는 것을 보고 자기 몸이 찢긴 듯 아파하는 '할반지통'割半之痛을 느껴 울 정도로 우애 깊은 소년이었다. 훗날 인간을 지극히 소중하게 여긴 선생의 학문과 삶이 여기서 비롯되었음을 엿볼 수 있다.

호남 제일의 종가인 해남 녹우당綠雨堂의 초석을 놓은, 고산孤山 윤선도尹善道(1587~1671)의 4대조 어초은漁樵隱 윤효정尹孝貞(1476~1543) 선생도 '처자가 입는 옷이라고 한다면 형제는 손발과 같다'妻子似衣裳 兄弟如手足며 후손의 형제애를 강조하였다. 처자를 가볍게 보았다기보다 어렵게 터 잡은 가문을 지켜가는 일은 후손의 형제애에 달렸다는 원려遠慮의 표현이다.

유명한 연암燕巖 박지원朴趾源(1737~1805) 선생 또한 '돌아가신 형을 그리며'憶先兄라는 제목의 시에서 부모에서 자식 그리고 다시 형제로 넓혀지는 관계의 애틋함을 다음과 같이 피부에 와 닿게 묘사한 바 있다.

내 형님의 모습 누구를 닮았던가我兄顔髮曾誰似
선친 그리울 때마다 형님을 보았지每憶先君看我兄
이제 돌아가신 형님이 그리우면 어디 가서 보랴今日思兄何處見
스스로 의관을 갖추고 개울물에 비추네自將巾袂映溪行

형제간에 서로 아끼고 공경하고 배려하는 마음을 배우며 자란 아이들은 당연히 타인에 대한 배려와 존경에 익숙하다. 이처럼 형제애는 사회적 연대를 가능하게 하는 횡적 관계의 가장 자연적이며 가장 튼실한 뿌리이다. 따라서 형제애가 횡적 인간관계의 출발점으로 작동할 때 공동체의 번영과 개인의 행복은 일치한다. 우리 사회에서 점점 희박해지는 형제애가 되살아나서 다시금 개인도 행복해지고 사회도 상생하는 강력한 접착제로 그 가치가 주목되었으면 하는 바람이다.

내 행복을 위해
먼저 남을 존중하자

매년 연초가 되면 올 한 해는 무엇을 하고, 무엇을 하지 않겠다는 계획을 세운다. 그리고 그 계획을 실천하기 위해 염원을 담아 소망을 빌기도 한다. 새해의 계획을 세우는 것도 중요하지만, 정작 그 과정에서 요구되는 중요한 사실을 잊고 지낸다. 지난날에 대한 반성 없이는 가치 있는 새것을 만들어나갈 수 없다는 사실이다. 공자 같은 성인도 《논어》에서 옛것을 익혀야 새로운 길을 이해할 수 있다는 뜻에서 '온고이지신'을 강조하지 않았던가?

2011년에는 마음을 아프게 했던 사건이 꼬리를 물고 연속적으로 발생하였다. 고3 수험생이 어머니를 살해하고 방안에 8개월 동안 방치하면서도 태연하게 학교생활을 했던 사건, 왕따당한 여중학생이 자살한 사건, 친구들의 비인간적이고 잔인한 폭력 앞에 목숨을 끊어 세상을 떠들썩하게 한 중학생 자살 사건 등을 접하면서 많은 국민이 가슴 아파했다.

우리의 미래라고 할 수 있는 청소년의 이러한 가슴 아픈 현실을 보면서 먼저 태어나 앞서 살아가는 사람으로서 착잡한 마음을 금할 수 없다. 기성세대도 가난과 전쟁 등 어려움을 겪으면서 성장하였지만, 이처럼 비인륜적인 극한 상황을 경험하지는 않았다. 왜 이 지경까지 이르렀을까?

요즘 우리는 성과成果지상주의 사회에 갇혔다. 사건이 터지고 나면 언제나 허둥대며 눈앞에 보이는 곳에서 해법을 찾는다. 친구들의 가혹 행위로 인한 중학생 자살 사건도 마찬가지다. 국민의 걱정과 관심이 커지자 언론에서도 크게 다루었다. 그런데 이런 관심이 학교에서 시작된 학생 간의 문제라는 생각 때문인지 학교교육에만 시선이 모아지는 감이 있어 아쉬움을 준다.

문제의 본질을 다루지 않고 '가해학생을 전학시켜야 한다'든지, '가해학생 부모에게도 책임을 물어야 한다'든지, '교사의 관심을 더욱 환기시키기 위해 교사평가에 반영하여야 한다'는 식으로 당장 성과를 보이는 데만 초점이 맞추어지면 유사한 사건이 계속해서 이어지지 않을까?

잇달아 발생하는 이러한 문제의 본질은 무엇일까? 나의 이익과 욕구의 충족만 중요하고 다른 사람의 어려움과 고통은 안중에도 없는 사회 풍토가 주범이 아닐까? 이 아이들이 태어날 때는 아무것도 몰랐다. 자라면서 그렇게 되었다. 부모와 교사, 어른의 언행이나 세태를 보고 듣고 느끼면서 그리되었음이 틀림없지 않겠는가? 남을 존중할 줄 알아야 나도 존중을 받을 수 있다는 사실도 망각한다.

또한 자신이 다른 사람으로부터 존중을 받기 위해서 무엇을 해야 하는지도 모른다. 나이가 많고 높은 지위에 있다는 이유만으로 존경받을 수는 없다. 먼저 남을 배려하고 진정으로 마음을 나누고 솔선수범할 때 존중받을 수 있다.

우리가 걱정하고 우려하는 청소년의 문제를 해결할 수 있는 근원적 방법도 그들을 둘러싼 환경 혹은 주변을 근본적으로 변화시키는 데에서부터 찾을 수밖에 없다. 잘못이 가정에 있다거나, 학교와 당국에 있다거나 하는 식의 책임 떠넘기기로는 해결방안을 찾을 수 없다. 가해 당사자나 당국만의 잘못이 아니라 나 중심적 사고로 살아가는 우리 모두의 잘못이라는 책임의식을 가져야 한다.

가정에서는 부모님이, 학교에서는 선생님이, 사회에서는 어른이 먼저 변해야 한다. 사람을 존경하고 존중하는 마음으로 바뀌어야 한다. 가정에서 부모가 먼저 솔선수범하고 작은 약속이라도 실천하는 모습, 학교에서는 스승이 어린 제자를 인격체로서 존중하고 아끼는 마음, 사회에서는 서로가 다른 사람을 배려하고 아낄 줄 아는 풍토를 만들어야 한다. 이렇게 되어야 주변 사람과 더불어 사는 것이 즐겁고, 그렇게 더불어 사는 삶이 즐거워야 아름다운 세상이 이루어지고 온 사회가 사람의 향기로 가득 찰 것이다.

갑을 문제를 푸는
근본 해법

온 나라가 '갑을' 문제로 시끄럽다. 국내 굴지 독점기업의 한 간부가 해외 출장 중에 스튜어디스에게 한 폭언·폭행사건에 이어 이름만 대면 다 아는 우유업체 직원이 대리점 점주에게 한 폭언이 공개되면서 촉발되었다. 이후 몇몇 기업의 유사한 행태가 속속 드러나고 급기야 '갑'甲의 횡포를 못 견딘 일부 '을'乙이 목숨까지 끊는 일이 벌어지면서 웬만한 사회적 이슈가 묻혀버리는 슈퍼 이슈로 급부상하였다. 이러다 보니 일부에서는 계약서에 '갑'과 '을'이라는 표현 자체를 없애고 계약 당사자의 기관명이나 상호를 표기하는 방식을 사용하겠다고 선언하는 소동도 벌어진다.

갑을 관계는 어제오늘 일이 아니다. 그것은 인류 역사에서 계약이라는 행위가 시작된 이래 줄곧 있어온 관계이다. 그런데 왜 갑자기 문제로 등장하였을까.

두 가지로 진단해 볼 수 있다. 하나는 우리 사회에서 경제적 강자인 갑의 횡포가 약자인 을이 인내할 수 있는 한계를 넘어섰다는 것이고, 다른 하나는 그런 한계상황을 줄곧 눈감아왔다는 것이다. 우리 사회 전반에 걸쳐 조금이라도 우월한 입장(갑)이라고 생각하면 가차 없이 약자(을)를 짓밟거나 무시해버리는 분위기가 팽배해 있다.

이 점에서 이러한 문제상황은 그동안 경제적 약자인 '을'의 애로를 경청하는 데 게을렀던 모두의 무관심이 초래한 업보라고 할 수 있다. 그렇다면 문제를 해결하는 방법은 의외로 간단할 수 있다. 무엇보다도 '을'의 입장에서 '을'의 이야기에 귀 기울이고, 이를 통해 '갑'의 부당한 횡포를 미연에 방지하는 것이다. 제도적 해법보다 더 근본적이고 더 중요한 것은 이 문제에 접근하는 우리의 태도라는 뜻이다.

그러면 '을'의 입장에서 생각하고 행동하는 근본적 해법은 무엇일까? 이는 이미 오래전부터 우리 조상이 추구하고 실천해오던 것이다. 어쩌면 엄격한 신분사회였기에 당시에는 이 문제가 더욱 절실한 과제였을 것이다. 유학에서 강조되는 인仁이 타인을 불쌍하게 여기는 '측은지심'에서 출발하는 덕목이라는 점이 이를 잘 말해준다. 측은지심은 말 그대로 남의 처지를 헤아리고 배려하는 태도이다. 공자가 인을 실천하는 핵심으로 자신의 마음을 살펴서 남에게 미루어 나가는 서恕의 태도를 지목하면서 '자기가 원하지 않는 것은 남에게 하지 말라'고 한 것도 같은 맥락이다. 나의 마음과 다른 사람의 마음이 같기 때문이다.

우리의 자랑스러운 선비정신은 바로 이런 서의 정신을 바탕으로 꽃핀 것이다. 선비정신의 주요 덕목 가운데 하나는 자신에게는 엄격하고 남에게는 관대한 '박기후인'의 태도이다.

이슈가 된 갑을 문제는 우리 모두가 선비정신에 스민 배려의 마음가짐을 본받고 갖추려 노력할 때 해결의 실마리를 찾을 수 있다. 그것은 '갑'과 '을' 대신 계약 당사자의 상호를 적거나 '수요자'와 '공급자' 또는 '임대인', '임차인' 등으로 표현만 바꾼다고 해결될 수 있는 것이 아니다. 갑을 관계에 입각한 사고가 학교는 물론 가정에까지 파고드는 작금의 현실 속에서 이 문제를 근본에서부터 극복하는 방법이 무엇인지를 고민해야 할 시점이다. 우리 각자 일상의 삶 속에서 스승은 제자에게, 부모는 자녀에게, 상사는 부하에게 혹시 갑의 언행을 하지 않는지 진지하게 되돌아보아야 한다.

진정으로
동반성장을 바란다면

동반성장에 대한 관심이 이 정부 들어서도 식지 않는 느낌이다. 국정과제의 하나인 경제민주화와 밀접한 연관이 있기 때문인 듯하다. 어떻든 선의의 목적에서 입안된 정책이 계속 추진된다는 것은 매우 바람직한 일이다. 동반성장과 상생문제가 우리 사회에서 화두로 등장한 것은 2005년쯤이며, 확고한 추진동력을 얻은 것은 동반성장위원회가 출범한 2010년 말부터이다. 이렇게 본다면 동반성장에 관한 우리의 논의도 제법 역사가 있는 셈이다.

그런데 최근 '갑을' 문제를 둘러싼 논란과 갈등을 보면 동반성장에 관한 그간의 관심과 노력이 별다른 효험을 보지 못했구나 하는 씁쓸함을 느낀다. 주지하듯이, 갑을 문제의 원인은 상대적 약자인 '을'에 대하여 '갑'이 우월적 지위를 행사하는 것을 당연시해온 우리 사회의 오랜 관행 때문이다. 이런 관행이 동반성장이 지향하는 '더불어 사는 삶'에 상반되는 것임은 두말할 필요가 없다. 따라서 우리 사회에서 불평등한 갑을 관계가 여전히 뿌리박고 있다는 것은 그동안 동반성장을 소리 높여 외쳐온 목소리가 실은 공허한 외침이었거나 가식이었음을 뜻한다.

그렇다면 갑을 문제를 뿌리 뽑고 진정으로 동반성장의 길로 나아가는 길은 무엇일까? 제도 개선에만 매달려서 이 문제가 근원적으로 해결될 수 있을까? 이보다 훨씬 더 본질적인 것은 관계된 사람들의 의식이다. 그러면 의식은 또 어떠하여야 할까? 답은 멀리 있지 않다. '역지사지'라는 사자성어 한마디에 모든 답이 들었다. 골목 상권 보호를 위해 거리제한과 같은 규제 조치를 백번 취하는 것보다 더 근본적인 해결책은 갑을이 서로 상대방의 입장에서 생각하고 판단하며 행동하는 것이다.

역지사지의 입장에서 남을 배려하는 삶이 우리에게 결코 생소한 것은 아니다. 그것은 우리 조상이 일상 속에서 늘 추구하며 살아온 삶이다. 그들이 밤낮으로 공부한 《논어》를 보면, '자기가 하기 싫은 것을 남에게 끼치지 말라'는 경구가 나온다. 그뿐만 아니라 '자기가 서고 싶으면 남을 먼저 서게 하고, 자기가 도달하고 싶으면 남을 먼저 도달하게 해주라'는, 한 걸음 더 나아간 권고도 등장한다. 소극적 자기절제의 차원을 넘어 적극적인 타인배려까지 요청하는 내용이다. 우리가 자랑하는 선비정신은 바로 이처럼 자신을 낮추고 절제하고 남을 먼저 생각하고 배려하는 태도를 근간으로 한다.

'부자 3대 가기 어렵다'는 시절에 경주 최부잣집은 근 4백 년간 12대 만석꾼 살림을 일구었다. 성공 비결이 무엇이었을까? 최부잣집 재산을 만 석 이상 늘리지 말고 자손의 벼슬을 진사까지로 제한하고, 집안 식구도 평소 허름한 무명옷을 입게 할 만큼 자기절제에 철저했다. 뿐만 아니라 흉년에는 땅을 사지 않고 백 리 이내 굶는 사람이 없게 하며, 지나가는 손님(과객)을 융숭하게 대접하는 타인배려의 탑을 꾸준히 쌓았다.

최부잣집의 성공을 가능하게 했던 자기절제와 타인배려의 선비정신은 지금도 여전히 유효하다. 훌륭하고 존경스런 삶을 바라보는 사람의 기준은 시대가 바뀌더라도 변하기 않기 때문이다. 이럴진대 큰 성취와 영원한 발전을 원하는 조직의 리더일수록 앞장서서 실천하지 않을 수 있겠는가? 또 그렇게 된다면 우리 사회에 어찌 갑을 문제가 발을 붙일 수 있겠는가?

사대부 가문의 부인에게는 내당이 있듯, 선비에게는 사랑방이라는 독립된 생활공간이 있었다. 사랑방에서 학문에 전념하거나 손님을 접대하였고, 때로는 고고한 예술 활동을 영위하였다. 이 때문에 사랑방에는 문방사우文房四友를 비롯하여 경서를 펼쳐놓고 읽을 수 있는 경상經床과 경서를 보관하는 책장, 사방탁자四方卓子 등이 기본 소품으로 갖추어졌다.

선비는 사랑채에서 그윽한 묵향을 벗 삼아 유교의 경전을 읽으며 인격을 도야하였고, 뜻이 맞는 벗이 찾아오면 글씨와 그림을 함께 나누며 삶의 여유를 즐겼다. 사랑방은 이처럼 유교문화를 실질적으로 이끌던 선비 문화의 산실이었다.

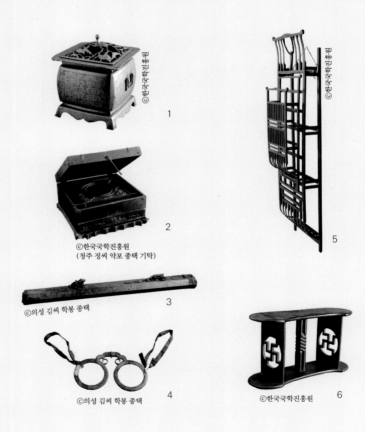

1 ©한국국학진흥원

2 ©한국국학진흥원
(청주 정씨 약포 종택 기탁)

3 ©의성 김씨 학봉 종택

4 ©의성 김씨 학봉 종택

5 ©한국국학진흥원

6 ©한국국학진흥원

1 향로

향을 사르는 데 사용하는 기구이다. 이 유물은 요즘 흔히 쓰는 가늘고 긴 연향(練香)을 꽂아 태우는 향로가 아니라 잘게 썬 향나무(香木) 조각을 태우는 향로이다. 향로 안에 향을 태우고 뚜껑을 닫아놓으면 연기가 뚜껑에 난 구멍을 통해 올라온다.

옛날 선비들은 제사를 지낼 때뿐 아니라, 심신을 정갈하게 수양하기 위해 방 안에 향을 피웠다. 향을 피우고 바르게 앉아 독서를 하거나 고요하게 명상에 잠기기도 하였다. 이 유물은 바로 사랑방의 선비가 심신을 수양하기 위해 사용했던 향로이다.

2 벼루

조선 중기의 문신 정탁(鄭琢, 1526~1605)이 사용하던 벼루이다. 이 유물은 정탁이 1582년 진하사(進賀使)로 명나라에 갔다가 명나라의 황제 만력제(萬曆帝)로부터 하사받았다.

3 유서통(諭書筒)

김성일(金誠一, 1538~1593)이 임진왜란 때 사용했던 유서통이다. 육각형으로 길게 만들어진 이 통은 유서(諭書)를 담기 위한 것이다. 유서란 임금이 군사권을 가진 관원에게 내리는 명령서이다. 유서는 해당 관원에게 목숨처럼 소중한 것이므로 유서통에 담아 항상 지니고 다녔다.

4 안경

학봉(鶴峯) 김성일(金誠一, 1538~1593)이 명나라에 서장관으로 갔을 때 구입한 안경이다. 거북껍질로 만들어진 이 안경은 우리나라에 현존하는 것 가운데 가장 오래되었다.

5 고비

방이나 마루의 벽에 걸어놓고 편지나 간단한 종이 말이 같은 것을 꽂아두는 가구이다. 각자 취향에 맞게 만들어서 썼으며 대개 오동나무로 짠 것이 많고 호화롭게 칠하지 않는 대신 창살을 조립하여 멋을 내거나 앞판을 투각하여 맵시를 더했다. 단, 안방의 아녀자가 쓰던 고비는 더러 채색하거나 색지를 오려붙이기도 했다. 고비는 중국, 일본의 가구에서 볼 수 없는 우리나라만의 독특한 가구로서 우리나라 사람의 좌식생활에 적합하게 발달한 것이다.

6 팔걸이

바닥에 앉을 때 팔을 얹는 도구이다. 팔걸이는 좌식생활을 하는 우리나라에만 있는 가구이다. 이런 팔걸이는 보통 경상 옆에 두고 책을 읽을 때 사용하였다. 보료를 사용할 때에는 자수가 들어간 보료용 팔걸이가 있으므로 이런 팔걸이를 따로 쓰지 않았다.

한국국학진흥원 (편), 2006, 《유교문화박물관》, 안동: 한국국학진흥원.
한국국학진흥원 http://www.koreastudy.or.kr/main/main.action
유교문화박물관 http://www.confuseum.org/

其六
愚夫도알며ᄒᆞ거니그아니쉬운가
聖人도몰다ᄒᆞ시니긔아니어려운
가쉽거나어렵거낫듕에늙ᄂᆞ주를
몰래라

도산십이곡 陶山十二曲

도산육곡지이 陶山六曲之二 기육 其六
어리석은 사람도 알며 행하니 그것은 쉬운 일이 아니겠는가?
성인도 못 다 하시니 그것이 어려운 일이 아니겠는가?
쉽거나 어렵거나 나중에 늙어가는 줄을 모르노라.

제 6부

정의
주장보다
따뜻한
가슴을

나에게 주어진 삶이 버겁지만 무성실(務誠實: 성실히 행할 것)의 자세로 진인사대
천명(盡人事待天命: 사람의 일을 다한 후에 하늘의 명을 기다림)의 마음가짐을 지니고
해나가려 한다.

이 시대
인문학자가
가야 할 길

인문학이 우리 사회에서 화두가 되면서 인문학에 대한 관심이 커진 지가 꽤 오래되었다. 근 10년 전 한 대학 부설 최고지도자과정에서 시작된 인문학강좌가 경제단체, 일선행정기관, 지역의 사회문화단체에서까지 인기리에 운영된다.

왜 이런 현상이 일어나는가? 생활수준이 나아지고 평균수명이 길어지면서 평생교육 차원에서 인문학에 관심을 두는 사람이 늘어나는 자연스런 추세로 이해할 수도 있다. 그러나 이 설명만으로는 부족하다. 왜 다른 분야에 비해서 유독 인문학에 사람들이 몰려드는 것일까? 그것은 인문학에 관심을 가질 수밖에 없는 까닭이 있기 때문이 아닐까?

사회가 급격히 변화하고 지구촌이 한 울타리로 바쁘게 돌아간다. 국가와 기업도 잘해야 하겠지만 개인 입장에서도 이러한 변화에 잘 부응하여 대처하지 않을 수 없다. 그러나 빠르고 다양한 변화에 일일이 대응하는 것은 불가능하다. 변화의 근본을 파악하고 기본으로 돌아가야(back to the basic) 한다.

기본이 무엇인가? 모든 변화의 원천은 사람이다. 사람에 대한 관심으로 모아질 수밖에 없다. 이렇게 볼 때 사람의 삶에 관한 학문인 인문학에 대한 관심이 늘어나는 것은 아주 자연스런 사회현상이라 하겠다. 특히 변화에 가장 민감하게 적응하면서 순간순간 중요한 결정을 해야 하는 기업 CEO로부터 인문학 열기가 시작되었다는 것이 이를 증명한다. 여기에 스티브 잡스가 애플의 성공에 대해 얘기하면서 '… 가슴을 울리는 결과를 내는 것은 인문학과 결합된 기술임을 믿는다'라고 한 것이 인문학 열풍에 불을 지핀 또 하나의 사례로 여긴다.

그런데 다른 한편에서는 '인문학의 위기'라는 탄식이 나온다. 이 화두는 대학 측에서 나온다. 대학에서 인문학 관련 과목이 축소되고 관련학과가 급속히 사라진다. 인문학의 위기가 아닐 수 없다. 그런데 더욱 정확하게 말하면 대학 인문학의 위기요, 대학 인문학 교수의 위기라고 할 수 있다. 어찌 되었든 인문학의 중요성이 높아지고 인문학에 대한 수요가 늘어나는 가운데 이런 현상이 나타난다는 것은 매우 안타까운 일이 아닐 수 없다.

사회에서는 인문학 열기가 부는데 왜 대학에서는 인문학의 위기가 나타나는가?

먼저 외부요인으로 사회 풍조를 꼽을 수 있다. 우리 사회에는 그동안 물질우선주의가 팽배해졌고 취업과 일자리가 중요한 화두가 되었다. 돈이 되지 않고 취업이 잘되지 않는 인문학은 별 필요가 없다고 여기는 사람이 많아진다. 그러니 인문학 관련 학과의 유지를 위해 정부와 대학 당국에서 연구비를 늘려주고 인문학 전공자가 취직이 잘 되도록 지원하는 것이 대책으로 떠오른다. 인문학과에 학생이 몰리고 인문학 교수의 연구비가 얼마 늘어난다고 근본적인 인문학 부흥대책이 될 수 있을까?

'인문'人文은 사람人의 무늬文요, 사람의 삶에 무늬를 새기는 것이다. 무늬는 사람이 사람답게 산다는 뜻이다. 인문학은 사람이 사람답게 살아가는 길을 공부하는 학문이다. 인문학을 통해 많은 사람이 더 아름답고 행복하게 살아가도록 이끌어주어야 한다. 이를 위해 인간답게 사는 것이 무엇보다 중요하며 그렇게 살아가도록 사람의 동의를 이끌어내야 한다. 이러한 점에서 인문학은 참다운 인간을 양성하려는 인성교육과 매우 흡사하다고 하겠다.

요즈음 세상 돌아가는 모양이 '사람'의 중요성을 인식하게 만들고 인성교육의 중요성을 강조하게 한다. 그래서 인성교육 시간은 늘어난다. 그런데 인성 바른 사람은 좀처럼 늘어나는 것 같지 않다. 인성교육에 무슨 문제가 있을까? 인성교육을 담당하는 부모와 교사의 말만 있을 뿐 향기로운 실천이 뒤따르지 않기 때문이 아닐까? 백 마디 말과 글보다 한 가지 감동 주는 행동을 보여줄 때 피교육생은 감동하고 존경하고 본받고자 하는 마음이 우러난다. 이것이 실천으로 연결되어 인성 바른 사람이 탄생하는 것이다. 아이 앞에서는 찬물도 못 마신다는 속언이 이를 잘 말해준다.

인문학도 마찬가지다. 사람답게 살아가는 학문인 인문학을 다루는 인문학자가 단순한 지식만 전달하는 데 그쳐서는 안 된다. 머리로 전달받은 지식이 전달받은 사람의 마음까지 스며들어야 한다. 그래야만 행동으로 옮겨질 수 있고 인문학적 삶을 살 수 있다.

인성교육을 담당하는 부모, 교사, 어르신이 먼저 솔선수범하여야 하듯 인문학자의 생각뿐만 아니라 삶 역시 인문적이어야 한다. 단순한 지식전달의 인문학에서 끝나지 않고 개개인의 삶을 바꾸는 인문정신, 인문적 가치를 심어주어야 인문학자의 소임이 끝나는 것이다. 이 길이야말로 사람답게 사는 개인이 많아지고 이런 사람이 많은 사회를 만들어가는 가장 확실한 길이다.

우리의 참된 선비가 그토록 지켜갔던 나부터 수신하고 난 후에 남을 좋은 곳으로 인도하는 제가치국齊家治國의 길이 인문학의 중요성이 제기되는 이 시대 인문학자를 비롯한 관련자가 가야 할 그 길이 아닐까?

지식인의 책무를
다시 생각한다

세월호 사건의 여파가 우리 사회의 시스템 전반에 대한 문제로 확대된다. 알면서든 모르면서든, 그동안 덮고 있던 상처가 곪을 대로 곪은 끝에 터진 것이 세월호 사건일 뿐이라는 진단이 설득력을 얻는다. 한마디로 전혀 의외의 사건이 아니라 이미 충분히 예견되었던, 다만 그 시기만 미정인 상태로 잠복해있던 일이 수면 위로 떠올랐다는 것이다. 언론이 앞다투어 우리 사회의 구조적인 문제에 대한 심층보도로 옮겨가는 것도 이러한 문제인식을 반영한 결과로 보인다.

대형사고가 날 때마다 사람들 입에 오르내리는 '하인리히 법칙'이 자연스럽게 떠오른다. 1930년대 미국의 한 보험회사 감독관인 하인리히가 보험사고의 유형을 조사하다 발견한 법칙으로, 한 건의 대형사고가 터질 때까지는 먼저 비슷한 29회의 경미한 사고가 있고, 다시 그 이전에는 3백 회 이상의 아주 가벼운 징후가 먼저 발생한다는 내용이다. 하지만 이 하인리히 법칙은 결코 새로운 것이 아니다. 이것은 동서고금을 막론하고 모든 공동체가 공유하던 역사적 경험의 산물이다. '달무리가 지면 다음 날 비가 오고 겨울에 남풍이 불면 큰 눈이 온다'는 우리 격언도 짧지만 핵심을 찌르는 한국식 하인리히 법칙인 것이다.

동양의 고전인 《주역》에서는 이 문제를 좀더 깊이 있게 이야기한다. 《주역》에는 '서리를 밟으니 굳은 얼음에 이를 것이다'는 말이 나온다. 서리는 곧 얼음의 징후라는 점을 깊이 인식하고 그런 상태에 이르기 전에 미리미리 방비해야 한다는 뜻이다. 《주역》에서 '신하가 임금을 죽이고 아들이 아버지를 죽이는 일은 하루 아침저녁에 일어나는 것이 아니다. 그런 일이 일어남은 작은 것이 조금씩 쌓인 결과이다'는 말로 이 구절의 의미를 좀더 명확하게 부연하는 것도 이런 까닭이다.

하인리히 법칙이나 《주역》의 깨우침처럼 모든 일은 앞선 조짐, 즉 전조前兆가 있게 마련이다. 따라서 대형사고나 참사를 예방하는 가장 확실한 방법은 그 전조를 미리 알아차리고 대비하는 것이다. 제도를 만들고 조직을 설치하고 의식을 다잡는 것도 필요하다. 그러나 이보다 더 중요한 일은 공동체 속에서 누군가 그 전조를 알아차리고 구성원에게 끊임없이 경각심을 일깨우는 일이다. 그렇다면 그 역할을 누가 해야 하고, 또 할 수 있을까? 역시 지도층, 그중에서도 지식인이 아닐까? 전조를 알아차리고 이를 공동체를 향해 발신하는 일은 아무나 할 수 없다. 전문적 식견과 고도의 판단력 그리고

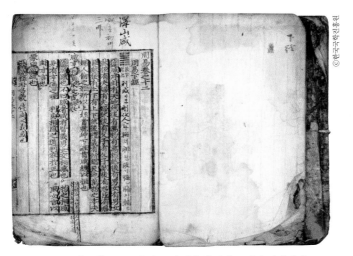

동양의 고전인《주역》(周易). 유학 오경 가운데 하나로 가장 난해하다고
일컬어진다. 현상을 음양으로 설명하고 이 가운데 으뜸을 태극으로 삼고 거기서
64괘를 만들었다. 이에 맞추어 철학·윤리·정치상의 해석을 덧붙였다.

깨어 있는 의식이 삼위일체가 되어야 가능하기 때문이다.

우리는 지식인을 학식이 많은 사람을 가리키는 것으로 국한하는
습관이 있다. 하지만 참된 지식인은 단순히 학식이 많은 사람만을
가리키지 않는다. 거기에 덧보태어 냉철한 판단력과 뜨거운 가슴
을 가진 사람이라야 지식인이다. 굳이 남의 나라에서 사례를 찾을
필요도 없다. 우리 역사 속의 선비가 바로 그런 지식인의 전형이다.

선비는 전문적 학자이자 보편적 교양인이며, 동시에 자신이 공
부한 것을 솔선하여 행동으로 옮긴 실천가였다. 퇴계 선생이 그랬
고, 남명 선생이 그랬고, 율곡 선생이 그랬고, 다산 선생이 그랬음

을 안다. 선비를 세상물정도 모르고 책만 읽는 가난한 '딸깍발이' 정도로만 이해하는 것은 독립운동의 뿌리인 선비문화를 말살하려 했던 일제가 고의적으로 심어놓은 편견 때문이다.

우리 사회가 어처구니없는 인재에서 벗어나려면 어떤 조짐이 드러날 때 그것을 정확히 인식하고 냉철하게 판단해 경고음을 울리는 사람이 많아져야 한다. 이것이 시스템을 만들거나 제도를 보완하는 일보다 더 근본적인 일이다.

옛 선비가 그랬듯이, 건강한 사회는 지식인이 '탄광 속의 카나리아' 역할을 하는 사회다. 환기장치가 제대로 발달하지 못했던 시절 탄광에 메탄이나 일산화탄소가 많아지면 먼저 알아채고 울어 광부를 도피할 수 있게 했던 그 카나리아 말이다.

행복한 삶,
인문정신과 종가체험

언젠가부터 삶의 품격을 높이는 문제와 관련해 '인문정신'에 대한 관심이 부쩍 높아졌다. 물질적 풍요가 행복한 삶을 보장해주지 못하는 오늘의 세태를 반영한 현상이다. 하지만 일반인에게는 이 용어가 아직 낯설다. 그러면 행복한 삶을 이끄는 동력인 인문정신이 일반인에게까지 스며들게 하는 방법은 무엇일까. 무엇보다 쉽게 다가갈 수 있어야 한다. 구체적 사례를 통해 메시지가 전달되어야 한다는 뜻이다. 이 점에서 전통 정신문화가 가장 잘 보존된 종가문화에 눈을 돌릴 필요가 있다. 종가야말로 전통시대 동족사회에서 인문정신의 근간인 사람다움의 길을 앞장서 실천한 대표적 집단이기 때문이다.

종가문화 속에는 사람다운 삶을 사는 데 가장 중요한 요소인 어버이에 대한 효와 형제간의 우애, 공동체에 대한 헌신, 타인에 대한 배려의 정신이 농축되었다. 몇 가지 사례를 보자.

《징비록》의 표지. 서애 선생이 후세를 위해 쓴 책이다.
오늘날 우리에게도 시사하는 바가 큰 책이다. 처음 간행은 1633년으로
서애 선생의 아들이 《서애집》(西厓集)을 간행할 때 수록되었다.

임진왜란 때 영의정으로 봉직하면서 전쟁을 이끌었던 명재상 서애西厓 류성룡柳成龍(1542~1607) 선생은 전쟁이 끝날 즈음 정적의 모함으로 삭탈관직의 수모를 당하고 고향인 하회마을로 내려와 후세를 위해 《징비록》을 저술했다. 그러면서 자신을 박대한 조정을 원망하지 않고 후손에게 '평생을 바쳐 실천할 일은 오직 충효뿐'忠孝之外無事業이라는 유훈을 남겼다. 하회마을에 있는 서애종가의 당호가 충효당忠孝堂인 내력이다.

퇴계 선생 밑에서 서애와 동문수학한 학봉 김성일 선생의 종가는 타인에 대한 배려의 귀감이다. 임진왜란 때 호남의 고경명高敬命(1533~1592) 의병대장은 큰아들, 둘째아들과 금산전투에 참가하면서 대를 잇기 위해 부인과 막내아들을 집안 식솔 50여 명과 함께 안동에 있는 학봉의 집으로 피란시켰다. 학봉 집안은 의리 있는 가문이니 비록 고향과 당색은 다르지만 난리 중에 찾아온 사람을 그냥 버려두지는 않을 것이라는 기대에서였다. 기대대로 진주성에서 순국한 학봉을 대신해 그 부인과 아들들은 고경명 의병대장의 가족이 고향으로 다시 돌아가기까지 4년 동안 한 식구처럼 보살폈다.

훗날 막내아들이 과거에 급제하여 안동부사로 오게 되었는데, 학봉의 부인과 큰아들을 관아로 초청해 잔치를 베풀고 큰절을 올려 답례했다. 오늘날 영호남 갈등을 무색하게 하는 미담이다. 지금 경북 안동시 서후면 학봉종택 앞에는 몇 해 전 인근 군부대 지휘관으로 근무했던 고경명 장군의 후손이 기념으로 심은 나무가 두 가문의 오랜 우의를 증명한다.

©선비문화수련원

행복한 삶, 인문정신과 종가체험

학봉 종택 체험 중인 선비수련생. 도산서원 선비문화수련원의 '선비의 삶,
그 현장'이라는 체험이다. 여전히 같은 곳에서 꿋꿋하게 자리를 지키는 종택은
선비정신을 고스란히 간직한 공간이다. 아울러 종가에서 제공하는 다과와 함께
잠시 여유를 갖고 쉬어갈 수도 있다.

종가에 남은 사람다운 삶에 대한 미담은 헤아릴 수 없이 많다. 하지만 그런 미담이 스토리텔링이 강조되는 시대에 그다지 주목받지 못한다. 지난 백여 년 동안 식민통치와 서구의 물질중시 풍조에 밀려 종가가 줄곧 쇠락 일변도의 길을 걸은 것이 가장 큰 원인이다. 그 결과 종가는 퇴락의 상징이 되었고, 요즘 들어 겨우 고택 체험이라는 이름 아래 명맥을 유지한다.

'종가'는 그저 주거공간으로 고택만을 가리키지 않는다. 그것은 그 공간에 대대로 살아오면서 사람다움의 의미를 실천했던 이들의 '정신'을 대표한다. 예의와 염치가 사라져가는 이때에 자신의 인격수양과 사랑하는 주위 사람의 인성교육의 현장으로 이보다 좋은 곳이 있을까. 종가문화는 그 자체로 인문정신의 훌륭한 자산이다. 이런 자산이 새롭게 발굴, 조명되어 종가를 찾는 사람과 전통에서 새로운 인문학의 가능성을 찾는 많은 사람에게 널리 보급되고 활용되었으면 한다.

인간 삶의 무늬
'인문'의 향연에 초대

다른 동물과 구분되는 인간의 특징을 나타내는 표현은 많다. 많이 알려진 '이성적 동물'이나 '사회적 동물'이라는 말에서 보듯이 '이성'이나 '사회생활'을 들기도 하고, '도구' 또는 '언어'를 지적하기도 한다. 이것은 당연히 정답의 문제는 아니다. 인간의 어떤 측면을 높이 평가하느냐에 따라 다양한 정의가 가능하기 때문이다. 그럼 이런 모든 정의를 아우르는 하나의 포괄적 정의를 생각해 보라면 어떤 것이 적합할까? 가장 근접하는 것은 아마 '문화적 동물'일 것이다.

'문화'는 '자연'의 반대말이다. 이 둘의 차이는 학습 유무에 달려 있다. 배워서 가진 것이면 문화이고, 태어나면서부터 가진 것이면 자연이다. 다시 말해, 문화는 후천적인 학습을 통해 습득하는 것인 반면, 자연은 선천적인 본능의 영역이다. 인간의 언어 사용 능력은 후천적인 학습을 통해 이루어지지만, 거미가 거미줄을 치는 능력은 태어나면서 갖추는 것과 같은 이치이다. 이 때문에 '문화'文化는 종종 인간이 자연에 '무늬文를 새겨 넣어 변화시킨化' 모든 행위의 총체로 풀이되기도 한다.

그렇다면 무늬를 새겨 돋아내는 행위는 인간만의 고유한 능력일까? 그렇지는 않다. 자연 또한 우주가 생겨난 이래 억겁의 시간을 거치면서 자신의 고유한 무늬를 만들어왔다. 하늘이 드러내는 무늬를 가리켜 우리가 '천문'天文이라는 말을 쓴다. 이를 테면, '천문'은 곧 자연이 우주에 새겨내는 무늬다. 그러면 같은 무늬이되 자연이 새기는 무늬가 아니라 삶을 통해 새겨온 인간 고유의 무늬를 '천문'과 구분해 표현하려면 어떤 용어를 써야 할까? 요즘 사람들의 입에 부쩍 오르내리는 '인문'이라는 말이 바로 이에 해당한다.

'인문'은 말 그대로 '인간의 무늬'이다. 따라서 인문에 관심을 갖는다는 것은 자연과 구분되는 인간만의 고유한 영역에 관심을 갖는다는 것을 의미한다. 이는 물리학, 화학, 생물학처럼 자연의 무늬를 연구해 지식으로 체계화시키는 학문을 자연학이라 하는 데 비하여 문학, 사학, 철학 등 인간의 고유한 정신활동의 산물을 다루는 학문을 인문학이라 하는 데에서 그 뜻이 한층 분명히 드러난다. 이렇게 본다면 인문학이란 결국 인간의 고유성, 즉 본성에 대해 묻고 답하는 학문인 것이다. 이것이 우리들 일상과는 무관해 보이는 인문학이 결코 무관할 수 없는, 또 그렇게 되어서도 안 되는 이유이다.

요즘 인문학에 대한 논의가 무성하다. 외형적이며 지엽적이며 물질적인 가치에 매몰된 그동안의 삶이 직면한 한계에 대한 자각 때문이다. 갈수록 심화되는 빈부격차와 환경오염, 국가 이기주의와 강대국 패권주의에서 비롯된 크고 작은 지역적 분쟁, 다름을 인정하지 않는 종교적 인종적 갈등, 사람 속에서 더 외로워지는 소외, 분명 돈은 더 버는 것 같은데 역설적으로 더 팍팍해져 가는 일상, 어느 것 하나 녹록지 않은 오늘날 삶의 여건이다. 이런 이유 때문에 사람은 인문학에서 답을 찾고 위안을 얻으려 한다. 무엇이 잘못되었는지, 어디서부터 단추가 잘못 꿰어졌는지 알아내고 '경로를 새로 찾기' 위해서이다. 한때의 유행에만 머물지 않는다면 앞만 보고 달려온 우리 삶을 차분히 되돌아보며 성찰하게 하는 바람직한 현상이 아닐 수 없다.

이와 같은 분위기에 부응해 의미 있는 국제적 인문학 대회가 열렸다. 2014년 7월 3일부터 6일까지 안동에서 개최된 '21세기 인문 가치 포럼'이 그것이다. '현대세계 속의 유교적 가치'라는 주제 아래 저명한 국내외 학자, 지도층 인사가 참여하는 이번 포럼은 여러 가지 면에서 의미가 깊다. 유학으로 대표되는 지역의 전통 인문 가치를 세계적 차원에서 재조명하고 거기서 조화와 화해, 소통과 상생을 모토로 하는 새로운 문명의 길을 모색해 보려는 시도이기 때문이다.

'생각하지 않고 살아가면 사는 대로 생각하게 된다'는 말이 있다. 사람은 빵만으로 살 수 없고 살아서도 안 된다는 것은 누구나 인정한다. 그러면서도 우리는 어느새 빵만으로 살려 하고 또 빵이면 다 된다고 생각하고 살아간다. 바로 생각하며 살지 않아 사는 대로 생각하게 된 결과이다. 바쁜 일상을 쪼개서라도 모처럼 펼쳐지는 풍성한 인문학의 향연에 참가해 '생각하는 삶'의 기회를 가지면 좋겠다. 지역의 문화적 저력을 확인하는 것은 덤이다.

시대의 큰 길을 열어가는
인문학이 되자

우리 사회에서 인문학 분야의 화제 가운데 단연 돋보이는 것은 미국 하버드대 마이클 샌들 교수의 《정의란 무엇인가》가 아닐까 싶다. 대중 교양서라고는 하지만 정의와 관련된 서구의 다양한 정치철학 이론을 소개하는 인문서적이 베스트셀러 목록에서, 그것도 몇 달째 1위를 차지했다는 사실은 분명 '사건'이다.

우리 사회의 인문학 위기 담론은 어제오늘의 일이 아니다. 특히 1990년대 이후 신자유주의의 격랑 속에서 인문학은 급격한 고사枯死의 길로 접어들었다. 2001년 한여름으로 기억한다. 정부 재정당국에 몸담고 있었던 필자는 이런 상황에 대한 문제의식을 공유하고, 대책 마련에 힘을 보태고자 예산을 지원한 적이 있다. 나중에 이를 재원으로 2002년에 '인문학 위기 대응을 위한 정책대안 마련' 프로젝트가 입안되어 모두 50편에 이르는 연구성과가 모아졌다는 이야기를 들었다. 하지만 그 뒤에도 상황은 좀처럼 개선되지 않아

2006년에는 마침내 전국 80여 개 대학의 인문대 학장이 모여 인문학의 위기를 공식 선언하여 언론에게 주목받기도 하였다.

그러나 돌이켜보건대, 이런 일련의 관심이 죽어가는 인문학을 소생시키는 데 얼마나 힘을 발휘했는지 쉽게 확신이 서지 않는다. 과문寡聞의 소치인지 몰라도 그 이후 대학에서 인문학과가 늘어나거나 관련 강좌가 되살아난다는 소식은 접하지 못했기 때문이다.

그런데 대학의 이런 현실과는 반대로 우리 사회 한편에는 인문학에 대한 열기가 넘쳐나는 의외의 현장이 있다. 기업 경영자가 대거 참여하는 서울대 최고지도자 인문학과정(AFP)이 좋은 예이다. '원천으로'(Ad Fontes)라는 기치를 내걸고 2007년에 출범한 이 과정은 각 분야의 지도층에게 인문학적 소양을 제공할 목적에서 개설되었다. 필자도 제 1기를 수강했는데, 첫 기부터 내로라하는 기업의 최고경영자가 몰렸을 뿐만 아니라 출석률도 평균 90%를 웃돌았다. 이러다 보니 최근에는 경쟁률이 매우 높아져 심지어는 5, 6수 끝에 입학하는 사람도 생겼다.

서울대 AFP 과정에 기업인이 모여드는 이유는 그들이 경영의 본질에 대해 새로운 생각을 갖기 시작했기 때문이다. 경영현장에 있는 사람은 진작부터 기능주의적이고 계량주의적인 경영학의 한계를 절감하고, 경영의 근본주제는 재화가 아니라 인간이라는 인식의 전환을 이루어왔다. 사실 이러한 변화는 새로운 것이 아니다. 앞서 가는 나라에서는 이미 널리 퍼진 상식이다. 미국의 기업 CEO 가운데 인문학 전공자가 많다는 사실이 이를 잘 말해준다.

애플의 스티브 잡스 역시 2010년 1월 아이패드를 선보이는 자리에서 자신과 애플사의 정체성을 이야기하면서 '기술'(*technology*)과 '인문학'(*liberal arts*)이라는 이정표가 함께 걸린 교차로 그림을 보여준 바 있다. 애플이 만들어내는 제품이 시장에서 성공할 수 있었던 비결은 바로 인문학적 지식을 중시하는 그와 같은 노력의 결과라는 것이다.

대학 밖에서는 인문학의 중요성이 이렇듯 조명을 받는데, 인문학의 산실인 대학에서는 정작 그렇지 못한 이유가 무엇일까. 인문학은 인간의 본질을 해명하는 작업이다. 그렇다면 인문학이 시종일관 관심을 기울여야 하는 주제는 자명하다. 일상의 각 영역에서 조형되는 삶의 무늬, 즉 '인문'의 결을 읽어내고 그 의미를 성찰하며, 이를 바탕으로 새로운 삶의 무늬를 부단히 제시함으로써 시대의 큰 길을 열어가는 것이다. 이 점에서 인문학 진흥의 첫 걸음은 현학적 담론 생산이 아니라 일상이 던지는 질문에 대한 성실한 응답이어야 한다.

인문학에 대한 고정관념 가운데 하나는 인문학은 실용과 거리가 멀고 또 멀어야 한다는 것이다. 그러나 이는 잘못된 생각이다. 오히려 실용성이야말로 인문학의 꽃이다. 다만 제대로 된 실용의 꽃을 피우기 위해서는 삶의 근본문제에 대한 많은 이론적 천착이 전제되어야 한다는 점이 여타 학문과 다를 뿐이다. 따라서 우리 시대의 삶이 일상에서 제기하는 질문을 정확히 포착하는 것이 필요하다. 《정의란 무엇인가》가 베스트셀러가 되고 인문학 강좌가 성황을 이룬다는 것은 사람들이 인문학을 향해 이미 오래전부터 질문을 던졌음을 뜻한다.

지금 우리 대학이 겪는 인문학의 위기는 '소비자'의 수요에 부응하는 '제품'을 만들어내지 못하고 기존의 생산방식만을 고집하는 데 따른 결과이다. 《정의란 무엇인가》가 인구에 회자되는 현실 뒤에는 정의에 대한 우리 사회 구성원의 십인십색의 갈등이 가로놓였고, CEO를 대상으로 한 인문학 강좌가 성황을 이루는 배경에는 새로운 경영 비전에 대한 기업인의 갈증이 깔렸다. 인문학이 위기로부터 탈출하려면 대중의 그런 문제의식을 읽고 답하려 노력해야 한다.

우리의 인문학이 이런 문제에 대해 스스로의 힘으로 답할 수 있었으면 하는 바람이다. 그리고 인문학의 미래를 책임질 젊은이에게 인문의 향기에 접할 기회를 학부 때부터 제도적으로 좀더 많이 마련해줌으로써 이에 필요한 자생력을 키워나갔으면 하는 마음이다. 그렇게 될 때 우리 인문학은 시대를 선도하며 화려한 비상을 하지 않을까.

정의의 주장보다
따뜻한 가슴부터

넬슨 만델라(Nelson Mandela, 1918~2013) 전 남아프리카공화국 대통령이 서거(2013년 12월 5일)했을 때 그의 마지막 길에 세계 지도자가 몰려들었다. 정상급만 90여 명으로 2005년 열린 교황 요한 바오로 2세의 장례식을 뛰어넘는 수준이다. 아프리카 최남단에 위치한 조그마한 나라의 전직 국가원수 장례식에 이처럼 세계인이 주목하는 이유는 무엇일까? 그가 남긴 삶의 진한 감동 때문이다.

　대부분의 생애를 흑인 인권운동에 바친 만델라의 평생을 관통한 화두는 용서와 화해였다. 오랫동안 엄청난 박해와 탄압을 받은 사람으로서는 선택하기 어려운 화두였지만 만델라는 이를 훌륭히 실천하였다. 만델라의 장례식에서 오랜 앙숙 관계인 미국과 쿠바의 정상이 처음으로 악수를 나누었다. 이는 만델라가 남긴 용서와 화해의 정신이 얼마나 강한 전염력을 지녔는지 상징적으로 보여준다.

　2009년 김수환金壽煥(1922~2009) 추기경이 떠날 때의 모습도 비숫했다. 수많은 사람이 추운 날씨에도 불구하고 명동성당 앞에서 줄을 지어 몇 시간씩 기다려 조문했다. 여기에는 가톨릭교도가 아닌 사람도 많았다. 왜일까? 자신보다 이웃과 사회를 위해 헌신한 추기경의 삶이 많은 이의 가슴에 각인되었기 때문이다. 그는 과거 선비가 그랬듯이 자신에게는 엄격하고 다른 사람에게는 관대한 박기후인의 삶을 몸으로 실천하였다. 그가 생전에 현대적 선비의 표상인 심산心山 김창숙金昌淑(1879~1962) 선생을 기려 만든 심산상心山賞 수상자로 선정된 것은 너무나 당연한 일이다. 추기경은 부족한 사람이라고 몇 번을 고사하다 수상할 정도로 평생 자신을 낮춘 분이다.

우리는 단기간 많은 성취를 이루었지만 반목과 갈등은 좀처럼 줄어들지 않는다. 오히려 사회 각 영역에서 갈등이 갈수록 증가하고 첨예화하는 느낌마저 든다. 민주주의란 원래 떠들썩한 것이라지만 우리는 정도가 너무 심하다. 갈등의 현장에서 나오는 주장과 요구의 공통점은 자기가 옳다거나 자기편의 주장만이 공정하다는 것이다. 이를테면 '정의'에 대한 요구이다.

　이렇게 본다면 우리 사회가 겪는 갈등은 정의롭게 곧 해결될 것이라고 생각할 수도 있다. 과연 그럴까? 결코 그렇지 않다. 서로가 생각하고 주장하는 정의의 내용이 매우 다르기 때문이다. 다른 정도를 넘어 어떤 경우에는 정반대가 되기까지 한다. 이러한 문제를 해결하는 방법은 무엇일까? 하나밖에 없다. 그것은 만델라와 김수환 추기경이 이미 보여준 것이다.

자기주장에 앞서 상대방에 대한 용서와 화해의 마음을 가져야 한다. 그리고 항상 자신을 낮추고 상대의 입장을 배려하는 것만이 문제를 해결할 수 있는 가장 빠르고 확실한 길이다. 또 자신이 오래도록 많은 사람으로부터 존경받는 최상의 길이다. 우리 사회의 갈등을 치유하기 위해서는 거창한 주장이나 정책보다 상대의 입장을 배려하려는 자세 전환이 더 중요하다는 점을 일깨우는 사례이다.

2013년 12월 영남과 호남에 지역구를 둔 여야 국회의원 26명이 지역갈등 치유를 위해 '동서화합 포럼'을 발족했다. 우리가 겪는 갈등과 반목의 크기에 비추어 보면 작은 것이라 할 수 있다. 그러나 시작은 미약하지만 끝이 창대해지기를 바라는 마음이 간절하다.

동서고금을 막론하고 갈등이 없었던 시대와 장소는 없다. 문제는 갈등을 풀어가는 방식이다. 이 방식이 한 사회의 성숙도를 결정한다. 우리 모두 각자 정의를 주장하기에 앞서 상대를 따뜻하게 바라보는 마음을 갖고 조그만 것이라도 실천하는 것이 어떨까?

지역 문화를
드높이기를

10여 년 전부터 '21세기는 문화의 시대'라는 구호가 사람들 입에
오르내렸다. 2013년부터는 '문화융성, 행복한 대한민국'이라는 캐
치프레이즈가 등장했다. 둘 사이에는 결정적 차이가 있다. 전자에
는 문화가 국가 경쟁력의 새로운 척도이고, 따라서 문화가 돈이 되
는 시대라는 경제적 의미가 스몄다. 반면에 후자에는 '행복한 대한
민국'이라는 부제가 보여주듯 문화를 삶의 질을 높여주는 근본 요
소로 여기는 시각이 들었다.

이 차이는 우리 사회에서 이는 '문화'에 대한 적잖은 시각변화를
보여준다. 문화가 다른 가치 실현을 위한 수단이 아니라 그 자체로
주목받는 시대가 온 것이다. 이런 시각은 경북에서도 보편화되는
듯하다. 2013년 12월 초에 있었던 대통령에 대한 경상북도 도정
보고회가 세계문화유산 도시인 안동에서 열린 것이 한 예이다. '문
화융성, 행복한 대한민국'을 추구하는 국정 방향에 지역이 화답하

는 모양새이다.

경북의 문화적 저력은 깊고 넓어 그야말로 무진장이다. 신라 천년의 찬란한 불교문화와 조선유학 본류 가운데 하나인 퇴계학, 하회별신굿탈놀이와 성주신앙 같은 민속문화가 모두 여기가 본산이다. 이렇듯 경북에는 전통문화의 3대 축인 불교문화와 유교문화, 민속문화가 고르게 발달하였고 잘 계승·보존된다.

또한 대구와 경북은 전통문화 창작 소재의 메카로도 급부상한다. 조상의 기록 자료에서 이야기를 발굴·보급하는 스토리텔링 소재 구축 사업이 문화 일선 콘텐츠 전문가의 뜨거운 주목을 받는다. 이들은 이야기 생산지인 지역의 전통문화 현장을 직접 답사하는 프로그램에도 줄을 이어 참가한다. 2012년부터 지금까지 47차례에 걸쳐 모두 1천4백여 명이 다녀갔다. 여기에는 영화감독과 시나리오작가, 방송제작자와 구성작가, 만화스토리작가 등 그야말로 내로라하는 문화 현장의 '꾼'들이 망라되어 지역의 전통문화를 소재로 한 콘텐츠 제작의 앞날을 밝게 해준다.

전통문화의 정수인 선비정신에 대한 관심도 갈수록 높아진다. 도산서원 선비문화수련원을 다녀간 수련생이 2014년 한 해 동안 5만5천 명을 넘어섰다는 사실이 이를 여실히 보여준다. 첫 수련을 시작한 2002년의 2백여 명과 비교할 때 12년 동안 해마다 60% 이상의 놀라운 증가세이다. 교통도 불편한 외진 곳에서 어떻게 이런 일이 가능했을까? 두말할 것도 없이 우리 지역이 퇴계 선생을 비롯한 선현이 남긴 선비정신이 가장 뚜렷하게 남은 곳이며, 선비정신이 오늘을 사는 사람을 사람답게 살아가도록 이끄는 나침반이 되기 때문이다.

앞으로 지역의 이런 문화적 저력이 한층 활짝 피어나기를 기원한다. 이를 위해서는 무엇보다 지역민과 전문가의 적극적인 관심과 노력이 중요하다. 2013년 세밑인 12월 27, 28일 양일간 지역의 인문학 전공 교수와 대학생이 한국국학진흥원 주최로 '소통과 협업의 인문학'이라는 주제로 모여 인문학 진흥 방안을 집중 토론하였다. 연구자가 먼저 협력하여 인문학이 이 시대 일반 국민의 삶을 아름답고 행복하게 하는 길을 모색해 본 모처럼의 자리였다. 이처럼 지역이 가진 문화적 저력이 국민을 감동시키고 시대를 이끄는 문화적 힘으로 거듭날 수 있도록 한 가지씩 구체적으로 실천해 보았으면 하는 바람이다.

파란 하늘과
빨간 곳감의 내 고향

내 고향 상주의 집집에는 해마다 가을이면 처마와 감 타래에 곳감이 주렁주렁 달린다. 고향 떠난 지 60년이 되어가지만 주홍 색깔을 보면 곳감 생각이 난다. 아마 나의 DNA에 유년 시절의 기억이 깊숙이 각인된 까닭이리라. 그래서인지 난 지금도 곳감을 매우 좋아한다.

나는 고향이란 뿌리를 찾기 어려운 사람일지도 모른다. 초등학교 5학년 초에 고향을 떠나 서울로 가서 여태껏 살았으니 타인의 눈에는 그렇게 비칠 수도 있으리라. 그러나 어머니로부터 몸을 받고 단 한 차례만 젖을 먹었어도 자식의 뇌리에는 항상 어머니를 그리워하는 유전자가 새겨진다. 아니 운명의 장난으로 젖 한 번 빨지 못하고 어머니와 이별하였어도 자식은 죽을 때까지 어머니를 잊지 못한다. 고향과 어머니는 그런 것이다.

일흔이 된 지금도 어린 시절, 내 눈에 아로새겨졌던 곳감과 누에를 잊지 못하고 갑장산과 병성천을 돌아가던 냇물을 기억한다. 이가 시리도록 파란 하늘과 그것을 도화지 삼아 그려진 빨간 감을 보지 않은 사람은 그 색상의 조화로움을 알지 못한다. 눈을 살포시 감으면 대나무 말을 타고 물장구치던 친구의 웃는 모습이 떠오른다. 자, 이제 벌거벗고 뛰놀던 그 시절로 돌아가 보자.

부친은 개명하신 분으로 대학공부를 일본에서 하셨다. 식민지 시대의 지식인이 무엇을 할 수 있었을까? 6·25 전쟁이 터지자 서울에서 꿈을 이루기 힘들었던 부친은 어린 6남매의 손을 잡고 여고를 나오신 어머니와 함께 고향 상주로 돌아오셨다. 고향 마을 양촌에는 할머니가 집을 지키고 계셨기 때문이다.

사업을 하셨던 부친과 어머니 그리고 나는 상주 읍내에서 생활했다. 부친은 쉬시는 날이면 할머니를 찾아뵈려 했고 여의치 않을 때는 어머니와 내가 할머니를 찾았다. 그도 저도 아닐 때 혼자라도 찾아가면 할머니의 밝은 웃음과 따뜻한 두 손이 나를 맞아 주었다.

나는 부친께서 늦게 본 2대 독자여서 집안 어른들로부터 귀여움을 받고 자랐다. 그래도 응석받이로 자라지 않았던 것은 집안 어른들이 사람답게 살아가는 도리를 꾸준히 가르쳐주셨기 때문이리라.

배부를 때 용봉의 음식보다는 허기질 때 보리밥이 더 맛있게 느껴지고 어린 시절의 순수한 마음에 남겨진 기억은 넓은 시야를 가졌을 때보다 더 영향력이 있는 법이다.

그 어린 시절 상주에서 자랄 때 어른들을 따라 시제를 지내러 다녔던 기억이 가장 뚜렷하다. 어른들은 제사를 지내고 집안의 내력을 얘기해주시면서 선조의 업적을 자랑스럽게 이야기하며 그분들의 훌륭한 뜻을 이어받으라고 하셨다. 음식을 나눠먹고 묘소 주위를 둘러보시면서 조상의 뿌리가 우리에게 이어짐을 강조하셨다.

비록 철이 들기에는 어린 나이였지만 나의 마음에도 조상존중과 뿌리의식 등이 자리 잡게 되었다. 그 시절 어른들의 산교육이 어린 나에게 이렇게 역사의식을 불러일으킨 셈이다. 결국 나는 대학에서 사학을 공부하였고 지금도 선비정신을 전파하고 전통문화를 진흥시키는 일을 하지 않는가? 과연 어린 시절의 이러한 가르침과 기억이 없었더라면 지금처럼 선현의 말씀과 발자취를 따라가는 일을 하고 있을까?

어린 시절 교육이 한 사람의 일생에 얼마나 큰 영향을 끼치는지 옷깃을 여미게 한다.

어른들로부터 삶과 진로선택에 결정적인 가르침을 받았다면 친구들과의 놀이에서는 여유로움을 찾는 방법을 배우게 되었다. 지금도 초등학교 친구의 부친이 운영하셨던 제재소를 생각하면 웃음이 터져 나온다. 죽마고우와 함께 톱밥 터널을 통과할 때마다 온몸에 톱밥을 뒤집어쓰고는 재미있다고 마냥 낄낄거렸다. 향긋한 톱밥 냄새와 옷 사이에서 까칠 거리던 톱밥을 떠올리면 마음은 오히려 즐거워진다. 어른들이 위험하다고 나무랐지만 쌓아놓은 목재 더미를 몰래 오르내리던 개구쟁이 벗들의 모습이 엊그제 일인 것처럼 떠오른다.

또 다른 기억 하나. 6·25 전쟁 직후 상주 읍내에서 고향마을 양촌까지 걸어가는 도중 오갈미와 소천교 사이에 설치된 임시천막 병원에서 우두접종을 하던 광경이 지금도 생생하게 다가온다. 경북대 상주캠퍼스가 우뚝 자리 잡은 바로 그곳에서 있었던 일이다.

1956년 초, 고향 상주를 떠나 서울로 이사 갔다. 초등학교 5학년 때였다. 중학교 2학년 때 할머니께서 서울 집으로 오셔서 함께 사셨지만 내 마음에는 상주가 잊지 못할 고향으로 깊숙이 자리 잡았다. 대학시절에도 우리 고향집에 사시던 고모님을 자주 찾아뵙고 어린 시절 친구들과 어울리곤 했다.

한참 바삐 일하던 삼, 사십대를 지나서 쉰 중반 무렵(1999), 고향과 유대를 가까이하는 일을 결행하였다. 아마 나이 들어감이 이런가 보다. 조부모님과 부모님의 묏자리를 고향에 마련해두는 것이었다. 몇 년 뒤 부모님이 잇따라 돌아가시자 그곳으로 모셨고 곧이어 다른 곳에 계신 조부모님의 묘소도 그곳으로 이장하였다. 이제 고향 산소에 가면 부모님과 조부모님이 함께 계신 우리 집에 가는 것 같은 푸근함을 느낀다.

퇴직하면 읽으리라 다짐하며 책을 모아 두었는데 공직근무 기간이 점차 길어지며 그 책들을 언제나 읽을 것인가 마음이 초조해졌다. 1999년 기획예산처를 드나들던 김철수 전 상주대 총장과 이 문제를 의논하였더니 후학을 위해 학교에 도서를 기증하는 게 좋을 것 같다고 하였다. 그해부터 몇 차례에 걸쳐 2천 권을 상주대(지금은 경북대로 통합)에 기증하였다.

2005년 기획예산처 장관직을 물러나고 상주를 알리기 위한 노력을 시작했다. 〈조선일보〉에 칼럼을 연재하는 재야의 고수 조용헌 선생, 한국학중앙연구원의 김학수 박사와 함께 상주의 대표적인 학자관료라 할 수 있는 우복愚伏 정경세鄭經世(1563~1633) 선생의 묘소와 10여 개 유력 가문이 돈을 모아 설립한 우리나라 최초의 민간의료기관인 존애원을 둘러보고 우복 종택에서 잠자면서 선생의 향취에 흠뻑 취하기도 했다. 2008년 1월 학술원 부회장 이성무 박사, 서원학회 회장 정만조 교수에게 상주 유적지를 안내하기 위해 일정을 잡아두었지만 무릎을 다쳐 그분들만 내려가서 답사하도록 했기에 다소 아쉽기도 했다.

50대 후반(2001)부터 시작한 마라톤을 상주에서 직접 하면서 내 고향의 구석구석을 누비고 싶었다. 그래서 2006년 말 상주곶감 마라톤 대회에 참가하여 10km를 달렸다. 풀코스를 달려보고 싶었지만 불과 일주일 전, 조선일보마라톤대회에서 풀코스(42.195km)를 달렸기에 무리라고 생각하여 단축코스를 선택했다. 피로회복이 채 되지 않았던지 숨이 가쁘고 땀이 비 오듯 흘러 시야를 가렸다. 그러나 보이는 산야는 내 고향 산천이고 지나가는 사람은 내 고향 분이기에 어느 곳보다 더 좋았다.

이처럼 어린 시절의 수많은 기억 때문에 내 마음은 언제나 고향과 조상 그리고 선비의 삶과 정신을 가까이하려는가 보다. 젊은 공직자 시절에도 고향에서 그다지 멀지 않은 안동의 도산서원과 청량산을 이따금 찾아가서 대표적 선비 퇴계 선생을 마음에 기렸다. 그리고 한창 바쁘게 일하던 기획예산처 차관 때인 2001년 10월, 퇴계 5백 주년 기념행사에도 짬을 내어 참관했다. 이런 발걸음이 인연이 되어 도산서원 선비문화수련원 이사장과 한국국학진흥원 원장, 도산서원 원장 등을 잇달아 맡게 된 듯도 하다. 아직도 선비 정신이 많이 부족하고 선현의 발자취를 더듬어가는 것이 매우 서툴지만 나름대로 정성을 다해 살아가보려고 다짐한다.

비록 나에게 주어진 삶이 버겁지만 무성실務誠實(성실히 행할 것)의 자세로 진인사대천명盡人事待天命(사람의 일을 다한 후에 하늘의 명을 기다림)의 마음가짐을 지니고 해나가려 한다. 뜻있는 많은 이의 지도편달을 고대하면서.

선비의 삶－생애

©한국국학진흥원

선비는 곧 군자君子이다. 유교에서 가장 모범으로 떠받드는 인격체이다. 예
로부터 군자다운 삶이 어떠한 것인지를 두고 많은 주장이 있었지만, 그중
에서도 으뜸은 역시 맹자가 말한 '대장부론'大丈夫論이다.

세상에서 가장 넓은 집에서 살고,
세상에서 가장 바른 자리에 서며,
세상에서 가장 떳떳한 길을 간다.
사람들이 알아주면 그 사람들과 함께 그것을 실천해가고,
사람들이 알아주지 않으면 홀로 그 원칙을 지켜나간다.
재물과 벼슬의 유혹으로도 그 마음을 흩뜨릴 수 없고

408

출처

한국국학진흥원 (편), 2006, 《유교문화박물관》, 안동: 한국국학진흥원.
한국국학진흥원 http://www.koreastudy.or.kr/main/main.action
유교문화박물관 http://www.confuseum.org/

가난과 비천의 고난조차도 그 의지를 무너뜨릴 수 없으며
권위와 무력의 위협으로도 그 기개를 꺾을 수 없다.
이런 사람을 가리켜 '대장부'라 한다.

〈평생도〉(平生圖)
〈평생도〉는 사대부의 일생을 통과의례와 관직생활을 중심으로 정형화하여 표현한
그림이다. 돌, 글공부, 결혼, 과거, 장원급제, 옥당, 평양감사, 정승, 회갑, 회혼, 은퇴,
은거 등의 내용을 가감하여 6폭, 8폭, 10폭, 12폭으로 제작된다. 〈평생도〉는 사대부의
일생에서 중요한 사건을 한눈에 보여주기에 조선시대 양반의 삶을 쉽게 이해할 수 있다.
이 〈평생도〉는 온양 민속박물관에 소장된 8폭 그림으로, 돌, 평양감사, 회갑, 은거 등
4장면을 제외하고 자수로 복제한 것이다. 중요무형문화재 제 80호인 자수장(刺繡匠)
한상수(韓尙洙)의 작품이다.

선비정신은
대한민국의 정신입니다

장태평 (전 농림수산식품부 장관)

　

이 몸이 죽고 죽어 일백 번 고쳐 죽어

백골이 진토되어 넋이라도 있고 없고

임 향한 일편단심이야 가실 줄이 있으랴

포은 정몽주 선생의 〈단심가〉입니다. 선생은 나라(고려)에 대한 충성을 변치 않았고, 이를 위해 목숨을 버렸습니다. 참 선비의 길을 보여주었기에 조선은 후에 아이러니컬하게도 조선의 건국을 반대하였던 선생을 추앙하고, 선생의 정신을 본받도록 기리게 됩니다.

옛 선비는 자신의 목숨을 바쳐 나라를 사랑하였습니다. 국가가 존망의 기로에 서 있을 때 몸을 숨기지 않았습니다. 임진왜란이나 조선 말기의 선비는 의병을 일으켜 맨몸으로 전쟁에 나섰고, 일제강점기에는 낯선 외국 땅에서도 독립운동을 전개하였습니다.

옛 선비는 자신의 영달보다 국민과 역사를 먼저 생각하였습니다. 왕에게 충성하였지만, 옳지 않은 일에는 생사여탈권을 쥔 왕에게도 목숨을 걸고 바른길을 주장하였습니다. 큰 권력을 쥐어도 자신을 위해서 쓰지 않았습니다. 가난과 고난 속에서도 사적 욕심보다는 청빈을 추구하였습니다. 오직 나라와 민족을 위한 의義만을 먼저 생각하였습니다.

옛 선비는 자신이 잘못했을 때는 그 부끄러움을 알았고, 나라 일을 할 때에는 역사의 무서움을 알았습니다. 지조와 절개는 선비의 징표입니다. 큰 길을 가는 군자가 선비의 표상입니다. 그들은 나라가 어두울 때 불빛이 되었고, 국민이 어려울 때 지혜가 되었습니다. 그것이 선비이고 선비정신입니다.

저는 김병일 전 기획예산처 장관님과 지금의 기획재정부 전신인 옛 경제기획원에서 공무원 생활을 오랫동안 같이하였습니다. 늘 우리에게 모범이 되는 선배였고, 참 멘토가 되는 상사였습니다. 저는 그때부터 이분이야말로 전형적인 선비라는 생각을 하였습니다. 선비가 가장 가치 있게 여겼던 일이관지一以貫之하는 분이었고, 멸사봉공하는 분이었습니다. 적당주의를 용납하지 않았고, 최선을 다하는 분이었습니다. 제가 장관을 할 때도 제 생각과 행동의 이데아가 된 분이었고, 지금 인생 2모작의 삶에서도 저의 기준이 되는 분입니다. 이렇게 존경할 수 있는 분이 옆에 계셔서 저는 행복합니다.

김병일 전 장관님이 도산서원 선비문화수련원 이사장으로 활동을 시작한다는 소식을 접했을 때, 사람의 운명이나 섭리가 있다는 확신을 느꼈습니다. 오늘날 퇴계 선생의 인품과 정신을 가장 잘 기리고 전할 적

임자라고 생각했기 때문입니다.

지금 우리는 선진국의 문턱에서 머뭇거리고 있습니다. 그동안 자랑스럽던 경제성장을 비롯한 국가발전의 추진력이 멈출까 걱정됩니다. 최근에 빠르게 두꺼워진 많은 장애물을 뛰어넘어야 합니다. 남북문제와 이념갈등, 반목과 계층갈등, 자신만을 생각하는 개인주의와 집단이기주의 그리고 물질만능주의를 뛰어넘어야 합니다. 이를 위해 옳음과 역사에 대한 확신을 갖고, 국가 전체와 이웃을 먼저 생각하는 '큰 정신'이 필요합니다. 이것이 우리 조상들이 지켜왔던 선비정신입니다. 오늘날 이 선비정신의 새로운 조명이 필요한 이유입니다.

늘 맑은 마음을 가진 김병일 전 장관님의 새 저서 《선비처럼》이 이런 의미로 구상되었다고 믿습니다. 이 책이 목마른 지성인에게 청초한 샘물이 되어 '선비처럼 생각하고 선비처럼 행동하게' 되는 자극제가 되기를 바랍니다. 그래서 '대한민국 정신'을 확립하는 데 일익을 담당하기를 기원합니다.

깡마른
딸깍발이의 실천적 삶

박병원 (한국경영자총협회 회장)

저자 김병일 도산서원 선비문화수련원 이사장님이 지금의 기획재정부의 전신인 경제기획원 예산총괄과장을 하실 때 저는 예산실에 초임 과장으로 발령받아 직접 모시게 되었습니다.

저처럼 다육질多肉質인 사람은 깡마른 사람을 일단 존경하는 습성이 있는데 이것은 아마도 국어학자이자 평생을 선비처럼 살아가신 일석一石 이희승李熙昇(1896~1989) 선생님의 명수필 〈딸깍발이〉를 읽고 선비는 결코 살이 찔 수 없을 것 같은 인상이 뿌리 깊게 남아있었기 때문일 것입니다. 이 딸깍발이가 바로 제가 느낀 저자의 첫인상이었습니다.

저자를 처음 뵐 때부터 지금까지 항상 원칙과 도리를 앞세우시는 언행言行에서 늘 선비의 풍모를 느꼈지만 8년쯤 전에 도산서원 선비문화수련원 이사장으로 변신하신 이후 아예 스스로 선비가 되셔서 선비정신을 우리 국민 사이에 되살리는 일에 헌신獻身하시는 중입니다.

이 시대에 《선비처럼》이라는 제목으로 글을 쓸 수 있는 분은, 제가 과문 寡聞한 탓도 있겠지만, 제가 아는 범위 안에서는 저자 한 분밖에 없다고 생각됩니다. '깜냥이 안 되는' 제가 감히 권독의 변辯을 쓰는 만용蠻勇을 불사하기로 작심한 것은 이런 이유에서입니다.

2012년에 펴낸 《퇴계처럼》에서 퇴계 선생의 삶을 소개한 것과 마찬가지로 저자는 이 책에서 얼마나 많은 사람이 올바른 선비정신을 실천하며 살았는가를 보여줄 것입니다.

위대한 인물들의 아무나 함부로 흉내 낼 수 없는 행적을 보여주는 것이 아니라 그분들이 일상에서 실천한 사람다운 삶의 모습을 보여줄 것입니다. 그리고 우리가 얼마나 자학사관自虐史觀에 빠져 있는가, 그리고 양반과 선비가 전혀 다른 존재라는 사실도 느끼게 해줄 것으로 기대합니다.

저자는 늘 그랬듯이 어려운 얘기나 이론적 담론은 피하고 "아, 사람이 이렇게 살아야 하는 것이구나!"하는 것을 보여줌으로써 우리를 설득하려 하지 않고 감동을 주려고 노력할 것입니다. 이런 감동이 우리 의식의 내면에 잠재하다가 때때로 우리의 처신에도 영향을 미칠 수 있다면 그것으로 충분하지 않겠습니까.

남을 존중하는
선비정신

조준희 (YTN 사장)

경북 상주가 고향인 저는 청소년 시절에 어른들로부터 선비의 기개氣槪에 대한 이야기를 자주 들으며 성장했습니다. 목에 칼이 들어와도 할 말은 하고, 목숨을 걸고 상소문을 올린다는 그런 담대한 용기는 어디에서 비롯된 것일까, 늘 궁금했습니다.

그러다 서울로 올라와 금융업에 종사하면서 선비정신에 대한 인식은 가마득히 사라졌습니다. 선비는 현실을 도외시하고 청빈淸貧, 명분 등만 추구하는 교조주의자가 아닌가 하는 부정적인 시각으로 기울기까지 했습니다. 조선의 망국亡國 원인이 지나친 성리학적 관념주의에 있지 않나하는 나름대로의 역사관을 가지기도 했습니다.

세월이 흘러 제가 IBK기업은행 은행장으로 있을 때 고향 선배인 김병일 선비문화수련원 이사장님의 활동소식이 보도된 신문기사를 읽고 의아한 생각이 들었습니다. 그분은 기획예산처 장관, 통계청장, 조달청장 등 경제 분야 공직에서 주로 활약한 분인데 어떤 연유로 안동 도산서원 선비문화수련원으로 가셨을까하는 의문이 들었습니다. 그 수련원이라는 곳에서는 무엇을 가르치나? 퇴계 선생의 인품, 학식의 향기가 남은 도산서원은 지금 어떤 모습일까? 여러 궁금증이 이어져 임원들과 함께 도산서원 선비문화수련원에 수련생으로 들어갔습니다.

현장에서 만난 김병일 이사장님은 원래도 온화한 얼굴이셨지만 선비옷을 입고 퇴계 선생의 가르침인 '경'敬을 몸소 실천하는 모습이어서 선인仙人 경지에 오른 분처럼 보였습니다. 아늑한 숲속에 자리 잡은 수련원에서 남을 존중하는 선비정신을 배우며 하룻밤을 자고 나니 스스로 선비로 거듭남을 느꼈습니다. 새벽에 일어나 수련원에서 숲속 오솔길을 따라 도산서원까지 산책하니 그 대자연의 맑은 정기 덕분인지 심신心身에 새로운 기운이 솟아오르는 것 같았습니다.

금융회사는 치열한 경쟁을 벌입니다. 고객의 마음을 끌어들이기 위해 온갖 경영전략을 구사합니다. 수련원 체험을 하고 나니 은행 임직원들이야말로 선비정신을 배워 실천하는 것이 필요함을 절감했습니다. 고객응대의 핵심은 남을 배려하는 '경' 사상이 아니겠습니까?
　선비수련을 체험한 임직원들은 이구동성異口同聲으로 '큰 감동을 받았다'고 말했습니다. 그들의 삶의 태도가 변하기 시작했습니다. 고객응대에 정성을 다하자 경영성과가 향상되었으며 가족 사이에도 화목한 분위기가 조성되었다고 합니다.

우리 민족의 큰 스승인 퇴계 선생의 초상화는 천 원권 지폐에 그려져 은행 임직원은 직업상으로도 매일 접하는 셈입니다. 그러나 그 얼굴이 어쩐지 어색하게 느껴졌습니다. 마침 김병일 이사장께서 '그 초상화는 퇴계 선생 사후 약 백 년 뒤 퇴계를 존숭하는 어느 일본 학자의 꿈에 나타난 모습을 전해 들었던 일본 화가가 그린 그림을 바탕으로 재구성된 것'이라고 말씀하셨습니다. 전문가들이 퇴계 당시의 문헌을 찾아 용모에 관한 기술記述을 살피니 지폐의 그림과는 사뭇 달랐습니다. 그래서 문헌 내용을 바탕으로 얼굴을 새로 구현해냈습니다. 이를 토대로 퇴계 동상銅像을 만들어 IBK기업은행 임직원 명의로 선비문화수련원에 기증했습니다.

요즘 수련원을 찾는 수련생이 수련원 중앙에 놓인 퇴계 동상 앞에 경건한 자세로 경의敬意를 표하는 모습을 보면 기증자로서 큰 보람을 느낍니다.

모쪼록 김병일 이사장님의 새 저서 《선비처럼》이 널리 읽혀 독자들이 삶에서, 업무에서 새로운 활로를 찾을 수 있기를 기원합니다.

길이 끝나는 곳에서도 길이 있고
길이 되는 사람이 있다

한국국학진흥원 직원 일동

김병일 원장은 특별한 분이셨습니다. 평생을 경제관료로 살면서도 '뿌리회'와 '역사모'(역사를 사랑하는 모임)와 같은 역사공부 모임을 만들어 선비정신을 비롯한 우리 전통문화 탐구를 게을리하지 않았습니다. 각종 수치나 정책판단 자료와 씨름하는 경제관료로서는 어울리지 않는 모습입니다.

김병일 원장의 특별함은 여기에 그치지 않습니다. 그는 배운 것을 몸소 실천하는 분이셨습니다. 무엇보다도 선비정신의 핵심인 '나아감과 물러남', 즉 출처出處를 분명히 하였습니다. 30여 년이 넘는 공직생활에서 자리에 연연하지 않으셨습니다. 2005년 나름대로 열심히 했다며 1년 만에 후진을 위해 기획예산처 장관직을 표연히 물러난 일화가 그 하나입니다.

이런 원장님과 저희는 5년을 함께했습니다. 멀리 넓게 보는 판단력과 강한 추진력 그리고 치밀한 일 처리 때문에 모시고 일하는 것이 절대

녹록지는 않았습니다. 하지만 이제 저희는 압니다. 지난 5년은 격무의 시간이었다기보다 뿌듯한 성취의 시간이었다는 것을.

저희는 그 시간을 통해 '사람의 향기'가 '꽃향기'보다 강하고 오래간 다는 옛사람의 말이 결코 허언虛言이 아님을 배웠습니다.

이제 원장님을 보내드리며 저희와 함께한 5년의 자취를 되돌아봅니다. 원장님은 이 기간 동안 선현이 남긴 향기 나는 삶과 정신을 이 시대를 사는 사람에게 좀더 알려주려고 쉼 없이 기고하고 소통하였습니다. 이 글 모음집이 어느 시인의 말처럼 '길이 끝난 곳에서도 길이 되는 사람' (정호승, 〈봄길〉)의 향기를 널리 퍼뜨리는 향낭香囊이 되기를 기원합니다.

묵향 그윽한
옛 문헌 속에서
선현의 삶의 향기를 찾아 밝히며
걸어오신 다섯 해였습니다.
오늘을 이끌어가는 어른에게
내일을 이끌어갈 아이에게
늘 자신을 낮추며
그 향기를 전달해 오신 다섯 해였습니다.
앞서 열어 가신 길의 의미를 다시금 생각하며,
그동안의 은혜와 노고에 깊은 감사를 드립니다.